阅 读 即 行 动

波斯札记

穆宏燕 著

北京联合出版公司

图书在版编目(CIP)数据

波斯札记/穆宏燕著. —北京：北京联合出版公司, 2023.3 (2023.5重印)

ISBN 978-7-5596-6557-7

Ⅰ.①波… Ⅱ.①穆… Ⅲ.①文化史-波斯帝国-文集 Ⅳ.①K124.4-53

中国国家版本馆CIP数据核字(2023)第010361号

波斯札记

著　　者：穆宏燕
出 品 人：赵红仕
策 划 人：杨全强
责任编辑：王　巍
特约编辑：金子淇
封面设计：周伟伟

北京联合出版公司出版
(北京市西城区德外大街83号楼9层　100088)
北京联合天畅文化传播公司发行
北京启航东方印刷有限公司印刷　新华书店经销
字数157千字　787毫米×1092毫米　1/32　11.75印张
2023年3月第1版　2023年5月第2次印刷
ISBN 978-7-5596-6557-7
定价：78.00元

版权所有，侵权必究
未经许可，不得以任何方式复制或抄袭本书部分或全部内容
本书若有质量问题，请与本公司图书销售中心联系调换。
电话：010-65868687　010-64258472-800

目 录

001　岔道里的胜景
　　　——记波斯语文学翻译家张鸿年先生
019　小昭的哀怨
024　迷惘的"卐"
029　《300壮士》与希波战争
036　波斯之城　漫嗟荣辱
042　渡尽劫波　兄弟成仇
047　侵略者为何千古流芳？
053　图兰朵怎么成了中国公主？
058　安息：丝绸之路那一端
063　佛从伊朗来
069　丝绸大战
075　葡萄美酒波斯情

082	"崇洋媚外"炼丹家
088	波斯帝国末代王族亡命丝路
095	造纸印刷西游记
101	失踪的波斯大军找到了?
107	好一朵传奇的茉莉花
114	藏红花的奇异旅程
121	异香
128	水仙三重奏
135	阿姆河畔　几度兴衰
143	纵横琵琶
153	胡乐当路　琴瑟绝音
161	亦喜亦悲话唢呐
169	家住波斯　久作长安旅
	——《苏幕遮》的来源与演变
176	舞破尘世　升上重霄
	——从旋转胡舞到苏非"萨摩"旋转舞
184	波斯细密画与《我的名字叫红》
231	波斯四行诗与唐绝句之比较及其可能联系
270	再谈波斯四行诗的产生
282	中波古典情诗中的喻托
299	波斯古典诗歌中的诗酒风流
	——以海亚姆、莫拉维、哈菲兹为例

324 福露格:改变伊朗离婚法的女诗人
351 飘过帕米尔的云——怀念萨罗希

359 后记
361 附:半本书的怀念

岔道里的胜景
——记波斯语文学翻译家张鸿年先生

谨以此文献给恩师八十华诞。

人生之路漫漫,其间有着许多茅草丛生、貌似没什么值得一看风景的岔口。人多投之以藐视或不屑的眼光,然后向着自以为的阳光大道急急奔去。然而,一些人在无意中踏上某个岔路口,走进去,殊不知迎接自己的却是人生的另一条康庄大道,有着另一番的绚丽风景。

1956 年,二十五岁的张鸿年先生从北京大学俄语系毕业,因成绩优异留校任教。当时尚是中苏关系蜜月时期,国家需要大量俄语翻译人才。年轻的张鸿年先生踌躇满志,准备在俄语讲坛上大展宏图,让俄语人才桃李满天下。岂知,命运之神却将他推向了一个岔路口。1957 年秋天,季羡林先生创办的北京大学东方语言文学系设立波斯语言文学专业,并招收第一届学生。当时虽然通过苏联的关系,请有三位伊朗的波斯语专家来教学,但因他们不懂中文,又没有懂波斯语的中国教师从中沟

张鸿年先生

通,教学工作难以进行。因三位伊朗专家精通俄语,他们以俄语作为工作语言,来讲授波斯语。就这样,优秀的年轻俄语教师张鸿年先生从俄语系暂时借调到东语系,担任波斯语教学课堂翻译,借期一年。一同借调到波斯语专业任课堂翻译的还有另一位年轻俄语教师。课堂翻译工作之外,还要帮助伊朗专家做很多诸如打印、复写讲义之类的杂活、累活,比起课堂教授俄语来,显得"毫无意义"。并且,波斯语的字母、语音、语法体系与俄语大相径庭,翻译起来也不是件容易的事。于是,干了一段时间之后,那位年轻教师觉得"没意思",便申请回到俄语系去了。面对"没意思"的工作,先生却选择了服从组织安排,坚持"暂时"留在波斯语的课堂上。

由于波斯语专业招收的首届学生主要是国家重要机关部门的调干生,都有自己原来的本职工作,面对"天书"一般的波斯语,学习的积极性未能充分被调动起来,学生日渐稀少,伊朗专家便"强迫"张鸿年先生跟着一起学习波斯语。面对伊朗专家的"强迫",张鸿年先生再次选择了服从,强打起精神来学习一门自己根本不感兴趣的语言,既当课堂翻译又当学生。回忆当年的情景,先生说:"连字母都分不清,根本听不懂。勉强学。"紧跟着,1958年,波斯语专业又招了第二届学生,主要是为外交部培养翻译人才,学员主要是从各高校英语专业已修完两年的学生中挑选而来。一年的借调期满了,先生本来可以选择回到俄语系。但这时的他已经"粗通"波斯语,找不到比他更合适的人选来任波斯语课堂教学翻译。面对组织的需要,先生又一次选择了服从。先生回忆说,这段时间,他的工作十分繁杂,身兼数职。课堂上,他既是课堂翻译,又是学生。课下,他又是勤杂工,帮助外籍专家备课,把外籍专家写的波斯语讲义,配上俄语释义,然后打印,送印刷厂,再上印刷厂取,分发给学生。甚至,还要照料三位外籍专家购买生活用品之类的日常琐事。对于当时是抱着怎样的心态去做这些工作这样的问题,先生坚决否认"积极主动"这样的赞语,他说实事求是地说就是"完成组织交给的任务"。这是他那个时代的知识分子最朴素、也最真实的内心想法。

1960年,首届波斯语专业的学员学习期满,包括张鸿年先生在内只有五名学员坚持到最后毕业。其中,三名学员回到各自原来的工作单位,另一人留在北大从事政务工作。同年,波斯语专业招收第三届学生。这是通过高考,正式招生的学生。这时,东语系面临两届(1958、1960届)波斯语专业学生的教学工作谁来承担的迫切问题。张鸿年先生因为完整学习了三年的波斯语课程,没有比他更合适的人选。于是,他"被迫"留在东语系任教,并正式成为波斯语专业的中方教师,即我国第一位波斯语教师。当我们后辈波斯语专业学生都把张鸿年先生奉为中国波斯语的开山鼻祖之时,先生坚决否认这样的说法,他认为自己只是被安排进了波斯语专业。用现今的流行说法,他是"被波斯语"了。先生认为这是实事求是的说法。这其中体现的是先生一贯低调、谦虚、淡泊的做人风格。倘若我们翻查北大东语系的有关档案资料,在波斯语专业首届学生名单中不会找到张鸿年先生的名字,因为他不是该届"正式"招收的学生。

暂时的借调成了永久的留任,这是张鸿年先生无论如何也没有想到的。先生坦陈,一开始对从事波斯语教学研究工作完全没有兴趣,可以说是被"强迫"着拐进了这个岔道。被正式留任东语系之后的头几个月,先生精神上十分痛苦,在自我兴趣与服从组织安排之间挣扎徘徊。北大外文楼(东语系楼)到俄文楼之间的林荫路,先生不知走了多少个来回。终于,有一天,张鸿年先生鼓起勇气去找系主任季羡林先生,说自己不想搞波斯语,想回俄语系。季先生把张鸿年先生狠狠批评了一通,说波斯文明那么灿烂悠久,完全值得一个人去为她付出,并且波斯语和俄语可以两不误。作为后辈晚生的张鸿年先生,面对季先生的"狠怼",只好放弃回俄语系的念头。

既然回不了俄语系,张鸿年先生便索性静下心,以"完成组织交给的任务"的心态去做波斯语教学工作。但是,面对俄罗斯文学的崇高,面对普希金、屠格涅夫、陀思妥耶夫斯基、托尔斯泰、高尔基、马雅可夫斯基等一大批金光闪闪的名字,东方文学有什么?波斯文学有什么?先生内心的郁结依然难以解开:"那个时候自己不了解,不知道,便认为波斯文学是空白,没啥可搞的。觉得前途暗淡,内心很自卑。"这个时候,中国杰出的回族学者马坚先生给了张鸿年先生很大的鼓励。张鸿年先生与马坚先生的夫人是北大俄语系的同班同学,因此两家很熟悉,来往比较多。张鸿年先生时不时地上马坚先生家坐坐,发发牢骚,倾泻内心的苦闷。马坚先生精通阿拉伯语,对阿拉伯文化文学有很深的了解,其《古兰经》中译本是中国的权威版本。同时,马坚先生对波斯文化文学也有比较多的了解。他和风细雨般地给张鸿年先生讲,波斯文学不是"空白",而是一位藏在深闺人未识的大家闺秀,正是需要人去发掘。马坚先生的鼓励,让张鸿年先生真正安下心来,从事波斯语教学工作。

学习冷门外语,一定要通晓对象国的历史文化,才能激发出热爱之情,才能把外语学好。倘若对对象国毫不了解,只是单纯学外语,则很难激发出学习的热情。但上世纪六十年代,中国各种各样的政治运动很难让知识分子安安静静地坐下来,从事学术翻译研究工作。因此,改革开放之前的波斯语教学工作基本上仅仅停留在单纯教授语言的层面,即使涉及波斯文学,也只是浮光掠影式的简单皮毛介绍。没有深刻的认知,就很难有真情实感的热爱。"那个时候,基本上就是教学,做自己的本职工作,完成组织交给的任务。对波斯文学没有什么深刻的感情。"先生梳理自己那个年代对波斯文学的情感时如是说。

"文革"结束,中国知识界迎来了百花吐艳的春天。知识分子们从"运动"中回归,逐步各就各位。张鸿年先生也真正静下心来,认真、积极、主动去了解、认知波斯文学,编写了比较详尽的《波斯文学史》课程讲义,对波斯文学有了一个比较全面的呈现。1982年,波斯语专业在文革之后第一次招生,笔者有幸成为此届学生之一。此届学生都是经过全国高考,严格选拔而来。在教学课程设置方面,较之于文革中、文革前,有了天翻地覆的变化。其中之一,就是大幅度增加了"波斯文学"这门专业课的课时。为了适应教学的需要,张鸿年先生不断深入挖掘波斯文学,教学与科研相互促进。也正是有赖于先生的辛勤耕耘、孜孜不倦的教诲,笔者对于波斯文学才有了执着的热爱,并经过五年本科学习之后,报考了先生的波斯文学硕士研究生,继承先生的衣钵,工作在波斯文学翻译与研究的岗位上。

真正第一次拨动张鸿年先生心弦的波斯文学作品是欧玛尔·海亚姆(1048—1122)的四行诗(又音译为"鲁拜"或"柔巴

1982届波斯语专业师生合影,后排中间最高者为张鸿年先生,前排右三女生为笔者

依")。海亚姆的四行诗是在伊朗之外拥有最多译本的波斯诗集,1859年英国学者菲兹杰拉德将其四行诗翻译介绍到欧洲,并在欧洲获得很高的声誉,继而遍传世界。海亚姆的四行诗内容十分博大精深,上天入地,追问生命,叩问死亡,抨击时政,富于深刻的人生哲理。"有人想凭理智钻透事理的珍珠,滔滔不绝地解释什么是真主。但谁也未曾洞悉个中奥秘,始而喋喋不休,继而长眠入土。""啊,朋友,拿一杯葡萄酒为我提神,让我琥珀色的脸上泛出宝石般的红晕。我死后请用葡萄酒给我洗身,再用葡萄木为我做一副灵榇。"当张鸿年先生读着这样富于哲理

的豪迈诗篇,内心深为震撼。继而深入了解,才知,在二十世纪初我国对外国文学作品的第一次翻译浪潮中,波斯文学就受到一定程度的关注。

欧玛尔·海亚姆的四行诗,最早由胡适选译自英语,发表在《新青年》1919年第6卷第4号。然后,郭沫若根据英国菲兹杰拉德的英译本,翻译了欧玛尔·海亚姆的四行诗,发表在《创造》1922年第1卷第3期,此后在多种刊物上转载,并出单行本,还在不同的时间由不同的出版社一再加印再版。波斯著名史诗菲尔多西的《列王纪》(片段),最早由伍实翻译介绍进中国,发表在《文学》1934年第3卷第5号。朱湘的《番石榴集》(上海商务印书馆1936年)是国内第一部涉及面较广的波斯文学译著,其中选译了海亚姆、鲁米(莫拉维)、萨迪、哈菲兹的若干诗歌。中国的前辈先贤们早在世纪之初,就千方百计通过别的语言译介波斯文学,充分说明了伊朗作为世界文明古国之一,长期的深厚文化积淀使得其文学十分繁荣丰富,也充分说明了波斯文学在世界古典文学中占有十分重要的地位。张鸿年先生深刻认识到,自己没有任何理由不去接过前辈先贤们的火炬,薪火相传下去,把波斯文学——这位养在深闺人未识的大家闺秀翻译介绍给中国读者。由此,在教学之余,先生开始翻译海亚姆四行诗。由于海亚姆四行诗流传版本很多,每种版本所选的诗歌都不尽相同,并且还掺杂着不少伪托之作,因此表面上看翻译量不大,实际所做的工作非常繁杂。先生翻译的海亚姆四行诗以

《波斯哲理诗》的书名在1991年10月由文津出版社以简装本和精装本两种形式同时出版。

几乎是在翻译海亚姆四行诗的同时,另一部波斯文学作品也深深打动了张鸿年先生。这就是内扎米·甘贾维(1141—1209)长篇叙事诗《蕾莉与马杰农》。内扎米是波斯杰出的叙事诗诗人,创作了五部长篇叙事诗:《秘密宝库》、《霍斯陆与西琳》、《蕾莉与马杰农》、《七美图》、《亚历山大记》,合称《五卷书》(音译"海米塞")。内扎米的《五卷书》取得了巨大的成功,引发了相当持久的"五卷书"模仿热,波及中亚和北印度、高加索和小亚细亚半岛等广大地区,对突厥语文学产生了深远影响。《五卷书》之一的《蕾莉与马杰农》取材于西亚地区广为流传的一个爱情故事:蕾莉与马杰农各属不同的部族,两人因同窗共读而相爱,但遭到各自家族的反对,被强行拆散。在绵绵不断的痛苦相思中,马杰农渐渐丧失理智而疯狂。蕾莉抑郁而死,马杰农哭坟,不久也随之死去。这一爱情故事与我国《梁山伯与祝英台》的故事有不少相似之处,因而让先生格外动容。他一气呵成,翻译完了这部长篇叙事诗,由中国文艺联合出版社于1984年8月出版。现在,当我们读到马杰农在蕾莉坟前痛哭的诗句:"啊,你这明媚的鲜花被秋风摧残,你匆匆离去,未及把世界顾盼。你怎能忍受这黄土的折磨,漆黑的九泉日月如何度过?何处再去寻你那迷人的红痣一颗,哪里去找你那鹿一般的眉眼两个?……"脑海里不由得浮现出祝英台在梁山伯坟前哭泣的情景。

紧接着，先生又翻译了波斯伟大的人道主义诗人萨迪(1208—1292)的《蔷薇园》和《果园》。萨迪倡导具有强烈入世精神的仁爱思想，在某些方面与孔子提倡的"仁爱"思想有相通之处。萨迪把"仁爱"作为人与人之间的行为准则，创作了融散文、韵文、诗歌为一体的《蔷薇园》和长篇叙事诗集《果园》，这两部作品的核心思想可以用他最著名的诗歌来概括："亚当子孙皆兄弟，兄弟犹如手足亲。造物之初本一体，一肢罹病染全身。为人不恤他人苦，活在世上枉称人。"这首诗可以说是萨迪人道主义思想的集中体现，现作为座右铭悬挂在联合国总部，成为不同国家、不同民族之间和平共处的行为准则。萨迪的著作《蔷薇园》和《果园》在伊朗民众中影响十分深远，萨迪本人也因此受到伊朗人民的深深爱戴，被尊为伊朗人民精神生活的导师，对伊朗知识分子的精神世界具有潜移默化和根深蒂固的影响。《蔷薇园》在中国穆斯林中也影响很大，早在十四世纪就成为中国清真寺学堂中的必读文学经典之一。1947年，中国穆斯林学者王敬斋翻译了《蔷薇园》，译名《真境花园》，由牛街清真书局出版。1958年，人民文学出版社又出版了中国社科院外文所学者水建馥译自英文的萨迪的《蔷薇园》。倘若放在当下经典重译的热潮中，张鸿年先生直接译自波斯语原文的《蔷薇园》的出版应当没有任何问题，但在当时大概因"资源重复"，未能及时出版，一直到2002年才正式出版。先生翻译的《果园》在1989年5月由北京大学出版社出版。

《列王记》手稿插图

与此同时,先生的《波斯文学史》这部讲稿在教学实践过程中不断补充修改,于1993年5月由北京大学出版社正式出版。之后,经过进一步的补充修改,增补12万余字,于2003年9月由昆仑出版社再版。此专著较为全面地描述了波斯文学从上古时期到现代时期的文学状况,是国内学界从事波斯文学研究的必备参考书和东方文学教学中的重要教科书。在对波斯文学深入了解的基础上,先生组织翻译了《波斯古代诗选》,1995年5月由人民文学出版社出版。该书精选了21位杰出的中世纪波斯语诗人的优秀之作,还囊括了上古时期的波斯古经《阿维斯塔》和英雄叙事诗《缅怀扎利尔》的片段选章,可谓精华荟萃。《波斯古代诗选》与《波斯文学史》相辅相成,相得益彰,成为中国读者了解波斯文学全貌的一个重要窗口。

张鸿年先生从博大精深的波斯文学中,找到东方文学对西方文学的优势,认识到阿拉伯—波斯文化对欧洲文艺复兴产生过一定的影响,甚至可以说是其推动力之一。以前的自卑心理,一扫而空。的确如此,十九世纪后半期以来,西方文化以其强大的经济和军事实力作为后盾成为世界的强势文化,对东方文化产生了强大的影响,因此当前国内学术界在对东西方的影响研究中,完全侧重于西方文化和文学对东方各国的影响。但是,倘若我们把眼光投向十九世纪之前,会发现近现代的西方文化主要是在文艺复兴和启蒙运动时期形成并成熟的。在漫长的中世纪末期,当西方资产阶级作为一个新兴的阶级即将登上历史舞台之际,他们需要为自己的上台进行文化上的铺垫和舆论准备,他们看到了个性张扬的古希腊文化,于是主张复兴古希腊文化以反对教权至上的中世纪文化的文艺复兴运动掀开了西方历史的新篇章。

在古希腊文化被漫长的中世纪阻断了近一千年之后,西方人恰恰是从东方文化(主要是阿拉伯—波斯文化)中重新获得古希腊文化的。比如,波斯大哲学家伊本西纳(即阿维森纳,980—1037)因在其哲学著作中替西欧人保留了大量亚里士多德的观点与思想,被誉为"点燃了欧洲文艺复兴火炬之人"。波斯的宗教、哲学、文化、文学每每让欧洲的精英知识分子颇为受益。法国启蒙运动领袖孟德斯鸠深谙波斯文化与文学,这在其著作《波斯人信札》中有大量反映。波斯著名抒情诗人哈菲兹(1327—1390)追求个人精神自由的诗歌传到欧洲,与欧洲文艺复兴以来以张扬个性自由为旨归的主流思想契合,因而产生了较大的影响。歌德读了哈菲兹的诗集后,激情勃发,创作了《东西诗集》,还专门作诗献给哈菲兹。恩格斯也在著作中多次谈到哈菲兹,说:"读放荡不羁的老哈菲兹的音调十分优美的原作是令人十分快意的。"(见《马克思恩格斯论艺术》第2卷,中国社会科学出版社1982年版,第102页)能从原作中领略到哈菲兹诗歌的优美,说明恩格斯的波斯语水平相当高。其他诸如普希金、莱蒙托夫、叶赛宁等许多大诗人和黑格尔、尼采、丹纳等哲学家都在自己的著作中对哈菲兹有过赞誉。黑格尔在其《美学》

中多处论及哈菲兹,说哈菲兹的许多诗歌"显出精神的自由和最优美的风趣"。黑格尔还对波斯神秘主义诗歌思想有精辟的论述,说以大思想家莫拉维(即鲁米,1207—1273)为代表的波斯神秘主义诗人们"从自己的特殊存在中解放出来,把自己沉没到永恒的绝对里"。尼采则从更古老的波斯宗教哲学中获取灵感,托古波斯先知"查拉图斯特拉"(即琐罗亚斯德)之名来发表自己的哲学"如是说"。谈及东西方文化的相互影响,先生深有感触地说:"由于我自己学过俄国文学,对西方文学也有一定的了解,后来拐弯,搞波斯文学,打开了眼界,对东西方文化有了比较通透的认知,认识到东西文化交流应当是互动的,不应该把东西方截然割裂开来。"

"点燃了欧洲文艺复兴火炬"的波斯文化,也点燃了张鸿年先生心中的火炬,他以极大的热忱投入到波斯文学的翻译研究工作中,开始着手翻译伊朗伟大的民族诗人菲尔多西(940—1020)卷帙浩繁的史诗《列王纪》。该史诗描写了伊朗萨珊王朝灭亡(651)以前历代帝王的文治武功和神话历史传说,为伊朗伊斯兰化前的历史大唱赞歌,歌颂了不屈不挠的伊朗民族精神。全书充满了激昂的爱国主义思想,震撼人心,场面恢弘壮观,故事情节跌宕起伏,扣人心弦,是伟大的伊朗民族英雄史诗。《列王纪》全书长达12万联,翻译工程浩大,张鸿年先生深感一人之力难及,便邀好友宋丕方先生(1958届波斯语专业学生)联袂翻译。《列王纪》的翻译是一个漫长艰辛的过程,1991年

6月人民文学出版社出版了张鸿年先生翻译的《列王纪选》，2000年8月译林出版社"世界英雄史诗译丛"又出版了张鸿年、宋丕方二位先生共同翻译的《列王纪》的一部分《列王纪——勇士鲁斯坦姆》，整部史诗的全译本在2002年问世。在翻译的同时，先生还潜心于《列王纪》的相关研究，其专著《〈列王纪〉研究》于2009年6月由北京大学出版社出版。该专著对《列王纪》的思想内容和艺术特色进行了较为全面的分析和论述，是我国波斯文学研究的重大成果，具有重要的学术价值。笔者现在也从事波斯文学翻译研究工作，深知其中的艰辛，问及先生："在您的翻译过程中，您感受最深的东西——任何事、人、物、心绪——是什么？"先生沉思良久，回答说："借助第二、第三种语言作参考是很有必要的。"问及原因，先生说："我们的波斯语底子不深，周围几乎没有相应的外语环境(这一点跟英语等强势语种有很大的不同)，身边没有伊朗专家，遇到问题，难以找到可以请教之人。因此，参考第二、第三语言就很有必要，很多问题或豁然开朗，或迎刃而解。正是有了俄译本和英译本作参照和参考，《列王纪》的翻译才能顺利完成。"先生的朴素回答，让作为学生的我深为动容。同时，也体悟到之前季羡林先生批评张鸿年先生"不安心工作"时，说"波斯语和俄语可以两不误"，这其中所蕴含的真谛。

在翻译《列王纪》的同时，张鸿年先生主持了"波斯经典文库丛书"的翻译工作。该丛书可谓中国波斯文学翻译的巅峰之作,由张鸿年、宋丕方、邢秉顺、穆宏燕、张晖、元文琪、王一丹七人共同翻译,由湖南文艺出版社于2002年出版。该丛书共18卷,包括:《列王纪全集》六卷(张鸿年、宋丕方译)、《哈菲兹抒情诗全集》两卷、《玛斯纳维全集》六卷、《鲁达基诗集》、《鲁拜集》(张鸿年译)、《蔷薇园》(张鸿年译)、《果园》(张鸿年译)。该丛书在伊朗和中国获得了多项大奖,其中在伊朗所获的"第十届国际图书奖大奖"由伊朗总统哈塔米先生亲自颁奖。2002年,国家主席江泽民访问伊朗时,将该丛书作为文化国礼赠送给伊朗总统哈塔米,两国领导人共同在该丛书上签名留念。签名本作为

张鸿年先生著译作品

两国文化交流的永久象征,收藏在中国国家图书馆和伊朗国家图书馆。伊朗政府和文化界盛赞中国波斯文学学者在翻译介绍波斯文学方面所作出的巨大贡献,中国是迄今为止世界上唯一推出如此大规模"波斯经典文库丛书"的国家,对促进中伊两国的文化交流和传统友谊具有重大意义。这其中,张鸿年先生功及泰山。

之后,先生不顾年迈体弱多病(两次因骨折长期卧床,一次病重,医院已经下了病危通知书),仍辛勤劳作,笔耕不辍。2005年6月,译著《四类英才》由商务印书馆出版;2007年4月,译著《波斯故事》由宁夏人民出版社出版;2011年9月,译著《波斯帝国史》由复旦大学出版社出版;2011年10月,译著《伊朗文化及其世界影响》由商务印书馆出版。当问及先生,这一生从事波斯文学翻译研究有何心得时,先生很朴实地说:"搞波斯文学,得到不少'好处',比当年的俄语同班同学更早评上副教授和教授。"是啊,当俄语同班同学在已经被人家挖得遍地开花的土地上,费力地寻找一块可以供自己开垦的土地之时,张鸿年先生则举着锄头,随便往哪儿挖,都是一片富饶的土地,只要努力耕耘,定会大大丰收。张鸿年先生因倾其毕生之力,将绚丽的波斯文学"蔷薇园"、富饶的波斯文化"果园"展示给了中国读者,由此获得了崇高的荣誉:

1992年获伊朗德黑兰大学国际波斯语研究中心文学奖

1998年获伊朗阿夫沙尔基金会第六届文史奖(国家级奖)

2000年伊朗总统哈塔米授予"中伊文化交流杰出学者奖"

2003年获伊朗伊斯兰文化教育指导部"中伊文化交流突出贡献奖"

2004年获中国翻译家协会"资深翻译家"奖

2005年入选伊朗国际文化交流名人堂

当问及先生从事波斯文学翻译研究的心路历程,先生概括曰:偶然—幸运—热爱—献身。

(本文刊载于《传记文学》2011年11期)

小昭的哀怨

金庸的《倚天屠龙记》中,面对前来征讨的波斯明教(即摩尼教)总教,小昭为拯救张无忌一干人于危难中,忍痛割爱,答应了母亲的请求,以圣女身份成为明教的总教主,远赴波斯,从此与张无忌"东西永隔如参商"。我相信读者无不因此对蛮横的波斯总教心生憎恶。金大侠在书中极力打造明教的正面形象,却又在有意无意中"魔化"明教的总教——波斯摩尼教,一如书中江湖各派视明教为"魔教"。这样的悖反恐怕也是金大侠始料未及的吧。

摩尼教创始人摩尼公元216年出生于波斯安息王国统治下的巴比伦,幼年随父母信仰基督教聂斯替诺教派中的浸礼教派,后受"推恩"(twin,即明暗双生子)神的启示创立新的教派,是为摩尼教。摩尼教虽然融合了聂斯替诺教派和佛教的一些因素,但在精神实质上是与波斯传统的宗教琐罗亚斯德教一脉相承的。

琐罗亚斯德教产生于公元前十一世纪左右,创始人是琐罗亚斯德,传有经书《阿维斯塔》。该教主张明暗善恶二元论,即大千世界由以光明天神阿胡拉·马兹达为本原的善界和以黑暗魔王阿赫里曼为本原的恶界组成。明暗善恶二界彼此对立,不断斗争,最终是明战胜暗,善战胜恶。琐罗亚斯德教将"三善"——善思、善言、善行作为人的道德准则,在教义上崇尚光明,膜拜光明的象征——火,修建了很多祭拜火的神庙,庙中供奉的火焰长年不熄灭。由于琐罗亚斯德教崇拜火,该教在中国史书上被称为"拜火教"、"祆教"或"火祆教"。该教于唐代传入我国,在我国有一定的发展,后来消亡。由于琐罗亚斯德教是人类走出

祆教拜火坛

原始巫术崇拜之后第一个由某个具体的人自觉创立的具有明确教义的宗教,而不是一种在民众长期生活中自发形成的宗教信仰,琐罗亚斯德因此被称为人类的第一位先知,早于中国的老子、孔子,早于印度的释迦牟尼。尼采有篇非常重要的哲学著作名叫《查拉图斯特拉如是说》,查拉图斯特拉就是"琐罗亚斯德"的另一种译名。尼采的这篇著作与琐罗亚斯德教没有关系,尼采只是在自己的著作中借这人类的第一位先知之口,阐述自己的哲学思想。琐罗亚斯德教是伊朗在伊斯兰化前的国教,贯穿阿契美尼德(前550—前331)、安息(前230—224)和萨珊(224—651)三个王朝,尤其以萨珊王朝时期最为兴盛,它对整个伊朗文化、对伊朗民族性格和民族文化心理的铸造起了决定性的作用。

摩尼教在根本信仰上与琐罗亚斯德教一脉相承,主张明暗善恶二元论,一如琐罗亚斯德教崇拜光明,膜拜光明的象征——火,在中国被称为"明教"。二者的区别在于琐罗亚斯德教中光明神为主神,而在摩尼教中光明神与黑暗神是佐尔万(时间)的双生子,在初际时间,明归明,暗归暗,互不缠绕;在中际时间(即大千世界)暗入侵明,明暗相互缠绕争斗;在后际时间,经过一番争斗,明赶走了暗,明暗又再次分离,各归其位,而非琐罗亚斯德教的明最终战胜暗。因此,摩尼教的学说又被称为"二宗三际说"。在具体教义上,摩尼还把明暗善恶二元论从大千世界搬入了人体本身这个小世界,认为人体也是由明暗善

摩尼像

恶二元素构成,即灵魂为明为善,肉体为暗为恶,人必须修身养性,才能将体内的明与善从暗与恶的禁锢中拯救出来。摩尼教使神秘主义的修道方式在伊朗流行起来,为后来伊朗伊斯兰化后苏非神秘主义的盛行埋下了基础。摩尼教得到萨珊国王沙普尔一世(240—270在位)的扶持,在波斯境内迅速兴盛,但因其主张苦行修道,又将光明主神降格为与黑暗神对等的神,终被琐罗亚斯德教视为异端。巴赫拉姆一世(271—274在位)登基后,即开始压制摩尼教。巴赫拉姆二世(274—293在位)将摩尼投入监狱,277年摩尼死于狱中,传说死后身体被剥皮填草,挂于城门上,该门因此被称为"摩尼门",在今伊朗卡泽伦附近。摩尼教在波斯虽被灭绝,却远播东西方,一度成为世界性宗教,但终至销声匿迹。

摩尼教在东方的传播以西域地区为盛,粟特人、回鹘人皆信奉摩尼教,八世纪时,西域高昌国以摩尼教为国教。唐时,摩尼教经西域传入中国内地,一度兴盛,后被扼制,逐渐转入秘密结社。两宋时期,明教在江浙东南各省流行,并时有教民举事起义,其中最著名的是方腊起义。统治阶级深恶之,谐音"摩尼"的"摩"为"魔",诬称明教为"魔教",又因明教信徒喜素食(认为植物富含光明因子),诬之为"菜魔"。元末义军以明教为号召起事大概是摩尼教在中国最后的绝响。之后,朱元璋登基称帝,虽仍以"明"为国号,但一待国基稳固,便开始大肆剪灭明教,终致明教在中国绝迹。

《倚天屠龙记》正是以元末明教义军的史实为依托虚构而成。元末时期,摩尼教在波斯本土已经灭绝若干个世纪了,何来波斯总教?金大侠却硬是生生把惹人怜爱的小昭姑娘打发到遥远的波斯去当总教主,无端生出一段哀怨,这小说家的虚构不知赚取了多少读者的惆怅!

(本文刊载于《北京青年报》2006年8月14日"历史纵横版")

迷惘的"卐"

"卐"是古雅利安人的一种符咒,被认为是太阳或火的象征,代表着光明,后来在佛教中成为象征慧根开启、觉悟光明和吉祥如意的护符。"雅利安"的意思是"高贵者"。因此希特勒认为雅利安人的血统最为高贵,日尔曼人是纯种的雅利安人,因此将"卐"这个雅利安人的护符当作自己纳粹党的党徽。后有佛教人士为与纳粹划清界限,以"卍"为标准,于是,便有人说希特勒用反了"卐",所以遭致快速灭亡。这纯属无稽之谈。"卐"与"卍"都在佛经中存在,意思一样,但一般以"卐"为标准。"卐"从古雅利安人象征光明的护符变为纳粹法西斯的血腥残暴的黑暗标志,无疑是"卐"遭遇的一次迷惘,迷失了方向。但我在这里想说的是"卐"家族中另一个成员——伊朗的迷惘。

大约在公元前 2500 年左右,生活在第聂伯河与乌拉尔草原之间地带的古雅利安人开始向西迁移,一部分一直向西进入欧洲地区,成为日尔曼人的祖先,另一部分进入中亚地区,被称为"印(度)伊(朗)雅利安人共同体"。大约在公元前1500年左右,"印伊雅利安人共同体"开始分道扬镳,一部分进入恒河流域地区,史称印度雅利安人;另一部分进入伊朗高原地区,史称伊朗雅利安人。"伊朗"一词的意思即是"雅利安人的后裔"。

伊朗雅利安人在伊朗高原很快就创造出了繁荣灿烂的文明,在公元前十一世纪产生了人类历史上第一个自觉性的人创宗教——琐罗亚斯德教,即拜火教,我国也称"祆教"。公元前550年一代豪雄居鲁士大帝(？—前529)建立了阿契美尼德王朝(前550—前331),以琐罗亚斯德教为国教。该王朝是伊朗历史上最强盛的朝代之一,因居鲁士家族兴起于伊朗高原南部的法尔斯(即"波斯"一词的不同音译名)地区,史书又称阿契美尼德王朝为波斯帝国。因此,"伊朗"与"波斯"这两词的原始含义,从时间来说,"伊朗"一词的出现远远早于"波斯";从地理范畴来说,"伊朗"远远大于"波斯","波斯"(法尔斯)只是伊朗高原

大流士出行图

南部的一个地区;从种族来说,波斯人(法尔斯人)只是伊朗人的一个部族。但现在人们已经把二者的意义完全等同了。

阿契美尼德王朝在大流士一世时期(前521—前485)达到极盛,相继征服了巴比伦、埃及、小亚细亚及爱琴海中的一些岛屿,地跨欧、亚、非三洲,成为当时世界上最大的帝国,大流士曾自称为"全部大陆的君主"。这时的伊朗文明高度发达:政治上,国家政权机构设置和管理运作十分成熟;文化艺术上,琐罗亚斯德教经书《阿维斯塔》汇集了雅利安人最古老的神话传说,是人类最早的诗歌总集之一,而被亚历山大烧毁的阿契美尼德王宫"波斯波利斯"的残垣断壁至今依然骄傲地炫耀着高超精湛的建筑和雕刻艺术;物质上,社会生活繁荣富足奢华,经济发达。希罗多德的《历史》记载,公元前480年大流士的儿子薛西斯第三次远征希腊共聚集了海陆大军260多万人,战舰1200多艘,附属船只3000多只,从这些数字可以看出当时波斯帝国繁荣强大的程度。但是,近半个世纪的希波战争最后以波斯的失败和希腊的胜利而告终,迎来了希腊文化的黄金时期。现今的人们津津乐道于古希腊文明的繁荣,却很少知道比之更早的古波斯帝国的荣光。古波斯帝国的荣光不仅仅是在阿契美尼德王朝时期,而且一直延续到公元651年。

公元651年,曾经不可一世的萨珊波斯帝国(224—651)被阿拉伯伊斯兰大军所征服,从此伊朗成为伊斯兰世界中的一员。当时的实际情况是,伊朗的文明程度远远高于刚刚脱离蒙昧时期的阿拉伯文明,阿拉伯帝国在政治制度、社会生活、文化艺术等各方面都深受伊朗文明的影响。乃至,美国著名历史学家西提在其著作《阿拉伯通史》中说,阿拉伯帝国在各个方面完全波斯化,阿拉伯人自己的东西只有两样被保留下来:"一是作为国语的阿拉伯语,一是作为国教的伊斯兰教。"伊朗伊斯兰化后,其自身的文明文化继续高度发展,伊朗中世纪的文学和细密画艺术是世界古典文学艺术中的瑰宝。因此,伊朗人往往认为是伊朗创造了繁荣灿烂的伊斯兰文化,而不是阿拉伯。这虽然有大伊朗主义之嫌,但伊朗为伊斯兰文明的繁荣作出了巨大的贡献,这是毫无疑问的。一千三百多年的伊斯兰化历史,已经使伊斯兰文化成为现今伊朗的血脉。

因此,伊朗是世界上独一无二的拥有两套文化传统的国家:一是琐罗亚斯德教文化传统,这是伊朗的根;二是伊斯兰教文化传统,这是伊朗的血脉。二者都曾有过繁荣发达的辉煌,这是伊朗引以为骄傲的资本,也是伊朗陷入迷惘的缘由。现今的伊朗若弘扬琐罗亚斯德教的文化传统和古波斯帝国的荣光,其伊斯兰文化的血脉就会被压抑,血脉不通,人会死国会亡,巴列维王朝时期(1925—1979)的伊朗就是一个例证。但若强调了其伊斯兰文化的荣光和传统,那么其雅利安人的属性和古波斯帝国的辉煌就被屏蔽,伊朗文明之根便在被屏蔽中迷失,乃至现今的伊朗被无数人误认为是阿拉伯世界中的一员,这虽然是最令伊朗人头痛的误解,然而知晓"卐"这个雅利安人的古老护符含义的伊朗人又实在是寥寥无几。古老的雅利安人的后裔——伊朗啊——何时才能走出这样的迷惘?

(本文刊载于《北京青年报》2006年11月27日"历史纵横版")

《300壮士》与希波战争

近日,一部关于公元前发生的著名的希波战争的美国大片《300壮士》隆重登场亮相。《300壮士》演绎的是希波战争中的温泉关战役,影片紧扣三百斯巴达勇士在温泉关誓死抵抗来犯的波斯万众之师这一亮点,场面悲壮惨烈,将英雄主义渲染到极致。

我们来看历史上的温泉关战役及前后相关事件。雄才大略的古波斯帝国国王大流士一世(前521—前485在位)在公元前490年派遣十万大军远征希腊,在人数和装备都占绝对优势的情况下,竟在雅典郊外的马拉松平原遭遇惨败,壮志未酬的大流士在五年后抱恨归西。大流士的儿子薛西斯(前485—前465在位)为了实现其父的未竟之业,经过五年的准备,于公元前480年率领空前大军远征希腊。关于薛西斯军队的规模,据最早一部记录希波战争的史书希罗多德《历史》的记载,单是海陆作战士兵就有2317610人,若加上后勤杂务人员该有多少人?我们来看另一组数据，可以推而想之，波斯海军战舰有1207艘，薛西斯为之配备的附属船只达3000艘。尽管希罗多德将作战士兵和战舰的数字精确到了十位和个位，但这个数字对于今天的超级大国来说也是一个不小的数字，况乎在2500年之前？因此，有学者认为希罗多德《历史》的记载有夸大成分。但无论如何，薛西斯率领的是一支空前庞大的部队。波斯海军穿越爱琴海，直奔雅典而去，薛西斯则亲率陆军从希腊半岛北端杀下，一路所向披靡，直到温泉关才遭到了希腊人真正意义上的抵抗。

温泉关位于希腊半岛中部、马利安海湾西端南侧，是进入

温泉关战役

雅典的门户。温泉关西面是高耸的品都斯山脉,飞鸟难越,东面是一片沼泽直抵海边,走兽难穿,山脉与沼泽之间只有一条狭窄的通道可以过人,真可谓一道险关。当时希腊人正忙于奥林匹亚祭祀,也认为温泉关乃雄关险阻,一夫当关,万夫莫开,便只派遣了希腊联军约五千人扼守温泉关,其中最具战斗力的是三百斯巴达重装备士兵,联军统帅为斯巴达国王列奥尼达。

薛西斯一开始并没有将温泉关放在眼中,让米底人打头阵,进攻温泉关。米底人攻打了一整天,未能攻克温泉关,薛西斯才派上精锐之师"不死队"。"不死队"全由波斯人组成,定员一万人,亡一补一,恒定一万人,故名"不死队"。薛西斯的这支"不死队"向来攻无不克,战无不胜,但面对温泉关顽强的希腊守军,"不死队"攻打了两昼夜,依然毫无进展。就在薛西斯焦头烂额、一筹莫展之际,一位名叫艾皮阿特的希腊人来到薛西斯面前,说他知道一条秘密山路,可以绕过温泉关,直达希腊军队背后。

列奥尼达正率领希腊联军顽强迎战前方的波斯军队,忽接到紧急报告,说波斯人正从希腊军队后方的山上冲下来。希腊联军众志成城的决心因腹背受敌而崩溃。关于希腊联军的撤退有两种说法,一说是希腊各城邦军队见腹背受敌,战必败,便擅自决定撤退,各回自己的城邦,列奥尼达见留不住众人,只好听任大家四散,而他自己则率领三百斯巴达士兵和少部分自愿留下来的希腊战士誓死抵抗;一说是列奥尼达见腹背受敌,战必败,便不愿让大家都送命,下令让各城邦军队撤退,而他自己带领三百斯巴达士兵誓死抵抗。尽管后一种说法使列奥尼达更具英雄主义色彩,但希罗多德认为前一种说法更具真实性。

毫无疑问,这是一场杀得昏天黑地、让日月失色的血战。在扑上来的视死如归的希腊勇士面前,波斯人竟有些乱了阵脚,自相践踏,不少人枉送性命。在激烈的战斗中,列奥尼达阵亡,为了守护他的尸体,已经所剩无几的斯巴达勇士竟然打退了波斯人的四次进攻,直至全部战死。波斯陆军突破温泉关,直取雅典。因叛徒出卖而失守温泉关的希腊人,紧接着在萨拉米海战中,却因受惠于波斯军队的内奸而大败强大的波斯海军,扭转了整个战争的局势,并最终取得了希波战争的胜利,结束了这场持续近半个世纪的战争。

关于希波战争交战双方的正义性与非正义性,一般西方人大都视波斯人为入侵者,认为波斯帝国恃强凌弱,而那位带领波斯军队走秘密山道的希腊人艾皮阿特无疑被视为叛徒、希腊人的败类。而伊朗人一般认为,当时希腊处于僭主统治时期,僭主们独裁而好战,侵占了小亚细亚原属波斯帝国势力范围的领土,小亚细亚人民生活在希腊僭主独裁统治的水深火热中,热切盼望波斯人来拯救他们,因此,大流士派遣正义之师从小亚细亚一直打到希腊本土。关于艾皮阿特,当大多数伊朗人都将之视为"投诚者"而非"叛徒"之时,伊朗现代文化巨匠德胡达(1879—1955)在一篇杂文中说,无论在何种意义上,艾皮阿特这种人都应当受到谴责。希罗多德的《历史》写到统治小亚细亚西部希腊势力范围的克洛伊索斯王对波斯势力范围的侵犯是希波战争的最初诱因,对艾皮阿特,希罗多德讲到,他之所以倒向波斯人是因为他当时被部落联盟首领皮拉戈拉斯迫害,面临性命之忧。总的来看,希罗多德是站在中立的立场上,客观地去记述这场战争,没有对任何一方进行褒贬。现当代学者大多从理性的角度去认识这场战争,认为这是一场势所难免的战争,当时号称"全部大陆的君主"的大流士,必然企图从希腊人手中夺取爱琴海和东地中海海上贸易的控制权,而希腊人侵占波斯人的势力范围只是大流士发动战争的一个借口而已。就如同当前波斯湾地区的石油成为某个超级大国的利益焦点,那里的战争警报就频频响起,至于战争的借口,欲加之罪何患无辞。

抛开战争正义与否这个问题,单就温泉关战役最后三百斯巴达勇士浴血奋战所表现出来的英雄主义精神来看,真是可歌可泣,令人感佩,震撼人心,无疑这也正是《300壮士》这部影片最大的看点和卖点。然而,值得深思的是,希波战争中的三场大战,从对世界文明发展进程的影响来看,温泉关战役的意义远远不及萨拉米海战。萨拉米海战是整个希波战争的转折点,也是世界文明发展的转折点,波斯的失败使当时雄踞世界的波斯帝国的国势和国力江河日下,希腊的胜利迎来了希腊文明的黄金时期,对整个世界文明产生了深远的影响。从军事战略意义来看,温泉关战役的重要性也不及马拉松战役和萨拉米海战,后二者是世界战争史上以少胜多的经典战例。就美国大片通常看重的宏大场面和个人英雄主义精神来说，马拉松战役和萨拉米海战的宏大场面都远在温泉关战役之上，马拉松战役中雅典军队指挥官米泰亚德和萨拉米海战中希腊海军指挥官泰米斯托克利在指挥战斗中所表现出的英雄主义气概并不亚于战死温泉关的列奥尼达；长跑能手费迪比德一口气从马拉松平原跑回雅典，向焦急等待的雅典士兵家属报告胜利的消息之后，倒地而死，这其中体现出来的个人英雄主义精神毫不逊色于温泉关战役中的三百斯巴达勇士。为什么美国人单单看中了温泉关这场波斯人获胜希腊人壮烈失败的战役，而不是马拉松战役和萨拉米海战这两场希腊人以少胜多、令人扬眉吐气的战役？好莱坞大片不是最青睐大团圆结局吗？

也许《300壮士》的制片商和导演在主观上并无任何政治目的，该片的出品乃纯粹的商业行为，但该片在当前人们纷纷猜测美国是否会因伊朗核问题而对伊朗动武的扑朔迷离的局势背景前登场亮相，让人不由得多了几分联想。须知，三百斯巴达勇士浴血奋战、视死如归的英雄主义精神映衬的是波斯军队的凶残和野蛮；须知，尽管以少胜多能让人扬眉吐气，但寡不敌众之下的悲壮牺牲更能激发观众的义愤之情；须知，当你被三百斯巴达勇士的英雄主义精神所深深震撼的同时，也许在你的潜意识中已经播下了当前美国某些政治家们极力向民众灌输的"一个强盛的伊朗充满危险性和侵略性"这种思想的种子。倘若美国真打算对伊朗动武,该影片真可谓一部绝妙的"战前动员宣传片"。但愿是笔者多虑了……

(本文刊载于《北京青年报》2007年3月19日"历史纵横版")

波斯之城　漫嗟荣辱

古波斯文明盛衰的踪迹，倘若我们去寻觅，首先想到的无疑便是坐落在伊朗南部法尔省省城设拉子东北约60公里处、现已被列为世界文化遗产的波斯波利斯(Persepolis)。

波斯波利斯是古波斯帝国阿契美尼德王朝(前550—前330)的王宫，波斯语名为塔赫特·贾姆希德(Takht-e-Jamshid)，可意译为"贾姆希德金銮殿"。贾姆希德为伊朗神话传说中的伊朗上古时期的著名君王，如同中国的黄帝。现今英语的"波斯波利斯"(persepolis)一词来自希腊语，是希腊人最早把伊朗人叫做波斯人，把"贾姆希德金銮殿"叫做"波斯波利斯"，意即"波斯之城"。窃以为，希腊人的意思更贴切，犹如中国的紫禁城，虽是统治者的宫殿，但其规模之大实实在在堪称一座"城"。

波斯波利斯兴建于公元前520年至公元前515年期间，在大流士一世统治时期(前521—前485在位)建成，大流士的儿子薛西斯统治时期(前485—前465在位)增建自己的寝宫。整

波斯波利斯遗址

座宫殿地基乃凿山麓而成，也就是说高约 12 米的石头地基即是山体的一部分，整个宫殿地基面积 135000 平方米（长 450 米，宽 300 米），地基之下挖有两公里多长的排水系统。整座宫殿被 43 道平均高约 18 米的石墙分割为不同区域，这些石墙不是用灰浆砌成，而是用铁钉和铅钉锁成。整座宫殿除了一些附属设施之外，主要部分有中央大厅、百柱大厅、大流士一世寝宫、薛西斯寝宫、后宫、国库、营房等，各个部分连成一个封闭的整体，曾是世界上规模最大最雄伟壮丽的整体封闭式石头建筑宫殿。每个区域的门廊及两侧墙面都有令人叹为观止的精湛浮雕，堪称世界浮雕艺术的博物馆。整座宫殿最宏伟的部分当数百柱大厅和中央大厅，百柱大厅为国王接见文武百官的地方，百根擎顶石柱气势恢弘,令百官震慑;中央大厅为举行盛大仪式的场所,整个大厅呈正方形,面积3600平方米(60米长,60米宽),中有36根擎顶石柱,东、北、西三面为回廊,各有12根擎顶石柱,共计72根石柱,每根石柱高19米,用整石雕成,石柱顶沿的雕饰图案精美豪华,约50厘米高的石柱底座与地基是整体凿成,石柱立于其上,牢实坚固。最叹为奇迹的是柱顶石雕,每个柱顶石雕单独用整石雕成,雕像为成对的动物,有牛、狮、马和神鸟,每种成对动物成卧姿,身体相连,头部分别冲前后,每个柱顶石雕重达14—15吨,至今不知2500多年前这些沉重的柱顶石雕是如何置放在19米高的石柱上的。通往中央大厅的阶梯侧面的石墙上有数组精美绝伦的浮雕,展现了索格底(粟特)、坎大哈、印度、埃及、希腊、小亚细亚、腓尼基、巴比伦、阿拉伯等23个国家或城邦的使臣向号称"全部大陆的君主"大流士一世进贡的情景。不同国家的进贡队伍有着不同的衣着服饰和不同的贡品,堪称上古时期大西亚地区各个民族衣着风俗和生活风貌的民俗博物馆。

波斯波利斯并非波斯君主们的日常寝宫,而是举行盛大仪式的场所,每逢国王的登基大典、接见各国使臣朝贡的仪式、新年庆典、梅赫尔甘节(琐罗亚斯德教的宗教节日)庆典,国王才移驾此宫,其功能作用大致相当于中国紫禁城的太和殿。

然而,看着源源不断来朝贡的各国队伍,"全部大陆的君主"大流士一世并不知足,为了夺取爱琴海和东地中海的控制

波斯波利斯遗址石壁上的浮雕"四海朝贡图"

权,将海上贸易完全纳入自己的掌控之下,大流士一世发动了长达近半个世纪的远征希腊的战争,即著名的希波战争。但大流士一世并未能征服顽强不屈的希腊人,薛西斯子承父业,公元前480年再次进行规模空前的远征。波斯陆军突破希腊军队扼守的要隘温泉关,长驱南下,直取雅典。薛西斯为了洗雪其父在马拉松战败的耻辱,把雅典城抢劫一空。希腊联军退守雅典西南边的萨拉米海湾,于是波斯海军与希腊海军展开了世界战争史上著名的萨拉米海战(这是一场改变人类历史进程的重要战役,希腊的胜利迎来了希腊文明进入黄金时代的曙光)。波斯海军数倍于希腊海军,薛西斯似乎胜券在握,不想却出了内奸,波斯海军的部署情况全被密报给了希腊人,致使波斯海军在萨拉米海战中遭遇惨败。希腊联军转入反攻,迫使波斯陆军退出雅典,临走前,放火焚烧雅典城,烧毁了著名的雅典神庙。信仰拜火教并将火奉为神灵的波斯人是否意识到此亵渎神灵的野蛮之举必将会遭到神灵的惩罚?

150年的时光转眼而逝,希腊人的另一支——马其顿人的国家强大起来,公元前334年马其顿君主亚历山大大帝率领大军远征波斯,波斯国王大流士三世(前336—前330在位)亲自率军迎敌,结果遭到惨败,大流士三世逃回波斯本土,其母亲妻儿却做了亚历山大的俘虏。公元前331年,亚历山大向波斯本土发动进攻,波斯军队再次惨败,大流士三世临阵逃跑,后在公元前330年被自己部下擒杀,古波斯帝国阿契美尼德王朝告终。亚历山大占领波斯本土,进入波斯波利斯,将之洗劫一空,并为了报复波斯人在希波战争中烧毁雅典神庙令希腊人受辱之仇,下令烧毁了波斯波利斯,大火烧了几个昼夜,昔日一座宏伟壮丽的石头城变成今天的一堆残垣断壁。

中央大厅的72根擎顶石柱还残存13根,至今依然傲然挺立在波斯波利斯的石基上,见证着古波斯帝国曾经四海来朝贡的辉煌,曾经傲视寰宇的柱顶石雕动物们从高高的石柱上跌落下来,散落四方,无声地诉说着一代文明古国的沧桑。

(本文刊载于《北京青年报》2007年5月21日"历史纵横版")

渡尽劫波　兄弟成仇

伊朗总统内贾德上任伊始便语出惊人,扬言要将以色列从地球上抹去,让人们以为两国之间有多么深刻的新仇旧恨。其实,因现当代巴以问题而生的以色列与包括伊朗在内的众伊斯兰国家之间的"新仇"虽是一种事实,但追溯上古历史,我们发现伊朗民族与犹太民族之间,不仅没有什么"旧恨"可言,而且还可以说是至爱亲朋。

伊朗与犹太民族的最早关系可追溯到公元前722年,据《旧约·列王记》18:11记载,在这一年亚述王攻取了撒玛利亚,"亚述王将以色列人掳到亚述,把他们安置在哈腊与歌散的哈博河边,并玛代人的城邑。"这里的"玛代"即伊朗雅利安人在伊朗高原上建立的国家,史书称"米底王国"。但是,不知是因这批以色列人在伊朗高原上乐不思蜀还是伊朗人的同化力太强,总之,这批以色列人在伊朗高原上被同化,成为"失踪了的以色列十支派"中的成员,不被犹太人的传统承认。

巴比伦之囚

犹太民族的确命运多舛,公元前597年,巴比伦国王尼布甲尼撒二世(前604—前562在位)攻破耶路撒冷,将几千名犹太人俘虏到巴比伦。公元前586年,尼布甲尼撒二世再次攻破犹大王国首都耶路撒冷,灭犹大王国,将包括王室、祭司、工匠在内的数万犹太人掳到巴比伦做奴隶,即著名的"巴比伦之囚"。

公元前538年,波斯帝国居鲁士大帝(即《旧约》中的"波斯王古列",前558—前529在位)征服巴比伦,让遭"巴比伦之囚"的犹太人重归耶路撒冷,返国者总数,据《旧约·以斯拉记》2:64记载:"会众共有四万两千三百六十名。此外,还有他们的仆婢七千三百三十七名,又有歌唱的男女二百名。"居鲁士大帝还归还了巴比伦王从耶路撒冷圣殿劫掠到巴比伦的金银祭祀器皿,颁旨让犹太人重建圣殿和耶路撒冷城墙。圣殿重立基础之时，众犹太人激动得或号啕大哭或高声欢呼。

然而，居鲁士大帝未及圣殿建成便死于沙场，其子冈比西斯(前529—前522在位)继位。(《旧约》混淆了历史上的波斯国王"冈比西斯"与"薛西斯"，将二人同记为"亚达薛西"。《旧约·以斯拉记》第4章中的"亚达薛西"应指"冈比西斯"，而《旧约·以斯拉记》第7—8章和《旧约·尼希米记》中的"亚达薛西"应指"薛西斯"。)有仇视犹太人者见新王登基，不谙往事，便伺机进谗言："王该知道，从王那里上到我们这里的犹太人，已经到耶路撒冷重建这反叛恶劣的城，筑立根基，建造城墙。如今王该知道，他们若建造这城，城墙完毕，就不再与王进贡、交课、纳税，终久王必受亏损。"(《旧约·以斯拉记》4:12—13)冈比西斯听信谗言，下令停工。大流士一世(即《旧约》中的"大利乌"，前521—前485在位)登基为王之后，犹太人上书请求查看先王居鲁士大帝关于重建圣殿和城墙的诏书。大流士翻查居鲁士大帝的圣旨之后，下令重新开工，并颁旨曰："若有王和民伸手更改这命令，拆毁这殿，愿那使耶路撒冷的殿作为他名居所的神，将他们灭绝。我大利乌降这旨意，当速速遵行。"(《旧约·以斯拉记》6:12)公元前516年圣殿终于建成，是为第二圣殿。据《旧约·以斯拉记》第7—8章和《旧约·尼希米记》第1—6章记载，大流士的儿子薛西斯(前485—前465在位)统治时期，又有一批犹太人蒙波斯王恩准，得以从巴比伦返回耶路撒冷，并重新修筑了耶路撒冷城墙,犹太民族得以安居乐业。

公元70年,罗马人攻破耶路撒冷,第二圣殿被毁,犹太人从此四散各地直至二战后以色列建国,现在的以色列自称为第三圣殿时期。第二圣殿被毁之后,很多犹太人又逃到巴比伦地区,因为这一地区一直在波斯帝国的掌控之中,而波斯国王历来善待犹太人。因此,巴比伦地区成为犹太人重要的集居地。伊朗萨珊王朝(224—651)时期,巴比伦成为犹太人重要的文化中心,著名的《巴比伦塔木德》即在三至五世纪期间在巴比伦完成,这是移居伊朗的犹太人最伟大的成就。"塔木德"是犹太教的律法书,其地位仅次于《旧约》。《巴比伦塔木德》的权威性超过《巴勒斯坦塔木德》,有争议时,以《巴比伦塔木德》为准。

上古时期,犹太民族在与其周边民族的角逐中屡遭灭顶之灾,而古波斯帝国居鲁士、冈比西斯、大流士、薛西斯前后四代君主皆善待犹太人,居鲁士大帝释放"巴比伦之囚"更是一桩伟大的义举。对个中原因的猜测便在伊朗人和犹太人中间产生了各种各样的传说,有的说居鲁士的母亲是犹太人,有的说居鲁士的妻子是犹太人,有的说波斯国王皆喜娶犹太女子为妻。这些传说在《旧约·以斯帖记》中似乎又得到一定程度的印证。据《旧约·以斯帖记》记载,波斯王亚哈随鲁(即薛西斯)的王后对国王不恭敬,亚哈随鲁将她打入冷宫,另选犹太女子以斯帖为后。大臣哈曼与犹太人为敌,欲灭波斯境内所有的犹太人。以斯帖为拯救自己的族人,不顾冒犯国王的危险后果,在未受召见的情况下果敢觐见国王,揭露了哈曼的阴谋。结果,哈曼被国王处死,犹太人额手称庆。

虽然历史上的薛西斯是否真有一位名叫以斯帖的犹太女子王后,其后宫之中是否还有别的犹太女子是难以考证之事。但无论如何,这桩薛西斯拯救波斯境内犹太人于险恶大臣之手的义举,与一位勇敢的犹太女子紧密联系在了一起,且代代相传。犹太妻子,意味着下一代的波斯王族具有犹太血统。因此,在《旧约》的记载中,上古时期伊朗民族与犹太民族可谓亲如一家。

(本文刊载于《北京青年报》2007年7月23日"历史纵横版")

侵略者为何千古流芳？

公元前330年，雄踞西亚的古波斯帝国被马其顿人亚历山大(前355—前322)终结。历史上大约很少有外族入侵者能像亚历山大那样，终结了一个曾经不可一世的帝国，却受到被终结者后人的尊奉。在伊朗人的心目中，亚历山大从来不是一个暴虐的侵略者形象，而是曾经统治过伊朗的一代英明君主，甚至不是一位外来君主，就是伊朗人自己的君主。这种情愫的产生既与文学作品潜移默化的熏陶相关，更与史实相关。

菲尔多西(940—1020)的英雄史诗《列王纪》是伊朗伊斯兰化后新时期文学的第一部伟大作品。在《列王纪》中，亚历山大不仅气宇轩昂、英勇善战、吃苦耐劳，而且仁慈宽厚、体恤下属、爱护百姓，集一位伟大君主所应具备的美德于一身。更为重要的是，菲尔多西篡改了一个重大史实，将亚历山大写成波斯帝国末代君主大流士三世 (前336—前330在位) 同父异母的兄弟。在《列王纪》中，波斯国王达拉布与菲利普作战，菲利普不敌波斯军队,只好媾和,不仅赔了大量钱财,还把自己女儿也赔给了达拉布做夫人。可惜,菲利普之女未做几天波斯帝国夫人,便因口有异味而遭国王达拉布唾弃,被遣送回去。此时,该女已有身孕,回去便生下一子,即亚历山大。于是,历史上的亚历山大的父亲菲利普在《列王纪》中升级为亚历山大的外祖父。达拉布送走菲利普之女后,另娶妻室,生下儿子达拉(即大流士三世)。两个儿子相继长大成人,达拉顺理成章地继位为幅员辽阔的波斯帝国君主,而偏安一隅的亚历山大心有不平,便带兵前来征讨。达拉战败,被部下杀害,弥留之际,亚历山大赶到,把达拉抱在怀中痛哭不已,懊悔"本是同根生,相煎何太急"。于是,历史上一场堪称灭顶之灾的外族入侵在菲尔多西笔下成了兄弟阋墙性质的王位之争。

似乎《列王纪》在一开始就为亚历山大的形象定好了基调,之后的波斯文学作品几乎无一例外地将亚历山大塑造为明君。在内扎米(1141—1209)《五卷书·亚历山大记》与贾米(1414—1492)《七宝座·亚历山大的智慧》中,亚历山大不仅是一位明君,更是一位坚忍不拔、上下求索真理的哲人和先知。另一方面,《古兰经》中的先知"左勒盖尔英"(意为"双角人")被经注学家解释为世界征服者亚历山大大帝,因他崇奉头生双角的希腊主神宙斯和埃及太阳神阿蒙而得名。由此,亚历山大的形象在波斯愈加被神化。

亚历山大留给波斯的形象之所以如此闪耀着光环,与一些

被神话了的头上长犄角的
亚历山大头像银币

基本史实密切相关。据古希腊历史学家阿里安的《亚历山大远征记》记载,亚历山大不仅英勇善战、吃苦耐劳、体恤下属、爱护百姓,具有高尚的个人品质,更为重要的是他向往高度发达和富足的波斯文明,欲使自己融入其中,做了许多深得波斯人心的善举。首先,亚历山大让部下将大流士三世的遗体护送回波斯波利斯,依国王规格隆重葬入王陵。大流士三世的儿女也受到妥善的抚养和照顾,依然过着养尊处优的王族生活。尔后,亚历山大前去拜谒波斯帝国开国君主居鲁士大帝(前558—前529在位)的陵墓,却发现有人趁战乱毁坏了居鲁士大帝和冈比西斯(前529—前522在位)的陵墓,不仅洗劫了其中的金银财宝,而且还砸坏了金棺,将二位君主暴尸荒野。亚历山大异常愤怒,下令严加查办,又下令修复王陵和金棺,重新把二位君主隆重葬入其各自的陵墓。对于自己下令烧毁王宫波斯波利斯,亚历山大也懊悔不已。入主波斯之后，亚历山大不仅自己娶了大流士三世的女儿为妻，使自己成为波斯女婿，而且还举办了一场盛大的集体婚礼，让自己军队中的高级军官都娶波斯王公贵族们的女儿为妻，新婚军官有80人之多，婚礼仪式完全是波斯式的。而且，亚历山大还鼓励自己的士兵就地娶当地女子，还取消他们的军籍，让他们落户当地，融入其中，响应者有一万余人。亚历山大还挑选了三万波斯青年，把他们编入自己的军队，对他们的信任胜过对马其顿人，称他们为自己的"继承人"，让他们享有普通马其顿士兵不能享有的亲吻自己面颊的殊荣。在国家的典章制度、服饰礼仪上，更是原封不动地照搬波斯旧制。"所有这一切，都表明亚历山大的心已经完全东方化，他已经很少考虑马其顿的风俗习惯，甚至连马其顿人都不放在眼里。"

亚历山大军队与大流士三世的波斯军队鏖战

(《亚历山大远征记》第231页,以下同。)

亚历山大似乎从一开始就未想到要建立一个"马其顿帝国",一心只想着入主波斯,"为亚洲的主权而战"(第64页),颇似中国历史上的农民起义,只想着"夺了那皇帝老儿的鸟位",自己过一把当皇帝的瘾。的确,当时的波斯作为世界上的第一大帝国,繁荣发达,富足奢华,这怎能不让处于穷乡僻壤却雄心勃勃的马其顿人垂涎欲滴,正如亚历山大对因有失宠之感而心生不满的马其顿士兵所说:"当时我们的国家不可能叫大家过舒服的生活。就是从这样一个国家里,我带领你们出发,开始远征。……"(第234页)亚历山大入主波斯之后,作为胜利者,他没有任何居高临下的傲慢姿态,而是满怀一种敬仰的心态,立即入乡随俗,各个方面全都波斯化,让自己为高度发达的波斯文明所接纳,并且以波斯(而非马其顿)作为自己的统治中心,这在无形中使亚历山大把自己放在了波斯帝国继任者的位置上。

连亚历山大自己都把自己视为波斯帝国的继任者,入赘波斯,做了上门女婿,不把自己当外人看,那么,伊朗人更是顺理成章地将亚历山大视为波斯帝国理所当然的继任统治者。这一点颇似中国人接纳入主中原的大清为"自己人"。所不同的是,大清后来真的成为了中华民族的"自己人",而亚历山大的马其顿人对于伊朗来说始终是"异族"。但是,伊朗人却硬要把"异族"视为"自己人",其间很难说没有民族虚荣心在作祟。只是,上门女婿虽可当儿子看,但毕竟没有王室血脉,让血统观念浓厚的伊朗人听起来到底还是有些名不正言不顺,于是"兄弟阋墙"便顺乎波斯民心而产生了。

(本文刊载于《北京青年报》2007年9月10日"历史纵横版")

图兰朵怎么成了中国公主?

"图兰朵"(Turandot)这个名字因普契尼同名歌剧的广泛知名度而家喻户晓,但知道图兰朵的故事出自波斯民间传说故事集《一千零一日》的人大约很少。

《一千零一日》与《一千零一夜》堪称姐妹之作,但却远远没有后者的名气大。《一千零一日》的主线讲述了一个温情故事:克什米尔公主与埃及王子因一阵奇异的风而相遇,转眼之间又因那奇异的风而分开。公主因此害了相思病,整天郁郁不乐,不思茶饭。公主的老奶妈就每天给她讲故事,逗她开心。老奶妈讲了一千零一日,眼见公主的抑郁症刚刚有了转机,老奶妈的故事却山穷水尽了。正在焦急之时,埃及王子千里迢迢地找来了。于是,有情人终成眷属。图兰朵的故事正是老奶妈讲的故事之一。

《一千零一日》由法国东方学家拉·克鲁瓦(La Croix)在十八世纪初翻译介绍到欧洲,但在众多故事中似乎只有中国冷面公主图兰朵的故事受到青睐,相继被数位剧作家和作曲家改编和谱曲,其中以普契尼于二十世纪二十年代谱曲的歌剧影响最大。图兰朵故事的一枝独秀湮没了其母体《一千零一日》的光彩。

关于图兰朵的故事,普契尼的歌剧与原故事相比,有三处重大改变。一是图兰朵出的三个谜语完全不同,原故事打的是:眼睛、神犁和彩虹,而歌剧打的是:希望、热血和图兰朵自己。谜语的巧妙程度和紧扣故事的程度,歌剧都比原故事更胜一筹。二是图兰朵用谜语难倒求婚者并杀之的动机不同,原故事中图兰朵是因心高气傲,不肯被男人征服,而歌剧中图兰朵是为自己遭受外族侮辱的先辈女性复仇。无疑,歌剧为图兰朵杀求婚者设置了更为合理的动机。三是原故事中图兰朵的侍女娅迪玛在歌剧中变成了王子卡拉夫故国宫中的侍女柳儿,致使故事后半部分图兰朵猜王子卡拉夫名字的情节发生重大改变。原故事中,图兰朵派侍女娅迪玛前去刺探王子名字,卡拉夫王子在吃惊之际下意识地失口喊出自己的名字。图兰朵尽管知道了王子的身份,但此时她的心已经被卡拉夫征服,因此她收回自己杀卡拉夫的打算而与他相爱。歌剧中,图兰朵为得到卡拉夫的名字而让手下对柳儿严刑拷打,但深爱着卡拉夫的柳儿为保守秘密勇敢赴死,最后是卡拉夫自己把名字告诉图兰朵,并用热烈的吻感化了冷面公主图兰朵。应该说,歌剧的情节比原故事更富于戏剧性冲突,也更合情理。二者相比,我们可以看到民间故

普契尼歌剧《图兰朵》海报

事璞玉般的质朴和经文人加工后珠圆玉润的美感。

图兰朵的故事现在已为人们所熟知,但对故事中中国公主有"图兰朵"这么一个异邦名字,似乎谁也没有产生过一丝疑惑。其实,"图兰朵"这个名字深深烙着波斯文化的印记。在波斯语中,"图兰朵"(Turandot)是由 Turan 和 dot 两个词组成的,Turan 是一个地名,有图兰、土兰、突兰、涂兰等不同音译;dot 是 dokht 的省略,意为女儿、姑娘,国王的女儿(shahdokht)即公主,在特指场合下只用 dokht 也可指公主。因此,Turandot 意即图兰公主。那么,"图兰"在哪里?

在菲尔多西的史诗《列王纪》中,伊朗上古时期国王费里东年老时三分天下,把遥远的罗马分给大儿子萨勒姆,把茫茫草原的中亚地区分给二儿子图尔(Tur),把世界的中心、物产富饶的伊朗分给小儿子伊拉治。图尔的封地被叫做"图兰"(Turan),

意即图尔人的聚居地。图尔认为父亲分封不公,伙同萨勒姆杀害了弟弟伊拉治。从此,伊朗与图兰两国之间结下世仇,战火连绵不断。这样的神话传说无疑是上古时期伊朗与中亚游牧部落之间长期征战的反映。古代的伊朗人一直把中亚地区称作 Turan,而中亚地区的人们也接受这个称呼,自称 Turan。那么,图兰公主又怎么成了中国公主呢?这与突厥人在中亚地区的兴起密切相关。

曾生活在西伯利亚叶尼塞河上游的一支游牧部落在经过几次大的迁徙之后,在六世纪中叶进入中亚地区。进入中亚地区之后,这支游牧部落被称作突厥人(Turk)。突厥人在中亚地区经过近三个世纪的征伐后,在九世纪中叶建立起了伊斯兰化的喀剌汗王朝(我国史书称黑汗王朝,1212 年被蒙古人所灭),以喀什噶尔为都城,幅员辽阔,西与波斯为邻。因属突厥族的回鹘人曾在八世纪中叶出兵帮助唐王朝平定"安史之乱",唐王室把世尚公主嫁与回鹘王为妻,双方结成姻亲关系:"回鹘世称中朝为舅,中朝每赐答诏亦曰外甥,五代之后皆因之。"(《宋史》)这种姻亲关系在喀剌汗王朝时期仍旧延续,该王朝的汗王把自己视为中国的一部,在头衔前加 Taghac̆(突厥语的"中国",指中原地区)一词,即"中国汗某某"。因此,伊朗人对这个由突厥人建立在"图兰"土地上又自称为"中国"的王朝在称呼上发生了混乱,"中国"与"图兰"往往是同义词,甚至"突厥"与"中国"在很多时候也所指相同。菲尔多西(940—1020)把自己所处时代的概念混乱带进了描写伊朗伊斯兰化前历史的史诗《列王纪》中,有时上句明明说的是"图兰",下句指称就变成了"中国",直让人犯晕。

"图兰"与"中国"概念混乱的状况并没有因喀剌汗王朝的灭亡而结束,相反,蒙古人统治中亚"图兰"地区的金帐汗国和察合台汗国与统治"中国"的元朝更是"一家人",难分彼此。图兰朵的故事发生在金帐汗国土崩瓦解、分裂成若干小汗国的时代,故事中卡拉夫王子的父亲帖木儿是诺盖(一译诺加依)汗国的统治者。诺盖汗国即是金帐汗国分裂后的一个小汗国,也被称为鞑靼汗国,都城在里海北岸的阿斯特拉罕。故事虽然明确说明了图兰朵是"中国"公主,但这个"中国"是指图兰还是指中原,难以判定。尽管"图兰朵"这个名字让我们有理由认为故事主人公是图兰地区某个汗国的公主,因为"中国"可以指图兰,"图兰"一般不能指中原,但是,因故事发生在蒙古帝国"一家人"时期,把元朝蒙古皇室公主叫做"图兰公主"也不是不可以。因此,现在人们将图兰朵当作中原地区的中国公主不能算错,但把故事的发生地设定在明代的紫禁城则与原故事发生的时代不相符合,而把"图兰公主"之名用于明代汉家公主也显然不妥。

(本文刊载于《北京青年报》2008年1月7日"历史纵横版",《侨报》2008年3月8日D4版全文转载)

安息:丝绸之路那一端

读过一点中国古代史的人大约都知道,中国与伊朗的最早往来始于张骞。公元前138年和公元前119年,张骞两次出使西域,始通丝绸之路。第二次出使西域时,张骞派副使抵达安息,"安息在大月氏西可数千里。其俗土著耕田,田稻麦,蒲萄酒。城邑如大宛。其属大小数百城,地方数千里,最为大国。……初,汉使至安息,安息王令将二万骑迎于东界。东界去王都数千里。行比至,过数十城。人民相属甚多。汉使还,而后发使随汉使来观汉广大。以大鸟卵及黎轩善眩人献于汉。"(《史记·大宛列传》)司马迁的记载虽然竭尽了当时所获知的有关安息的信息,但并没有涉及该王朝的王政情况。作为中国人,对丝绸之路此端的汉王朝的了解自不待言,但丝绸之路彼端的安息究竟是何样的国家,当时的安息王乃何人、有何业绩,详知者大约不会很多。

亚历山大征服波斯(前330)之后,希腊人在伊朗高原上维持了80余年的统治。公元前247年,伊朗东北部行省帕提亚(Parthia)首领阿息克(Ashk,拉丁语写为Arsaces或Arsakes)宣布自己的行省独立,脱离希腊人的统治。由此,伊朗人民与希腊统治者展开了近100年的光复战争。伊朗人按照帕提亚行省首领阿息克的名字,将这个王朝称为"阿息康尼扬"(Ashkāniyān),中国史籍遵从伊朗人的称呼将之称为"安息",但西方史籍则按行省名字称该王朝为"帕提亚王朝"。

安息王朝从公元前247年建立至公元224年灭亡,前后长达471年(与我国历史比照,从战国后期直至三国),是伊朗历史上统治时间最长的一个王朝。但是,对于这样一个强大而漫长的王朝,菲尔多西(940—1020)长达12万行的史诗《列王纪》只用了短短20行就一笔带过了,并且所提到的安息王朝国王们的名字,除了王朝建立者阿息克之外,其他的皆与史实不符。对此,菲尔多西解释说:"由于这个家族成员事业并不兴旺,所

银币上的安息王朝创建者阿息克

以对他们历史的叙述也不周详。我在帝王的典籍中没有看到他们的事迹,只得把他们的名字记录在这里。"(张鸿年译)的确,因为战乱和保护不够等原因,安息王朝的典籍散佚殆尽,我们现今对安息王朝的了解主要来自西方史籍、中国史籍和近现代的考古发现。

菲尔多西说安息王朝的事业"不兴旺",其实不然。张骞第一次出使西域的公元前138年,正是安息王朝梅赫尔达德(Mehrdād,拉丁语写为Mithradates)一世统治时期(前181—前138在位),该国王乃一代雄主,一生驰骋沙场,与希腊统治者长期鏖战,公元前155年收复米底地区,公元前141年攻克希腊统治者的首都——位于两河流域的塞琉西亚,至公元前140年收复了整个伊朗高原和两河流域。也就是说,梅赫尔达德一世完成了伊朗人的光复大业。张骞第二次出使西域的公元前119年,正是安息王朝梅赫尔达德二世统治时期(前123—前88在位),安息王朝在这时期达至鼎盛,民富国强。当梅赫尔达德二世闻悉汉使前来,派"二万骑迎于东界",既显示了对汉使的隆重礼仪,又展现了安息王朝泱泱大国的风采与强盛。梅赫尔达德二世与汉武帝同时代,中国著名史学家张星烺先生称二人皆"雄才大略之主"(《中西交通史料汇编》)。

安息王朝事业的"兴旺"更体现在与罗马的争霸中。公元前一世纪中期,安息王朝正当鼎盛的时候,罗马也同样如日中天,三个显赫人物庞培、恺撒、克拉苏同时登台,被称为"罗马三巨头"。他们驰骋地中海沿岸,所向披靡,但在地中海东岸,遭遇到来自安息的强有力的挑战。公元前53年,"三巨头"之一的克拉苏用兵东方,与安息王奥罗德斯二世(Orodes,前57—前38年在位)的军队鏖战,最终是克拉苏兵败身亡。公元前36年,罗马著名的年轻统帅安东尼再度对安息用兵,同样遭遇惨败。至此,罗马向东方扩展的势头被安息遏制。倘若说,之前的古波斯帝国阿契美尼德王朝(前550—前330)在与希腊争霸中最终败下阵来,那么,安息王朝则在与罗马争霸中丝毫没有让罗马人占据上风。军事上的胜利给了安息人巨大的民族自信心,他们从前二百年亲希腊文化转变为后二百多年努力清除希腊文化

帕提亚骑兵

在伊朗境内的影响,逐步恢复并大力弘扬伊朗人自己的文化传统。

但是,二百年亲希腊文化的历史仍给安息王朝留下了难以抹去的希腊文化影响的烙印,这主要表现在安息人的宗教信仰上。安息人虽仍信仰古波斯帝国的琐罗亚斯德教(又称祆教或拜火教),但由于受希腊文化尊崇太阳神阿波罗的影响,安息人尤其尊奉琐罗亚斯德教中的太阳神梅赫尔(波斯语转写为Mehr)。梅赫尔神是上古时期印度—伊朗雅利安人所信奉的神灵之一,梵语转写为Mithra,故又译为密特拉。在琐罗亚斯德教中,梅赫尔只是光明主神阿胡拉马兹达之下的一个神灵,但安息人将梅赫尔(密特拉)神提高到一个至高无上的地位,由此形成密特拉教。密特拉教在罗马帝国境内也曾十分流行,声势超过早期基督教,并对基督教一些礼仪的形成产生过影响。

(本文刊载于《北京青年报》2008 年 5 月 5 日"历史纵横版")

佛从伊朗来

张骞通西域之后,丝绸之路不仅成为东西方物质文明交流的重要通道,而且也是一条重要的精神文明的传播渠道。佛教、琐罗亚斯德教(拜火教、祆教)、摩尼教(明教)、景教(基督教聂斯脱利派)、伊斯兰教皆是经丝绸之路传入我国。因此,丝绸之路在宗教学界也被称为"信仰之路"。这些宗教的东传皆与奔走在丝绸之路上的伊朗人所起的重要传播作用息息相关,其中佛教的东传与东伊朗人密不可分。

东伊朗人指生活在祁连山以西至里海北岸乌拉尔河的广大中亚地区,语言为印欧语系印度—伊朗语族东伊朗语支的塞族人(Sakā),他们建立的国家有大宛、康居、奄蔡、大月氏、帕提亚、巴克特利亚等。其中,中亚地区南部即帕米尔高原以西到里海东岸、阿姆河和锡尔河流域,因长期属于伊朗的势力范围,并且生活于此的民族(早期的帕提亚、巴克特利亚,后来的塔吉克、普什图)在民族和文化上与伊朗不仅同源而且同流,因此该地区被称为东伊朗地区。公元六世纪中叶突厥人大规模进入中亚地区,中亚地区的民族开始突厥化,经过若干世纪的漫长演变,中亚地区最终成为突厥民族的大本营,但塔吉克人和普什图人这两大操东伊朗语的民族始终未被突厥化。

在古波斯帝国阿契美尼德王朝(前550—前330)统治时期,东伊朗地区皆隶属于庞大的波斯帝国。后来,东伊朗地区随同整个波斯帝国被亚历山大征服,处在希腊人建立的塞琉古王朝(前305—前164)的统治之下。公元前三世纪中期,东伊朗地区两大行省巴克特利亚(Bactria,大致区域为今天的阿富汗和巴基斯坦北部)和帕提亚(Parthia,大致区域为今天的伊朗霍拉桑省北部和土库曼斯坦)相继宣布独立,脱离塞琉古王朝的统治。帕提亚首领阿息克由此建立了伊朗人自己的王朝即安息王朝(前247—224)。位于帕提亚之东的巴克特利亚虽然宣布独立,但统治者仍为希腊人。安息王朝与巴克特利亚之间虽也有多次战争,但因安息王朝的主要用兵目标是收复伊朗高原和两河流域地区,并在西部与罗马军队抗衡,因此东部的巴克特利亚这个希腊人统治东伊朗人的小王朝从公元前250年一直存活至公元前50年,我国史籍称之为"大夏"。

巴克特利亚人信奉琐罗亚斯德教,但因统治者为希腊人,因此该地区也建有希腊神庙,宗教信仰较为宽松自由。这时,巴克特利亚的东邻是印度著名的孔雀王朝(约前321—前187),该王朝最伟大的君主阿育王在公元前260年立佛教为国教,佛教因此在印度迅速繁荣昌盛并传入巴克特利亚。大约因佛教教义契合了长期处于希腊异族统治下的巴克特利亚人的心理需求，巴克特利亚人改信佛教的人数众多。佛教在该地区的盛行还波及到希腊统治者上层，著名国王弥兰陀（Millinda，约前180—前130在位）皈依佛教，他与高僧那先讨论佛理的语录被编辑成《弥兰陀王问经》(也被称为《那先比丘经》)，成为小乘佛教的经典。

公元前一世纪中期，大月氏人在为汉所败而西迁的匈奴人挤压下，南下攻取巴克特利亚，彻底结束了希腊人在该地区的统治。大月氏人共分五部，其中一部名为贵霜（Kushan）。公元一世纪中叶，贵霜王丘就却（Kujula Kadphises）击败其他四部，建立贵霜王朝（50—220）。贵霜王朝在第三位国王迦腻色伽（约120—144在位）统治时期达到鼎盛，领土辽阔，包括东伊朗大部分地区和印度西北地区，成为丝绸之路上的重要帝国。

大月氏人原信仰琐罗亚斯德教，进入巴克特利亚后逐渐改信了佛教。迦腻色伽原本也是一位琐罗亚斯德教教徒，后皈依佛门，大兴佛教，在他统治时期，贵霜帝国成为佛教的中心，佛教影响达至安息东部地区，并波及安息王室。迦腻色伽还在克什米尔的斯利那加召开了佛教历史上著名的第四次大结集，对佛教教义进行修订，由此形成大乘佛教。

贵霜时期的另一重大佛教事件，是产生了世界艺术史上具有非常重大意义,堪称世界艺术瑰宝的佛像艺术。在印度早期的佛教艺术中并没有佛陀释迦牟尼的形象,因为早期佛教思想认为,佛陀具有神圣性,不能表现其具体的相貌,一般以象征的手法在纪念佛陀的地方雕刻法轮、菩提树,或佛陀的脚印等。由于贵霜帝国的中心区域巴克特利亚曾长期受希腊人统治,希腊的艺术精神在该地区影响深厚,佛教思想与用人体来表现神的希腊艺术精神在该地区结合,诞生出了影响深远的佛像艺术。由于该艺术在巴克特利亚的犍陀罗一带(Gandhara,今巴基斯坦白沙瓦到阿富汗的喀布尔之间)尤为兴盛,因此这种带有显著希腊艺术风格的佛像艺术又被称为犍陀罗艺术。这其中伊朗文化的影响,我们可以用西方学者马里奥·布塞格里(Mario Bussagli)的一句话来概括:"犍陀罗——伊朗文化的灵感"(《中亚绘画》)。日本学者村田靖子也认为之所以会产生犍陀罗艺术:"这是因贵霜人的佛教——也可叫作伊朗佛教——改革所导致的结果。"(《佛像的系谱——从犍陀罗到日本》)

犍陀罗地区在贵霜帝国分裂瓦解之后,被伊朗萨珊王朝(224—651)再次纳入伊朗的版图。该地区雕刻佛像的艺术传统并没有因萨珊王朝大兴琐罗亚斯德教而受到影响,而是一直延续到七世纪后期禁止偶像崇拜的伊斯兰教进入该地区,才退出了历史的舞台。这时期的佛像艺术被称为后犍陀罗艺术,其中最著名的佛像是大约雕刻于四到五世纪的两座巴米扬大佛,东大佛高37米,西大佛高55米,是世界上最高的立式佛像,玄奘

1833年的巴米扬大佛

《大唐西域记》言其"金色晃曜,宝饰焕烂",可惜在2001年3月26日被塔利班炸毁。

据中国史籍记载,最早将佛教传入中国的正是生活在东伊朗地区的大月氏人:"昔汉哀帝元寿元年,博士弟子景卢受大月氏王使伊存口受《浮屠经》。"(《三国志·魏书》)这是关于佛经传入中国和中国人学佛法的最早记载,西汉哀帝元寿元年即公元前2年。当然,天竺(印度)高僧对佛教传入中国也居功至伟,东汉明帝(58—75在位)"梦金人"而派使者前往天竺求佛法,天竺高僧摄摩腾和竺法兰携佛经随汉使来中国,汉明帝颁旨建造了中国第一座佛教寺院——洛阳白马寺。但是,本文旨在记述伊朗人在佛教东传过程中所起的重要作用。到东汉末年,来汉地传佛法的东伊朗人更多,翻阅慧皎的《高僧传》,所记该时期外来传法的高僧多数是大月氏人、康居人、吐火罗(即巴克特利亚)人和安息人,其中最著名的是安息高僧安世高(安清)。据《高僧传》记载,安世高为"安息国王正后之太子",在东汉桓帝(147—167在位)在位之初来到中国,在中国生活了二十余年,"宣译众经,改梵为汉",乃汉译佛经创始人,对佛教在中国的传播起了重大的促进作用。

(本文刊载于《北京青年报》2008年10月27日"历史纵横版")

丝绸大战

当今世界,有不少以"人权"和"民主"为旗帜发动的战争,倘若把那旗帜翻过来看其背面,必然写着"石油"二字。可以说,石油能源是当今世界经济和很多国际间利益争端的一只操盘手,牢牢地牵扯着现代化社会的国家利益的神经。那么,在大约两千年前的非工业时代,操纵着世界经济和国家利益争端的大手是什么呢?丝绸!

张骞通丝绸之路之后,丝绸作为昂贵的国礼和重要贸易商品源源进入安息王朝(前247—224)统治下的波斯帝国。公元前53年,罗马"三巨头"之一的克拉苏为与另外两位巨头恺撒和庞培争夺个人荣誉,意气用事,率军出征东方,与安息军队作战。结果是克拉苏军队惨败,两万余名罗马将士阵亡(其中包括克拉苏的儿子),另有一万余人被俘。克拉苏本人为免受当俘虏之辱自杀身亡,其首级被呈献给安息国王奥罗德斯二世(前57—前38在位)。强悍的罗马军队在这场著名的卡尔莱战役中遭遇惨败的原因,据载在两军鏖战正激烈的关头,安息人突然亮出旗阵,霎时间一大片颜色鲜艳夺目的旗子轮番挥舞,在明晃晃的太阳光下刺得罗马人睁不开眼睛,于是闭着眼睛做了安息人的刀下死鬼或生囚。后来据西方史学家考证,那些鲜艳刺目的旗子就是丝绸!(A·瓦隆《丝绸古代史》)

此后,丝绸很快进入了罗马社会,成为罗马社会的高档奢侈品,而控制着亚欧大陆丝绸贸易的正是波斯这个中间商。波斯从中国大量进口生丝和素锦,进行织染加工,然后转手高价卖给罗马。丝绸经济支撑着当时波斯社会的繁荣昌盛,正如现今石油支撑着伊朗的经济大厦。

替代安息人的统治而建立起来的萨珊王朝(224—651),是一个比安息王朝更加强盛的朝代,史称萨珊波斯帝国。强盛富足的社会意味着对丝绸更加旺盛的需求,正如现今发达的现代化社会对石油的旺盛需求。然而,此时东方强大的汉王朝覆灭,接下来的魏晋南北朝都是一些短命王朝,忙于你争我夺,根本无力控制广袤的西域地区,丝绸贸易由此受阻。为满足国内的丝绸需求和对西方的丝绸贸易,强大的萨珊王朝开辟了海上丝绸之路,从中国南方进口丝绸原料。然而,随着进口成本的增加,波斯更加变本加厉地抬高对西方的成品丝绸出口价。

330年,罗马帝国一分为二,建都君士坦丁堡的东罗马帝国自恃强大,不满波斯从中盘剥,于是通过海上丝绸之路自己进

伊朗南部"纳格什·鲁斯坦姆"石壁上的浮雕:沙普尔二世搏击图

口丝绸原料,并在现今的叙利亚地区建立起了自己的丝绸加工业。此举惹恼了萨珊国王沙普尔二世(309—379在位)。沙普尔二世是其父亲的遗腹子,生下来就是国王,直到去世,是萨珊王朝在位时间最长的国王,萨珊王朝在他统治时期达到繁荣强盛的顶峰。当时,萨珊王朝与东罗马帝国之间在叙利亚地区本来就因领土争端而时有冲突发生,沙普尔二世又眼见东罗马帝国抢走了自己的丝绸贸易垄断权,不禁怒从心起。360年,沙普尔二世不再与东罗马帝国小打小闹,亲率大军出征叙利亚,取得完胜,不仅解决了领土争端,将叙利亚地区并入萨珊波斯帝国版图,还将叙利亚的丝绸织染工和有关设备尽数掳到波斯本土,铲平了当地的丝绸经济,再次将丝绸贸易垄断权牢牢掌握在自己手中。后来,东罗马帝国又绕道东地中海、红海从海上丝绸之路不断弄来一些丝绸原料,为了免除再次被波斯铲断的后顾之忧,将丝绸织染加工设置在了君士坦丁堡的皇家作坊内,严禁外面进行丝绸织染加工。这倒是安全了,但也严重阻碍了丝绸织染业的发展,因此东罗马帝国境内成品丝绸生产始终有限,想要满足社会的大量需求,还得依赖从波斯进口。

作为丝绸出产地的中国当然也深知丝绸贸易在国民经济中的重要地位,因此严禁丝绸生产技术外泄,严密管控蚕卵、桑种和缫丝工,出境客商在边关口岸都要被搜身检查,中国在相当长的一段时间内成功地严防死守住了这项技术。420年(一说419年),一位史书未提及姓名的汉家公主下嫁于阗王,在其夫婿的恳求下,为了换取日后的恩宠,这位公主将蚕卵藏匿于头饰,桑种混入随身携带的草药中,又将几位女缫丝工化装成自己的侍女,成功地将桑蚕养殖和丝绸生产技术带入于阗。当时,对西域有着强大控制力的唐帝国尚未诞生,而掌握着中亚和西域地区控制权的是强大的萨珊波斯帝国。因此,波斯也很快就获得了这项技术。

已经掌握了丝绸生产技术的波斯,尽管还仍然从中国进口丝绸原料,但总体来说国内丝绸总量大幅度提高,成本也下降。照理说,丝绸出口贸易的价格也应当随之下调,但是波斯却不降反升,大有"世界经济我说了算"的架势,正如当今某西方大国的"世界秩序我做主"的做派。也难怪,俗话说腰壮气粗嘛。丝绸价格的暴涨让东罗马帝国忍无可忍,只好兵戎相见,但又打不过有着丝绸经济作强大后盾的波斯,屡屡战败,只好忍辱接受波斯人的重利盘剥。483年,东罗马帝国查士丁尼大帝登基(483—565在位),见国内丝绸价格暴涨,严重破坏了国民经济秩序,民众怨声载道,便采用政府限价的办法,规定"严禁每磅丝绸的价格高于八个金苏(每个金苏含4.13克黄金),违者财产全部没收充公"(布尔努瓦《丝绸之路》)。这真的是一个丝绸比黄金还贵重的时代啊!但这个政府限价远远低于市场价,根本得不到贯彻执行。542年,迫于巨大的丝绸经济压力,查士丁尼大帝不得已与波斯开战,结局是545年签署停战协议,东罗马帝国的堂堂一代雄主查士丁尼大帝赔款黄金500磅,还将自己医术高超的御医借给波斯国王霍斯陆(531—579在位)使用一年。霍斯陆也颇有泱泱大国君主的气度,一年期满后,在遣送这名御医回国时,问他有何要求,御医恳求释放"一些"被俘的东罗马士兵,霍斯陆大笔一挥,当即释放了与查士丁尼大帝作战时俘获的东罗马士兵3000名!

查士丁尼也不愧为一代雄主,深知买鱼不如买渔的道理,要解决国内的丝绸需求,稳定国民经济,最根本的办法是获得丝绸生产技术。于是,一场围绕丝绸的间谍战展开了。550年或551年,查士丁尼召见了几位修士,许诺他们若带回蚕桑卵种,必以重金奖赏。这几位修士为避开波斯边关口岸的盘查,不惜绕道北高加索,一路餐风宿露,不远万里来到中国,又费尽心机,将蚕桑卵种藏匿在空心的手杖中(一说是藏匿在一种特制的小纸盒中),终于在553或554年将蚕桑卵种成功带回了君

查士丁尼大帝

士坦丁堡。地中海宜人的气候十分适合桑树生长,桑蚕养殖业在东罗马帝国境内迅速建立起来,随后丝绸生产技术进入西方其他地区。

此后,波斯虽然仍然是亚欧丝绸贸易的最大中间商,但也不再享有对丝绸贸易的垄断权了。然而,一千多年之后,他们又拥有了另一种重要经济物资——石油!伊朗的石油蕴藏量居世界第一,产量居世界第二。现今的伊朗虽然再也不能用丝绸勒住西方的咽喉了,但却能时不时地用石油掐一下西方的喉咙,以回应西方大国对之动武的威胁。

(本文刊载于《北京青年报》2009 年 2 月 9 日"历史纵横版")

葡萄美酒波斯情

"葡萄美酒夜光杯,欲饮琵琶马上催。醉卧沙场君莫笑,古来征战几人回?"王翰的这首《凉州词》用葡萄酒的美妙滋味衬托战争的严酷,写得酣畅淋漓,堪称千古绝唱。那么,这葡萄美酒来自何方?李白诗云:"胡人岁献葡萄酒。"西域胡人再次把我们的目光引向位于丝绸之路那一端的波斯。

据《旧约·创世记》记载,大洪水消退后,挪亚将方舟停靠在亚拉腊山上(8:4),并在此处"做起农夫来,栽了一个葡萄园"(9:20)。亚拉腊(Ararat)即现今的亚美尼亚,在古代一直是波斯帝国的属国。尽管我们无神论者将《旧约》有关大洪水的记载视为神话传说,但据西方历史学家和植物学家考证,西亚的确是最早出产葡萄的地区。中国历史学家张星烺先生也认为:"葡萄为亚洲西部伊朗高原特产。"(《中西交通史料汇编》第二册)据《史记》、《汉书》、《晋书》、《周书》、《唐书》等诸多中国史籍的记载,波斯本土以及大宛、大夏、康国、石国、大月氏、焉耆、库车等广大东伊朗地区盛产葡萄和葡萄酒。

波斯自古乃文明古国,成熟的文明往往也代表着富足奢华的社会生活。波斯人大约在上古时期就掌握了葡萄酒的酿造工艺,深得葡萄美酒的个中滋味。二千多年前希罗多德在其著作《历史》中就谈到过波斯人崇尚饮酒的社会风气:"波斯人自古以来就好酒贪杯,耽于声色之乐。他们非常喜欢饮酒,并且有很大的酒量,甚至他们专在喝得醉醺醺的时候才讨论重大事件。"该书还记载,波斯国王大流士一世(前521—前485在位)的卧榻上方有一株葡萄藤为之遮荫。斜卧葡萄藤下的御榻,手握金樽盛的葡萄美酒,豪饮或慢呷,这大约是饮葡萄酒的最高境界了。《旧约·以斯帖记》中多处记载波斯国王亚哈随鲁(即薛西斯,前485—前465在位)大摆酒席,宴请群臣,"用金器皿赐酒,器皿各有不同。御酒甚多,足显王的厚意。"(1:7)

尽管伊朗伊斯兰化前的历史文献散佚殆尽,但这种奢华的社会风气在现有的文学作品中还能窥见一斑。在描写波斯古代帝王的诗歌里,常常见到丰盛的筵席、飘香的美酒、陪侍的佳人,极尽豪奢,这在菲尔多西(940—1020)的史诗《列王纪》中多有反映。其中萨珊国王巴赫拉姆·古尔(420—438在位)禁酒与撤消禁酒的故事大约最饶有风趣:一日清晨,群臣上朝,国王摆酒,与群臣一边豪饮一边纵论天下,好不快哉!这时,一位村长前来贡献新鲜水果助兴。国王赐酒,村长豪饮七大杯。在回村的路上,村长醉倒路边,被乌鸦啄瞎双眼,丢了性命。于是,巴赫拉姆·古尔下令禁酒,说喝酒误事害人。然而,如此美妙的杯中物不让饮,岂不让人抓耳挠腮,坐立不安。这时国王狮园中的狮子出逃,乱闯市井,危及百姓,只见一壮小伙无畏冲上前去把猛狮掀翻在地。原来这位青年在新婚之夜因房事不力偷喝了三大杯酒,不仅当夜成就好事,而且酒力还持续到第二天将猛狮制服。得知内情后,巴赫拉姆·古尔下令撤消禁酒,说喝酒也有益处,但须适度。这真是,败也美酒,成也美酒。

公元651年,波斯帝国被阿拉伯大军覆灭,波斯由此开始了伊斯兰化的历史。伊斯兰教本是禁酒的,但历代哈里发政权或各个地方政权似乎对酒总是禁而不严(即使在当今伊斯兰世界,也只有推行原教旨主义的国家或派别组织才严厉禁酒),酒馆酒摊大量存在。埃及著名历史学家艾哈迈德·爱敏认为是波斯人把纵情酒色的风气带给了久居沙漠、生活朴素的阿拉伯人:"没有波斯人,阿拉伯人怎会知道精心设计的歌会、穷奢极侈的酒会以及舒适享乐的生活呢?"(《阿拉伯—伊斯兰文化史》第二册)这从侧面反映出波斯人纵情美酒的风气是多么根深蒂固。

在伊斯兰化之后,携美人共饮似乎依然是波斯人最感惬意的一种生活方式,尤其是诗人们在美酒醇香的刺激下、在美人琴声的撩拨中,激情勃发,才思泉涌,吟诵出一首首隽永奇妙的诗篇。美酒加美人的意象几乎渗透了波斯中世纪每个诗人的诗作,比如海亚姆(1048—1122)的诗歌:"溪边田间花开时,两三佳丽相为侣。递过酒杯饮一盏,忘却庙堂清真寺。"还是海亚姆的诗歌:"红花碧草尽欢笑,一周光阴又入土。摘花畅饮须及时,转眼花黄草也枯。"再如哈菲兹(1327—1390)的诗歌:"百花绽放时光好,只有酒杯应握牢。园中畅饮须及时,一周之后花已凋。"这些诗歌皆堪与王翰的《凉州词》媲美。

波斯在伊斯兰化后依然美酒飘香,除传统世俗文化的积淀之外,还与伊斯兰宗教文化密切相关。《古兰经》有多处提到"酒",比如:"他们的主,将以纯洁的饮料赏赐他们。"(76:21)"纯洁的饮料"一词在阿拉伯原文和波斯语译本中皆为"醇酒"。《圣训》曰:"至上的主为他的朋友们准备了酒,任何时候饮它都会沉醉,会因沉醉而精神振奋。"神秘主义者(往往同时也是诗人)对经文中的"酒"和《圣训》中的"酒"作形而上的阐释,解释为真主的神秘智慧,并堂而皇之地称呼真主为"萨基"(本义为斟酒人,多为美丽姑娘,也有俊俏少年),比如鲁米(1207—1273)《玛斯纳维》中的诗句:"选活力持久者的爱情,即为你斟劲酒的萨基。"将真主称为"斟酒人"堪称伊斯兰宗教文化与波斯传统世俗文化的完美结合,这种结合使得波斯诗歌中"酒"与"斟酒人"的涵义往往难以分辨,亦宗教亦世俗,形成一种独特的诗酒风流,在中世纪的波斯蔚然成一个时代之风气。

这里需要赘言的是上文中的"酒"皆专指葡萄酒(在诗歌中最常见的修饰定语是"红玉般的"),因为在波斯地区自古没有

百花绽放时光好,只有酒杯应握牢

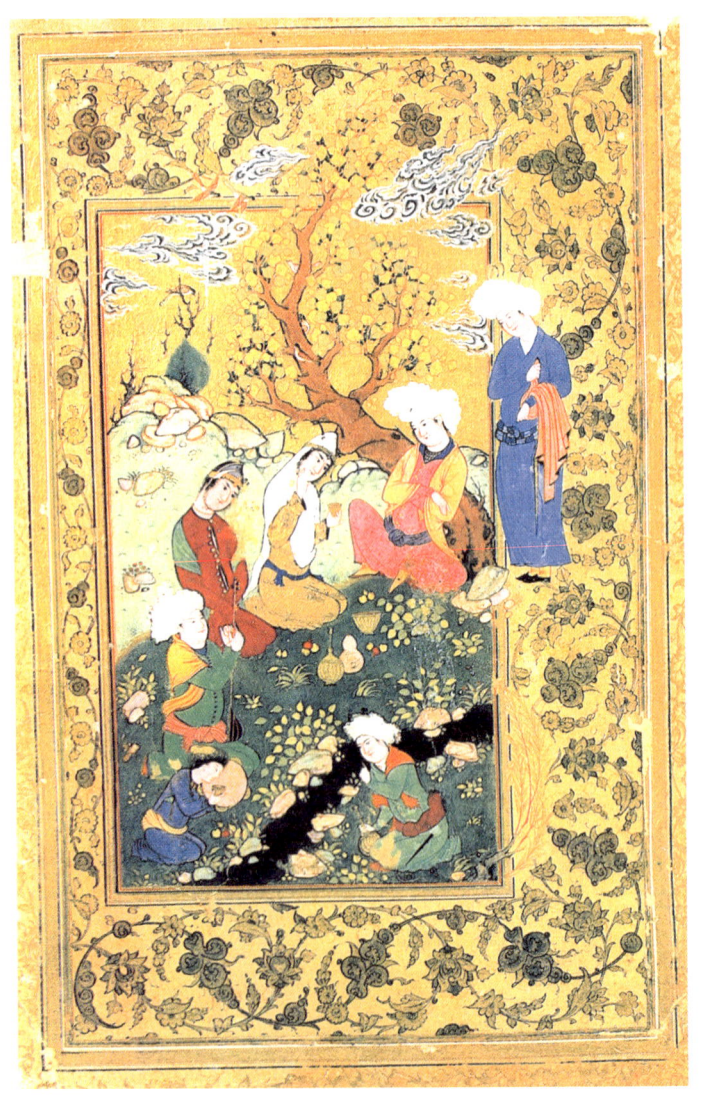

溪边田间花开时，两三佳丽相为侣

粮食酒,对粮食酒用外来语的"酒精"一词称之。"希腊人从亚洲西部得到葡萄树和酒,"(劳费尔《中国伊朗编》)并很快让葡萄美酒飘香欧洲。然而在东方,葡萄酒的芳香却迟迟飘不进长城。尽管葡萄在张骞出使西域时就被带进了中原地区,但中国人似乎只对粮食酒情有独钟,对葡萄酒不感兴趣,直到贞观十四年(640)才学会酿造葡萄酒,是年唐太宗平定高昌,"收马乳葡萄实于苑中种之,并得其酒法。"(《册府元龟》)尽管有王翰的《凉州词》千古煽情,但至今也无法使葡萄酒取代中国人对粮食酒的特殊情感,就如同粮食酒在波斯人心中永远只是医用酒精的同类,永远无法与闪耀着红玉光辉的葡萄酒相提并论。中国—波斯,亚洲大陆上的东—西两大文明古国,共同将酒文化诠释完美。

(本文刊载于《北京青年报》2009年3月30日"历史纵横版")

"崇洋媚外"炼丹家

中国的炼丹术源自远古时期人们对长生不死的向往,战国时期方术盛行,一些方士认为只有金石之类的不朽之物方能成就人的不死之身,用金石炼丹由此肇始。东汉末年随着道教的产生,炼丹术与道教追求长生不老的修炼实践相结合,日趋兴盛。

炼丹服药之所以在两晋、南北朝和隋唐时期蔚然成风,与当时对道教的推崇密切相关,这一点广为人知。然而,丝绸之路的开通对炼丹服药起了推波助澜的作用,目前国内学界对此则鲜见言及。代代炼仙丹,却不见食了仙丹长生不老之人,倒有不少吃下仙丹便速死之人。然而,炼丹家们坚信仙丹是可以炼成的,只是没有找对炼就仙丹的原料而已。于是,炼丹家们对奇异原材料孜孜以求。丝绸之路开通后,亚洲西部地区(西域、中亚、波斯、印度、阿拉伯)出产、中原地区没有或尚未发现的一些矿物、植物和香料源源进入中原地区。

据《魏书·西域传》记载:"波斯国都宿利城。……出金、银、鍮石、珊瑚、琥珀、车渠、马脑(玛瑙),多大真珠(珍珠)、颇梨(玻璃)、琉璃、水精(水晶)、瑟瑟、金刚、火齐、镔铁、铜、锡、朱砂、水银……及熏陆、郁金、苏合、青木等香……盐绿、雌黄等物。"这些波斯物产被后代史书反复提及,一些新的物产也不断被补充进后代史书。其中的矿物和香料便成了炼丹家们争相用来做实验的原料(香料一般用作辅料)。由于当时波斯萨珊王朝(224—651)称霸亚洲西部,掌控丝绸之路西端,又开辟海上丝绸之路,一时间波斯物产在中原地区大行其道,纷纷用来入药炼丹。

炼丹的主要原料有五金八石三黄之说,五金为:金、银、铜、铁、锡;三黄为:硫黄、雄黄、雌黄;八石各说不一,一般指:朱砂、矾石、硝石、云母、石英、石钟乳、赤石脂、黄丹。此外,水银和铅也是炼丹主料。这些原料,中原大地本也富有,一直为炼丹家们所采用。但波斯货一进来,炼丹家们似乎就有点崇洋媚外了。比如石硫黄(即硫黄),《本草纲目》(卷11)记载唐代李珣言:"石硫黄,生昆仑国及波斯国西方明之境,颗块莹净,不夹石者良。蜀中雅州(今四川雅安)亦出之,光腻甚好,功力不及舶上来者。"可见蜀中土产,尽管光泽甚佳,但入药后的功力仍不及进口货。在炼丹家眼中,中原的石英在品质上也无法和从波斯进口的高纯度石英(水晶)相媲美,连金银屑也以波斯所产为佳。因此,炼丹家们只要有财力弄到品质好的进口货,一般就不用本地产品。

另外，波斯一些特有的矿产，如：硇砂、盐绿（亦作绿盐）、密陀僧、鍮石、矾石等，也都入丹方。硇砂是一种硝石，因其色绿，又被称为绿矾，出产于波斯克尔曼省巴德温山。此山有一大洞，洞中时有滚滚浓烟，烟雾散尽，洞壁上的沉淀物即为硇砂。附近的居民每隔一两个月就采集一次，是当地主要的纳税产品。宋

葛洪炼丹图（范曾／绘）

代苏颂的《图经本草》说："今西凉夏国及河东(山西)陕西近边州郡亦有之。西戎来者，颗块光明，大者如拳，重三五两，小者如指面，入药最良。"这说明炼丹家们直至宋朝才在山西陕西一带发现此种硝石，但若论入药的功效还是西边来的进口货为佳。据美国学者劳费尔考证，汉语"硇砂"一词应是源自波斯语的nushādor一词。

绿盐，劳费尔考证说即波斯语的zangār，此词有两义：一是金属铜上的锈，即铜青；二是一种绿色氯化铜矿石。铜青在中原地区用醋浸铜获取，而矿石绿盐由波斯进口。李珣的《海药本草》说："盐绿，波斯国在石上生。方家少见用也。……以铜醋造者，不堪入药，色亦不久。"李珣说方家少用，但并非不用，因为绿盐多用于治疗眼疾。李珣还说用铜醋造的铜青不堪入药，其实在东晋大炼丹家葛洪的《抱朴子》中，铜青是其炼丹的主要配剂之一。由此可见，丹方配剂既因人而异，也因时代而异。《本草纲目》卷11说："方家言波斯绿盐色青，阴雨中干而不湿者为真。"可见一些炼丹家还是有用波斯绿盐入丹方的。

密陀僧(mordāsang)，一种黄色氧化铅，与黄丹同类。《唐本草》曰："密陀僧出波斯国，形似黄龙齿而坚重。"波斯克尔曼省的巴德温山和德黑兰北部的达莫万德山皆盛产此矿。宋《图经本草》记载："密陀僧，今岭南、闽中银铅冶处亦有之。"说明直到宋代中国才有了自炼的密陀僧。

鍮石，明代曹昭的《格古要论》说："鍮石乃自然铜之精者，炉甘石所煮炼者为假鍮……真鍮出波斯,鍮石如金,火炼成红色,不变黑。"美国学者劳费尔认为鍮石即黄铜,即铜与锌的合金。

矾石又分白矾和黄矾,李珣曰:"波斯、大秦所出白矾,色白而莹净,内有束针文,入丹灶家,功力逾于河西石门者。"黄矾又称金线矾,李珣曰:"波斯又出金线,打破,内有金线文者为上,多入烧炼家用。"(《本草纲目》卷 11)

最后说说五金之首。波斯富有金矿(至今伊朗人崇尚金饰品犹如中国人崇尚玉饰品),其制造的金箔、金屑品质上乘,熔为金液,用于摩尼教经书的绘饰,金碧辉煌。金液一直是炼丹的基本溶液,故仙丹也称金丹,波斯品质上乘的金箔金屑更是深得中国炼丹家们的青睐。《水经注·温水》曰:"华俗谓上金为紫磨金。"也就是说,最上等的金子被称为"紫磨金",《本草纲目》(卷 8) 将波斯紫磨金列为进口的五种金子之首。

强盛的唐帝国势力达至葱岭一带,与西亚地区的贸易往来空前繁荣,源源涌进的波斯物产对炼丹术在唐代达至极盛无疑起了推波助澜的作用,繁荣的文化交流又促使中国的炼丹术逆向传入波斯和阿拉伯地区。这时的波斯已经伊斯兰化,伊斯兰教没有得道成仙、长生不老的观念,因此炼丹术在该地区成为炼金术——对金的崇拜使人们想把其他金属皆变作黄金。其实,炼金也是中国一些炼丹家们的目的。据中国学者曹元宇教授的文章《金丹术西传问题》考证,阿拉伯语的炼金术 (kimiyā,波斯语也用该词) 一词正是源自汉语泉州方言"金液"的发音

kim-ya，而炼金术从阿拉伯传入欧洲之后发展为现代化学，chemistry 一词又是源自 kimiya。多么奇妙的环环相扣！

炼丹服食之风在唐朝最为炽热，王公贵族、文人名士纷纷以此为时尚。由于金石炼成的仙丹多为砷、汞和铅的制剂，热性大，毒性也极大，因此向往长生的人们在食用了仙丹之后往往短寿。白居易诗云："退之服硫黄，一病讫不痊。微之炼秋石，未老身溘然。杜子得丹诀，终日断腥膻。崔君夸药力，经冬不衣棉。或疾或暴夭，悉不过中年。"也就是说，韩愈、元稹、杜牧、崔元亮这些唐代名士，他们的死因皆与服食仙丹密切相关。并且，历朝历代因服食仙丹而中毒驾崩的皇帝也以唐代最多。唐之后，炼丹服食之事尽管从不乏人身体力行，但随着道教的由盛转衰而逐渐退去了热潮。

（本文刊载于《北京青年报》2009 年 7 月 6 日"历史纵横版"）

波斯帝国末代王族亡命丝路

汉武帝派遣张骞出使西域,开通丝绸之路,打通了亚欧大陆的经济大动脉,也成就了波斯帝国以强大的经济实力长期雄踞亚洲西部,掌控着亚欧大陆的经济贸易。因而,在某种意义上也可以说,丝绸之路是波斯帝国的生命之路。然而,人间事往往阴差阳错。当波斯帝国命悬一线的最后时刻,本可以成为真正意义上的"生命之路"的漫漫丝路,却成了这千年帝国国运气数的末路。

公元七世纪初叶,伊斯兰教在阿拉伯半岛兴起,先知穆罕默德以宗教统一了阿拉伯半岛。四大哈里发时期,强悍的阿拉伯军队开始了向外扩张的征程,比邻的萨珊波斯帝国首当其冲。在635年的卡迪西亚战役之前,阿拉伯军队与波斯军队就已数度交锋,互有胜负,应当说无碍大局。真正让波斯军队丧失抵抗信心的是在卡迪西亚战役中的惨败。

卡迪西亚,位于今伊拉克库法城以西约100公里,它是萨珊波斯帝国首都麦达因的西部防线。635年初,阿拉伯军队抵达卡迪西亚,刚刚登基不久的波斯国王耶兹德古尔德三世(632—651在位)派统帅鲁斯坦姆率大军迎战,并将卡维战旗授予鲁斯坦姆,以鼓舞士气。卡维战旗承载着波斯帝国千年的光荣与辉煌,源自伊朗上古时期的神话传说:伊朗国王贾姆席德晚年昏庸无为,阿拉伯暴君佐哈克趁机率军进攻伊朗,贾姆席德逃至中亚阿姆河边,被追兵所杀。佐哈克统治伊朗,暴虐无度。又有恶魔助纣为虐,吻佐哈克双肩,所吻之处顿时长出两条蛇,每天必须喂之以两人头脑。铁匠卡维的18个儿子中已有17个被抓去喂了蛇,当最后一个儿子又要被抓走之时,卡维用一木竿挑起自己的皮围裙,号召百姓奋起反抗,并最终推翻佐哈克的残暴统治。卡维的皮围裙由此成为伊朗战旗代代相传。历史中的卡维战旗实物不知始自何时,但在萨珊王朝时期世代相传,波斯军队每打一次胜战,就在上面缀一颗宝石。当这面战旗交在统帅鲁斯坦姆手中时,上面已经缀满了密密麻麻的各种珠宝。

鲁斯坦姆高擎着卡维战旗与阿拉伯军队在卡迪西亚鏖战三天三夜,不分胜负。正当两军相持不下之时,天公为阿拉伯军队助阵,只见霎时间狂风大作,飞沙走石,逆风的波斯军队顿时被顺风的阿拉伯军队冲击得溃不成军。混乱中,鲁斯坦姆战死,卡维战旗落入阿拉伯人手中。阿拉伯人为争抢卡维战旗上的珠宝,将旗子撕成了碎片。匹夫不可夺其志,三军不可夺其

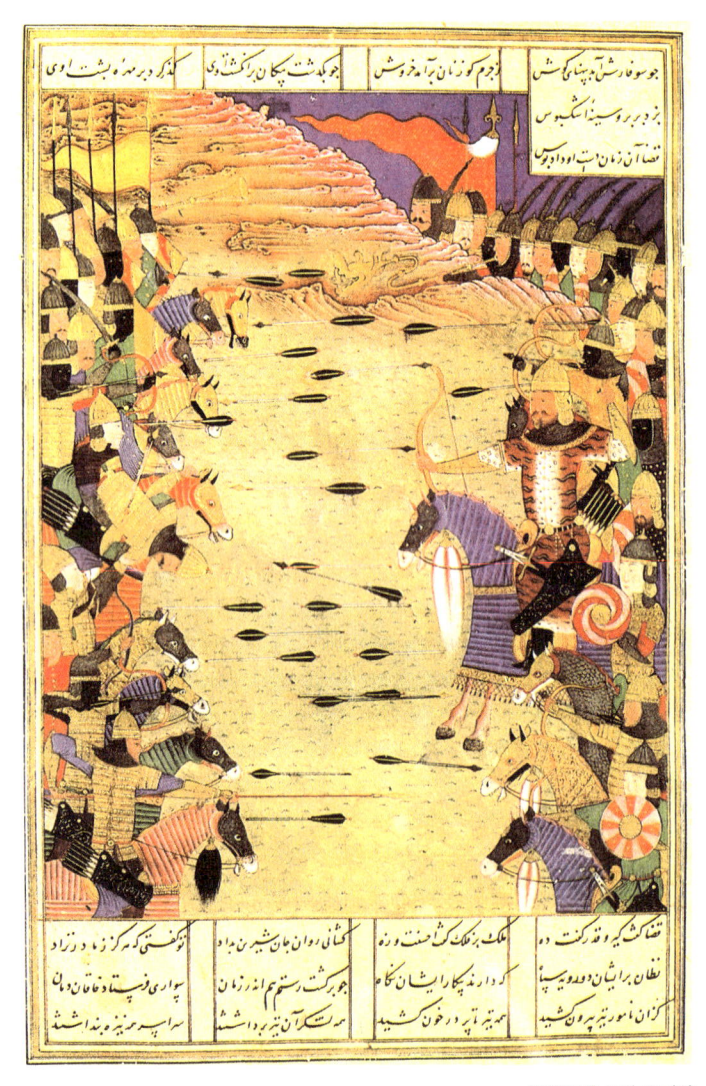

伊朗军队与敌军对阵

帅。没了统帅也没了战旗的波斯军队完全丧失了斗志，只知逃命。在菲尔多西的史诗《列王纪》中，伊朗上古时期辉煌与荣光的终结，以传说中的伊朗第一勇士鲁斯坦姆的死为肇始，之后不久伊朗就被亚历山大征服。哲人说，历史会重演。萨珊波斯帝国辉煌与荣光的终结，以历史人物波斯军队统帅鲁斯坦姆的死为肇始。

萨珊都城麦达因位于底格里斯河东岸，阿拉伯军队在大河西岸休整，做各种渡河准备。这时，如若国王耶兹德古尔德抱着死战的决心，抓住阿拉伯军队休整的时机，积极备战，再凭借大河之天然屏障，不一定就守不住。然而，卡迪西亚战役的惨败给了波斯人自信心致命的打击。宫廷中主逃派占了上风，认为都城麦达因地处平原，不宜坚守，而伊朗高原西南部的克尔曼沙山区更适合与擅长平原作战的阿拉伯军队周旋和较量。于是，耶兹德古尔德收拾金银细软，带着后宫家眷逃往克尔曼沙。一国不可失其都。耶兹德古尔德在弃都而逃的那一刻，就已经注定了他亡命君主的命运。这时，都城虽留有军队守卫，但已无主心骨的大厦怎堪狂风暴雨的袭击？637年3月，阿拉伯军队轻松攻取麦达因，进入了这座长期以来阿拉伯人心目中的人间天堂。

躲在克尔曼沙大山里的耶兹德古尔德惶惶不可终日，自忖无力抵抗阿拉伯军队，便将希望寄托于丝绸之路另一端的强大帝国，于638年和639年两次派使者到长安，请求唐王朝出兵相救。然而，耶兹德古尔德望穿了漫漫丝路也没等来唐朝援军。唐太宗以路途太远为由，没有出兵。克尔曼沙的崇山峻岭并没能阻挡住阿拉伯人的进攻。波斯军队虽然节节抵抗，但节节败退。在阿拉伯军队的不断追击下，耶兹德古尔德带着家眷，沿着丝绸之路不断东逃。同时，他仍将希望寄托于唐王朝，于647年和648年又两度派使者到长安朝贡求援，但唐太宗仍未出兵。最终，历史再度重演。651年，耶兹德古尔德逃到中亚阿姆河附近的木鹿城，被杀害于一座磨房内。传说，磨房外有一棵高大的雪松。于是，"木鹿的雪松"成为千年波斯帝国最后气脉的象征，在伊朗现代文学作品中频繁出现。

耶兹德古尔德的儿子卑路斯沿着丝绸之路继续东逃到吐

木鹿城

火罗(大致区域为今天的阿富汗和巴基斯坦北部),受到当地部落酋长保护,得到些许的喘息机会。卑路斯意欲东山再起,于654年遣使向唐朝求援,唐高宗一如唐太宗以路途太远为由,拒绝出兵。这时,阿拉伯军队盘踞在波斯东北呼罗珊地区,对强盛的唐王朝能控制的中亚地区基本上采取打了抢、抢了就退回呼罗珊的战术。卑路斯在吐火罗部落武装的帮助下,一度打回呼罗珊,但又被阿拉伯人打了回来。661年,卑路斯再次遣使向唐朝求援,唐高宗派特使王名远入西域中亚,设置州县,立卑路斯为当地都督,662年唐又册封卑路斯为波斯王。这其实起不到任何帮助作用,复国的梦想依靠"波斯王"这个虚衔只能是纸上谈兵。卑路斯在吐火罗苟延残喘了一些年月,后在阿拉伯军队的不断威逼下,又沿着丝绸之路东逃,最终于675年初抵达长安。这丝路的起点成为卑路斯生命的终点。唐高宗授予卑路斯右威武将军,又专门为他在长安城内修建了一座拜火寺,可谓照顾优厚。677年,卑路斯在长安去世,其子泥涅师承袭"波斯王"称号。

泥涅师在繁华的长安城内并没有乐不思蜀,时时梦想复国。679年,唐高宗派裴行俭率兵护送泥涅师返国,波斯帝国的末代王族又一次踏上丝路。裴行俭护送泥涅师至安西碎叶。这时,阿拉伯军队在中亚地区争夺战中已经占据较大优势,光复波斯谈何容易!裴行俭知难而返。泥涅师抱着光复之梦,独自继续沿丝路西行,进入吐火罗——他父亲曾做过光复梦的地方。泥涅师在吐火罗召集了数千人的追随者,但终未成气候,追随者们见大势已去,渐次离散。泥涅师客居吐火罗二十余年,未能实现光复梦。八世纪初叶,阿拉伯军队征服中亚大部分地区和印度河流域,泥涅师无处栖身,只得像他父亲一样沿丝路东逃,707年至长安,唐中宗授予他左威武将军。泥涅师死于长安,卒年不详。泥涅师之子普尚滞留中亚地区,仍被唐朝视为波斯王。据《册府元龟》记载,在唐玄宗开元、天宝年间仍不断有"波斯王"遣使来朝,这"波斯王"应当是普尚及其子嗣。也就是说,波斯帝国虽亡,其余脉仍长期在中亚地区萦绕不散。九世纪,波斯地方王朝正是从中亚阿姆河流域——神话与历史中伊朗国运气数两度被阿拉伯人终止的地方——崛起,逐渐摆脱了阿拉伯人的统治。

(本文刊载于《北京青年报》2009年9月7日"历史纵横版")

造纸印刷西游记

据现代考古证明,公元105年蔡伦发明造纸之后,纸张的使用沿着丝绸之路迅速西传,至五世纪末,中国统治下的西域地区已普遍使用纸张。然而,不知是否因为当时中国对造纸技术一如对丝绸生产技术一样严防死守,中国造纸术的西传晚至发生于公元751年的怛逻斯战役。几乎所有的著作和文章都将这场战役记述为中国唐王朝与大食(阿拉伯)之间,为争夺中亚控制权而发生的著名战役,实际上当时与唐军作战的是波斯军队。当然,这样的记述并不为错,因为当时波斯已经是阿拉伯帝国的一个行省。

怛逻斯战役的唐军统帅是高仙芝。他祖籍高丽,身材魁梧,剽悍勇猛,热衷于张扬大唐声威,在中亚纵横驰骋,使帕米尔西南诸胡皆臣服于大唐帝国,时人称之为"常胜将军"。747年,高仙芝出任安西节度使,大唐在西域中亚的声威达至顶点。751年,高仙芝率军攻石国,石国国王投降,高仙芝俘之并斩于阙下。杀降乃兵家大忌,高仙芝的惨败始于此。"石国王子逃诣诸胡,具告仙芝欺诱贪暴之状。诸胡皆怒,潜引大食欲共攻四镇。"
(《资治通鉴·唐纪三十二》)

诸胡引来的大食军统帅为阿布·穆斯林。他是波斯呼罗珊人,释奴出身,信仰与阿拉伯逊尼派对峙的什叶派,是什叶派教义在波斯东北部呼罗珊地区的重要传播者,在当地民众中具有崇高声望。747年(与高仙芝出任安西节度使同一年),阿布·穆斯林率呼罗珊农民军起义,于750年攻入大马士革,推翻了阿拉伯倭马亚王朝(661—750)的统治,拥立先知穆罕默德叔父的玄孙阿布·阿拔斯为哈里发,建立了阿拔斯王朝(750—1258)。波斯人因打江山的汗马功劳,迅速占据了阿拉伯帝国各级机构的要职,从而使阿拉伯帝国的政治制度和社会文化在阿拔斯王朝时期全面走向波斯化。阿布·穆斯林成为呼罗珊省的统治者,该省在阿拉伯帝国境内"在很大程度上是一个自治省"(希提《阿拉伯通史》)。阿布·穆斯林统帅的呼罗珊军成为维护阿拔斯王朝统治的近卫军,具有强大的战斗力。

当时,阿拉伯帝国与唐帝国在中亚的角逐可谓势均力敌。751年7月,诸胡求援,正中阿布·穆斯林下怀。一番运筹帷幄,阿布·穆斯林派部将齐亚德率大军诱唐军深入。高仙芝轻敌,率大军远离安西四镇,深入胡地七百余里,在怛逻斯(Taraz,位于今哈萨克斯坦南部)河畔与阿布·穆斯林的强悍的呼罗珊军遭遇。两军相持五日不下,高仙芝大军中的胡军葛罗禄部临阵倒戈,与呼罗珊军夹攻唐军,高仙芝大败。是役,七万多唐将士中约五万阵亡,两万被俘,所余仅数千人,高仙芝在部将护卫下逃回安西。

怛逻斯战役虽然是唐与大食争夺中亚控制权的一场大战,但并未对当时的中亚格局产生重大影响。阿布·穆斯林的军队尽管获胜,但也没有进一步东扩;唐军大败,但之后诸胡依然对唐王朝称臣纳贡。然而,怛逻斯战役在中西文化交流史上具有非凡的意义。据中外多种史料的记载,正是怛逻斯战役中被俘的两万唐将士中的一些造纸工匠,将造纸术传入中亚和西亚地区。

据载,阿布·穆斯林部将齐亚德亲自掌握的一部分被俘唐将士中就有一些是造纸工匠。阿布·穆斯林在获悉这一惊天大

传入阿拉伯世界的造纸术

发现后，收罗俘虏中所有的造纸工匠集中于当时呼罗珊省的手工业中心撒马尔罕（今乌兹别克斯坦境内），该城很快成为阿拉伯帝国的造纸中心。"撒马尔罕纸"成为一种重要贸易商品，销往整个阿拉伯帝国境内，并出口欧洲，以其便捷、廉价、适用、美观的特性迅速替代了该地区长期使用的埃及苇纸和羊皮纸。

762年，阿拉伯帝国的新首都巴格达（中古波斯语，意为"神赐的"）在底格里斯河畔落成，这里曾是波斯萨珊王朝（224—651）的统治中心。793至794年，哈里发哈伦从撒马尔罕招募中国工人，在巴格达建立造纸厂，从此该城成为阿拉伯帝国的另一个造纸中心。大马士革后来成为阿拉伯帝国的第三造纸中心，其生产的纸张主要供应欧洲。从大马士革，中国造纸术分两路传入欧洲。一路是经埃及、摩洛哥传入阿拉伯人统治下的伊比利亚半岛，由此进入欧洲。1189年，基督教世界的第一家造纸厂在法国境内的赫洛尔建成。另一路是经埃及、西西里传入意大利，1276年意大利蒙第法诺建立第一家造纸厂。从撒马尔罕到欧洲，中国造纸术每到一处，都对当地乃至一国文化的繁荣兴盛起了无法估量的促进作用。

雕版印刷在中国历史悠久，唐代佛经的大量翻译和刊印带动了雕版印刷的兴盛。在当时中西文化交流十分繁荣的背景下，伊斯兰世界不会对中国的印刷术一无所知，并且造纸术的传入也理应迅速带动伊斯兰世界对印刷术的采用。然而，伊斯兰世界虽然极其迅速地接受了中国的造纸技术，却对中国的印刷术完全抱以排斥的态度。书籍印刷在伊斯兰世界长期不被接受，而是保持手抄的传统，直至1825年开罗建立伊斯兰世界的第一家印刷厂。

伊斯兰世界在近代开办印刷厂之前对雕版印刷的唯一尝试，发生在波斯西北部大城市大不里士，当时该城是统治波斯的蒙古王朝伊儿汗王朝(1256—1380)的首都，城内有专门的中国人居住区，犹如唐人街。1294年，乞合都汗(1291—1295在位)因穷奢极欲，国库空虚，采纳了财务大臣提出的发行纸币的建议。纸币的样式完全照搬中国元朝忽必烈发行的纸币，连纸币上的汉字"钞"也依样炮制，不同的是纸币上印有阿拉伯文字的纪年和金额。显然，大不里士的中国人对这次雕版印刷功不可没。然而，大量纸币的发行引起通货膨胀，激起公愤，几乎造成民众暴动，纸币仅流通了三天便告废止。

大不里士纸币闹剧之后的第二年，合赞汗(1295—1304在位)登基，宣布与中国元朝廷断离早已形同虚设的臣属关系，并以伊斯兰教为国教。他钦定首相拉施特用波斯语撰写蒙古史和世界史，即著名的《史集》，当时几乎每个大城市的大清真寺里都备有该书的抄本。拉施特在此书的中国史部分对中国雕版印刷的工艺流程作了较为详细的描述，这是中国以外对中国雕版印刷术的最早记载。

大不里士雕版印刷的尝试虽然以失败而告终，但对印刷术的西传具有重大意义。因大不里士邻近东罗马帝国，一些纸币

毕昇发明活字印刷

被当作玩意儿流入欧洲。这些印刷精美的小纸片吸引了具有发明头脑的欧洲人,加上拉施特《史集》对中国雕版印刷术如同教科书一般的描述,蒙古势力崩溃后的半个世纪内,雕版印刷出现在欧洲。之后,德国的谷腾堡(约 1394—1468)成为欧洲活版印刷术的发明者,比中国宋代的毕昇发明活字印刷(1041—1048)晚了 400 年。

(本文刊载于《北京青年报》2009 年 11 月 9 日"历史纵横版")

失踪的波斯大军找到了?

近日,有媒体报道说,有两位意大利考古学家在埃及锡瓦地区的一个沙漠洞穴中,发掘出若干人的尸骨、金属兵器和饰品等物件,认为很可能是2500年前在埃及失踪的古波斯五万大军的遗迹。此消息一经公布,便在国际考古界引起强烈反响。伊朗政府及考古界也积极反应,要求参与相关的考古发掘工作。这支失踪的古波斯大军的来龙去脉,还得从曾经不可一世的古波斯帝国说起。

公元前529年,古波斯帝国阿契美尼德王朝(前550—前330)第二代君主冈比西斯二世(前529—前522在位)登基,准备出征埃及。当时,埃及处在第二十六王朝即舍易斯王朝(前664—前525)时期,文化艺术十分繁荣,是古埃及法老时代最后的辉煌。面对磨刀霍霍的冈比西斯二世,埃及国王阿摩西斯并没有太在意,因为两大帝国之间的陆地通道,横亘着普通人难以穿越的巴勒斯坦沙漠地带。

就在这期间,阿摩西斯军队中一个名叫帕涅司的谋士叛逃波斯。帕涅司智勇双全,因出身哈米人雇佣军,不仅不受阿摩西斯重用,而且还时常受到轻侮。因此,他心怀不满,只好另谋高就。阿摩西斯尽管怠慢帕涅司,但也知道帕涅司十分熟悉沙漠地带的地形地貌,对埃及整个国家和军队的情况更是了如指掌,其中利害非同一般,便派出追兵,缉捕帕涅司。但绝顶聪明的帕涅司成功逃脱罗网,最终抵达波斯。

帕涅司为冈比西斯二世出谋划策,要穿越两国间的沙漠地带,必须得到生活在沙漠中的阿拉伯部落的帮助。于是,冈比西斯二世成功与阿拉伯部落结盟。阿拉伯人用骆驼皮缝制了大量水袋,用骆驼随军驮运,供给波斯军队用水。另一种说法是,阿拉伯人用皮革缝制了长长的皮管道,从绿洲水源处延伸到沙漠无水区,再在无水区挖池储水。阿拉伯人在无水区共挖掘了三个这样的大储水池,以保障波斯军队穿越沙漠。这不禁令人联想到当今的石油输送管线,可见今人并不比古人聪明多少。

公元前526年,诸事准备妥当的冈比西斯二世以帕涅司为向导,率大军出征埃及。在充足的水源补给线的支持下,波斯军队顺利穿越沙漠,踏上埃及的土地。这时,埃及国王阿摩西斯已经去世,其儿子普萨美提克继位。面对来犯的强大波斯军队,普萨美提克集结埃及军队,在尼罗河的佩鲁西昂入海口严阵以待,并将帕涅司留在埃及的子嗣尽数掳到阵前。当着帕涅司和波斯军队的面,普萨美提克下令将帕涅司的儿子们一个个砍下头颅,并用大盆接血,然后兑上红酒和水,作为埃及将士们的壮行酒。两军鏖战的结果没有什么意外,强大的波斯军队大获全胜。公元前525年,波斯军队征服埃及全境。波斯人在埃及的统治被称为波斯王朝(前525—前404),也称为埃及第二十七王朝。

冈比西斯二世征服埃及之后,又筹划继续用兵,一是征迦太基,二是征阿蒙,三是征埃西欧匹亚人(即埃塞俄比亚人,当

波斯波利斯遗址石壁上的浮雕:古波斯士兵

时生活在埃及南部)。冈比西斯二世用擅长水战的腓尼基人雇佣军出征迦太基。然而,因迦太基人与腓尼基人属同族,腓尼基人临阵毁约,拒绝出征迦太基。冈比西斯二世只好作罢,亲率大军南征埃西欧匹亚人。当波斯军队到达埃及南部重镇底比斯之后,冈比西斯二世又分出五万精锐陆军出征阿蒙,并下旨要他们必须使阿蒙人臣服于波斯的统治。

冈比西斯二世率领其余的部队继续南行。由于出征计划太过仓促草率,部队行进不到五分之一的路程时,粮草储备就用光了。但冈比西斯二世一意孤行,仍下令让部队继续前进。士兵们只好挖野草充饥,但南埃及地区常年干旱少雨,植被稀疏,最后连野草也没得吃了。士兵们就十人一组,抽签杀一人供其余人食用。冈比西斯二世听到这种人吃人的情况后,终于放弃出征埃西欧匹亚人的计划,班师回朝,从底比斯回到了都城孟斐斯。

然而,出征阿蒙的五万波斯精锐部队却没了下落,他们既没有抵达阿蒙,也没有回到底比斯或孟斐斯。这失踪的波斯五万大军由此成为千古之谜。从底比斯到阿蒙必须途经一个名叫欧阿西司(在希腊语中意为"幸福岛")的绿洲小镇,这大约是七天的路程。人们确知五万波斯军队曾抵达欧阿西司。从欧阿西司到阿蒙还必须要穿越一个名叫"亡灵岛"(也叫"死者岛")的沙漠地带。听这名字就知道不是一个吉祥之地。五万波斯军队在进入"亡灵岛"沙漠地带之后,没了消息。据阿蒙人的传说,五万波斯军队在穿越"亡灵岛"途中,一天正用早餐之际,遭遇强烈的沙尘暴,全被掩埋于尘沙之下,成了亡灵。

那么,阿蒙究竟在哪里?最早记载此事的史籍希罗多德的《历史》没有明确说明。伊朗历史学家阿尔戴希尔·胡大达迪扬博士出版于1999年的《伊朗古代史:阿契美尼德王朝》一书说,这支失踪的波斯军队成为后来的考古学家和历史学家们孜孜以求的探索和研究目标,"甚至近年来,还不断有报道说,有考古发掘队,在西奈半岛沙漠地区发现人和马匹的尸骨、武器的金属物件,研究者们把发现的这些遗物归在被沙尘掩埋的冈比西斯二世的军队名下。"(第73页)这似乎是说,阿蒙是在埃及东部的西奈半岛附近,至少那五万波斯军队是欲穿越西奈半岛去征阿蒙的。

阿蒙(Ammon)或阿蒙人(Ammonier或Ammonien)的字母拼写是后人根据希罗多德《历史》从希腊文转写成拉丁文字母的,笔者从 *The American Heritage Dictionary* 字典中查到近似的 Ammonite 一词,释义为:生活在约旦河东岸的闪米特人,希伯来语写为 Ammon,意即安曼(Amman)城或人。我们知道,安曼是现今约旦的首都,位于约旦河东岸。

由于冈比西斯二世征埃及的进军路线是穿越巴勒斯坦沙漠地带,并在尼罗河的佩鲁西昂入海口附近与埃及军队鏖战,其间西奈半岛是必经之地。因此,在西奈半岛沙漠中发现冈比西斯二世军队的遗物,实属正常,很难将之归到被尘沙掩埋的那五万波斯军队名下。因此,虽然不时有考古学家宣称有新发现,鼓噪一时,但至今没有发现令人信服的确凿证据,证实这支失踪的古波斯大军的踪迹。

然而,最近有关两位意大利考古学家考古发现的报道,似乎是说阿蒙在埃及西部的锡瓦地区。冈比西斯二世在征服埃及之后,在埃及西部的锡瓦绿洲地区修建了雄伟壮丽的拜火教寺庙,并举行过隆重的祭祀活动,至今该寺庙的残垣断壁依然矗立在锡瓦绿洲的大地上。因此,在该地区发现冈比西斯二世统治埃及时期的遗物,并不算什么奇迹,很难说这些遗物就是失踪的五万波斯军队留下的。再说,冈比西斯二世在锡瓦绿洲修建神庙之举,说明该地区当时已归属波斯人的统治,又怎会再次派五万精锐部队前去征服?另外,古埃及人信奉的神祇名字 Amen 或 Amon 在翻译成中文时,也被译为"阿蒙"。锡瓦绿洲上曾修建过阿蒙神庙。究竟是媒体移花接木的炒作,抑或是误将阿蒙神(Amon)与阿蒙人(Ammon)混为一谈,还是真有惊世大发现,我们期待着进一步的相关研究与报道。

(本文刊载于《北京青年报》2009 年 12 月 14 日"历史纵横版")

好一朵传奇的茉莉花

"好一朵美丽的茉莉花,芬芳美丽满枝桠,又香又白人人夸。"当人们听到这首妇孺皆知的中国民歌时,有谁会想到那又香又白的茉莉花是来自遥远的波斯呢。

茉莉(中国古籍记作"末利")花有两种,一种拉丁学名为yasaminum sambac(据有关学者考证 sambac 一词也源自波斯语的 zanbaq:"鸢尾花")。此种花在较早时间经印度、东南亚传入我国岭南地区,被称为"末利"。据考证,汉语中的"末利"一词,源自梵语 malikā,经暹罗(泰国)语 mali 到占城(越南南部)语 molih 演变而成。此花耐寒,故很快传入中国北方地区。因其花色雪白、花香清幽而广受人喜爱,大江南北遍种之,或佐香茗,或作妇女的头饰,正如南宋诗人杨巽斋赞茉莉花的绝句云:脐麝龙涎韵不侔,薰风移植自南州。谁家浴罢临妆女,爱把闲花插满头。

另一种茉莉花拉丁学名为 yasaminum officinale,花朵稍大

在唐代《簪花仕女图》上,仕女头上所簪的白色小花正是茉莉

于前者,因此又俗称大花茉莉。此种茉莉不耐寒,故仅在岭南地区广泛种植。其传入中国的时间不可考,但应晚于前一种"末利"。中国古人根据波斯语(yāsamīn)音译为"耶悉茗"或"耶悉弭"。据晋惠帝(290—309在位)的大臣嵇含所著《南方草木状》一书记载:"耶悉茗花,末利花皆胡人自西国移植于南海(广东)。南人怜其芳香,竞植之。"这是最早提及"耶悉茗"花的中国史籍。美国学者劳费尔在其著作《中国伊朗编》中认为在公元300年左右不可能有亚洲西部的人来到广州,也不可能有"耶悉茗"这样的波斯—阿拉伯译音词出现在广州,因此认为嵇含所记录的这段文字很可能是后人添加的伪作。劳费尔之说在学术界很有影响,但笔者深疑之。

稽含著作撰写的时代,正值大汉帝国崩溃之后,陆上丝绸之路被大漠游牧民族阻绝,波斯萨珊王朝(224—651)开通海上丝绸之路的时代。既然有"末利"一词经过海上丝绸之路沿地各国一路演变进入中国岭南地区,那么为什么不可能有波斯人直接由海上丝绸之路进入广州,进而把"耶悉茗"一词也带入广州呢?

到了唐代,茉莉花的原产地已经确定无疑。唐代的《北户录》说"耶悉弭花、白末利花皆波斯移植中夏",再后的《本草纲目》和《广群芳谱》等有关草木类的著作都明确记载末利是从波斯移植到广东的芳香类植物。宋代的《纬略》说:"耶悉茗花是西国花,色雪白,胡人携之交广之间,家家爱其香气,皆种植之。"波斯语 yāsamīn 一词,经阿拉伯人传至欧洲,欧洲人又传至他们的殖民地,几乎成为世界各国语言中的通用字,当然不同的语言在字母上稍有变异。只是应当注意,在其他语言中,除了植物类的专业著作,该词兼指上述两种茉莉花,一般不作严格区别;而汉语音译"耶悉茗"一词特指后一种茉莉花,即只在岭南地区广泛种植的大花茉莉。此种茉莉五代之后改称"素馨花"。

宋代的《能改斋漫录·方物》记载:"岭外素馨花,本名耶悉茗花。唯花洁白,南人极重之,以白而香,故易其名。"然而民间传说此花之所以更名,是因在五代之时,有一位名叫素馨的种花姑娘,非常喜爱耶悉茗花。素馨姑娘后被刘王选入宫中,深得

(宋)马麟《茉莉舒芳图》

宠幸。一时间,宫内遍种耶悉茗花,宫女竞以花为饰,每日梳妆更换丢弃的大量花朵随波流入下游湖泊,形成广州著名的流花湖。素馨姑娘后来亡故,人们为了纪念她而将耶悉茗花改名为素馨花。且不论史籍与民间传说究竟孰是,总之源自波斯的"耶悉茗"在中国花开两种,"末利"与"素馨"各表一枝,原译音词渐渐淡出。茉莉香遍大江南北,素馨则在岭南地区有"花魂"之称,也是广州花市的主打品种。

萨珊王朝时期的巴列维语古经《创世记》中,将大花茉莉称为 saman,与 yāsamīn 分别用来供奉两个不同的神祇。这说明直到萨珊时代,两种茉莉在波斯还是有所区别的。然而,在波斯伊斯兰化之后的文学作品中,两种茉莉皆称 yāsamīn,一般不加区别,大约因 yāsamīn 的适应性强、种植范围大、传播更为广泛的缘故。在波斯诗歌中,有时为了合乎诗歌的格律或韵律,诗人们往往将 yāsamīn 简称为 saman。由此,saman 逐渐成为 yāsamīn 的从属称谓。

然而,saman 一词传入中国之后,音译为"散沫"、"山茉"或"鬘华"("鬘"乃音译,"华"同"花"),有时指大花茉莉,但使用较少,更多地用来指从波斯传入的另一种与茉莉花相类似的花。嵇含的《南方草木状》说这种花叶子像小榆树的叶,花雪白,与耶悉茗和末利类似,但香味不同,在岭南广泛种植。到了唐代,妇女们用此种花的花与叶作染料来染指甲,人们便将此种花称为指甲花。唐代的《北户录》说:"指甲花细白色,绝芳香,今番人种之,但未详其名也。"这说明到了唐代人们认识到用"散沫"、"山茉"或"鬘华"来称呼这种花是错误的,这是一种与茉莉花完全不同的另一种花。也许因为"指甲花"这一民间俗称太强势,其波斯语 hanā' 的中文译音"海蒳"一词直到明代才出现,但仍不被民间普遍使用。

其实,与波斯指甲花同科的中国土生花卉是凤仙花。尽管中国的凤仙花也可染指甲,但其染指效果不及波斯指甲花,李时珍的《本草纲目》说:"指甲花,有黄白二色,夏月开,香似木犀,可染指甲,过于凤仙花。"然而,中国土生凤仙花的种类更多一些,不仅有白色,还有大红、深红、粉红、紫红、杏黄等多种颜色。

上古时期的波斯人就有用"海䳸"花来染指甲的习俗,这种习俗在中东地区十分普及,传说埃及艳后克娄帕特拉就是用"海䳸"花来给指甲美容。尽管中国土生的凤仙花也可染指甲,但在唐代之前,中国妇女并没有染指甲的风俗,《诗经·卫风·硕人》用"手如柔荑"来形容女子的手如初生白茅的嫩芽般白嫩,《孔雀东南飞》中用"指如削葱根"来形容女子手指白净剔透,都没有红指甲的任何信息。到了唐代,中国与阿拉伯—波斯地区的经济文化交流空前发展,染指甲的风俗也随之传入中国,张祜的诗句"十指纤纤玉笋红"显示出女子的红指甲已经牢牢吸引了诗人的目光。到了宋代,这种风俗更为普及,陆游的《钗头凤》中"红酥手"一词(也有解释说"红酥手"是一种点心,但笔者不以为然),便是宋代妇女染指甲的一个小小证明。

上述三种真假茉莉花都主要出产于波斯南部的法尔斯省及其他波斯湾沿岸气候比较炎热的地区,法尔斯省省会设拉子更是以出产茉莉花精油著称。在有"设拉子夜莺"之称的著名抒情诗人哈菲兹(1327—1390)的诗歌中,"茉莉花"一词频频出现,比如:因羞于与你的娇颜媲美,茉莉借风之手用尘遮掩嘴。此联诗歌中"茉莉"一词为 saman。再比如:哈菲兹啊没有美酒佳人就别徒劳闲坐,这是赏闻玫瑰与茉莉的时节当戒酒戒色。此联诗歌中"茉莉"一词为yāsamīn。

中国岭南地区的气候与波斯湾地区相仿,广州又是海上丝绸之路的终端大港口,不少来自阿拉伯—波斯地区的穆斯林商人在此落脚生根,其后人多以种植香花为业,使岭南地区至今仍是中国香花生产的主要基地。该地区的回族穆斯林在祭祀祖先时,香花在各种供品中占据显赫地位,并且主要是茉莉和素馨。

(本文刊载于《北京青年报》2010年4月12日"历史纵横版")

藏红花的奇异旅程

"番红花的国度里暮色苍茫,田野上浮动着玫瑰的暗香。"(顾蕴璞译)俄罗斯著名诗人叶赛宁(1895—1925)在其抒情组诗《波斯抒情》第六首中如此描绘伊朗风情。番红花在中国民间又被称为藏红花。的确,伊朗是名副其实的藏红花的国度。据伊朗驻中国大使馆官方网站 2006 年 7 月提供的数据,全世界年产藏红花约为 210 吨,其中伊朗便占去 170 吨,位居第二的西班牙年产量只有 25 吨。

藏红花的原初生长地至今尚无定论,但可以肯定的是,伊朗早在上古时期就已经大面积人工栽培藏红花。上古时期的伊朗人将藏红花视为吉祥圣洁之花,常常在各种重要仪式上使用。波斯著名诗人菲尔多西(940—1020)的史诗《列王纪》讲到,上古时期伊朗义军领袖法里东打败暴君蛇王佐哈克之后,在其登基加冕的仪式上焚烧藏红花,以示庆祝。后来,法里东把自己的三个儿子派去自己的属国也门,在迎接三个王子到来的仪式上，人们向三位王子抛撒藏红花，以示祝福。史诗讲到在伊朗第一勇士鲁斯坦姆遇难之后，在清洗他的遗体时，侍者焚烧藏红花，为英雄的亡灵祈福。

藏红花的干花蕊为正红色，但用之泡水，水为正黄色。因此，古时候藏红花还被用作染料，但用正黄色的藏红花水浸染的纺织品是只有帝王才能享用的尊贵物品。古希腊著名悲剧作家埃斯库罗斯(约前525—前456)亲身参加过希波战争，他在其剧作《波斯人》中写到波斯国王大流士(前521—前485在位)出场时，特意描写大流士是"踏着那藏红花浸染过的布履"登上舞台。

藏红花的三根雌蕊

随着古波斯帝国的繁荣昌盛,上层社会对藏红花的需求日益增加。然而,藏红花一朵花只有三根雌蕊的细小柱头可供使用,每公斤藏红花朵大约只能出10克左右的藏红花蕊,因产量少而极其珍贵,素与黄金同价。波斯本土的产量不能充分满足王室和上层社会的需求,大流士便下令东地中海沿岸属国也遍种藏红花,以提高藏红花的产量。由此,藏红花的种植在这一地区流传开来。《圣经·雅歌》4:14提到在新妇园内种植的香花果品中就有藏红花:"有哪哒和番红花,菖蒲和桂树,并各种乳香木、没药、沉香,与一切上等的果品。"

随后,藏红花也在古希腊罗马上层社会普遍使用。波兰著名作家、诺贝尔文学奖得主显克维奇(1846—1916)在其代表作《你往何处去》中描写罗马皇帝尼禄驾临剧场看戏时,剧场天篷顶上喷撒出藏红花,以示看戏者身份的尊贵。藏红花在波斯文化中作为吉祥圣洁象征的文化寓意同样为基督教文化所接纳,五世纪时,罗马帝国的皇后圣帕鲁琦阿丽亚因热心护教,人们为她献上藏红花,以示祝福。

阿拉伯人征服伊比利亚半岛之后,将藏红花的种植带入该地区,使西班牙至今仍是世界上藏红花的第二大产地。十字军东征又使藏红花种植进入欧洲腹地。藏红花的波斯语名有两个:一是Zafarān,一是Korkom。英文名Saffron源自前者;拉丁学名为Crocus sativus,其中Crocus一词由后者经古希腊语Krokos演变而来。这样的词语演变也显示出藏红花种植由波斯西传的两条轨迹。

在东方,藏红花的种植从波斯传入克什米尔。印度上层社会也普遍使用藏红花,用正黄色的藏红花水浸染的布料是印度王室的专用物品。相传,释迦牟尼因其王子的身份,用藏红花水浸染的布料为其法衣。在其圆寂之后,藏红花水的正黄色正式成为佛教法衣的颜色。随后,藏红花作为吉祥圣洁的象征也被用来供佛。据三国时期万震的《南州异物志》记载:"郁金(见下文)出罽宾国(克什米尔),人种之,先以供佛,数日萎,然后取之,色正黄与芙蓉花里嫩莲相似,可以香酒。"这是以藏红花供佛的明确记载。给佛像涂抹金身的最早源起也是出自藏红花吉祥圣洁的寓意,宋代的《岭外代答》记载海外故临国:"国人好奉事佛……每洗浴毕,用郁金涂身,欲像佛之金身也。"

尽管中国在很早的时候就偶尔得到从波斯进贡来的藏红花,也听说过这种植物,但在清朝之前并没有"藏红花"这个名称,而是把这种珍贵物品称为"郁金"或"郁金香"(不是现今荷兰国花的那个"郁金香")。据美国学者劳费尔考证,"郁金"或"郁金香"是个意译词,而不是音译词。"郁"是中国一种土生香草的名字,在《周礼》和《礼记》中就提到过,"金"则是取自藏红花水的正黄色,也可能指这种东西如金子一般珍贵,"香"则是指其香味。《魏书·西域传》、《周书·异域传》和《隋书·西域传》等史籍都提到波斯国出产"郁金"。玄奘《大唐西域记》记载:"迦毕试国(今阿富汗喀布尔附近)……出善马、郁金香。"唐高僧义净所撰《南海寄归内法传卷》也记载北印度地区出产"郁金香"。

在上古时期的伊朗，藏红花除了用作祈福和染料之外，还用作食物香料，但一般只有权贵阶层才能享用。菲尔多西的《列王纪》讲到，暴君蛇王佐哈克享用的各种美味佳肴中，其中一道菜就是用藏红花作香料烹饪的牛肉饭。到了萨珊王朝（224—651）时期，藏红花的产量大幅度提高，用藏红花作食物香料不再是上层社会的特权，普通民众也能享用。也正是在这个时期，藏红花活血化瘀的药用功效才逐渐被伊朗人认知。但至今伊朗人仍主要把藏红花当食物香料使用，而不是当药材，因而在民众的日常生活中使用十分普及。

然而在中国，大约因中国医药对草木的药用功效十分敏感，藏红花从一开始就被当作珍贵药材。也许正因为此，藏红花的使用从未在中国民众的日常生活中广泛普及。除了入药之外，藏红花多用来香酒。李白《客中行》云："兰陵美酒郁金香，玉碗盛来琥珀光。但使主人能醉客，不知何处是他乡。"其实，香酒也是取藏红花的药用功效。

元朝时期，大量的波斯—阿拉伯穆斯林商人来到中国经商，并落脚生根，他们把藏红花作食物香料，用在自己的日常生活中。由此，中国人对这种物品才有了进一步的认识，中国有关草木类的典籍开始把这种由波斯—阿拉伯穆斯林带进来的"红花"称为"番红花"。李时珍《本草纲目·草四》记载："番红花出西番回回地面及天方国，即彼地红蓝花也。元时以入食馔用。"《本草纲目》同时列出了番红花的音译词"泊夫蓝"和"撒法郎",即波斯语 Zafarān 一词的音译。

汉语里的"藏红花"一词其实是个误称,西藏并不出产藏红花。清朝时,藏红花主要从克什米尔经过西藏贩运进内地,藏语称之为 Kurkum 或 Gurgum,即由波斯语 Korkom 一词演变而来。内地人把这种从西藏来的"红花"称为"藏红花"。当时,藏红花是西藏进贡中原朝廷最贵重的药材,藏香次之。

藏红花花朵有白、紫、橙等多种颜色,具有一种特别的芳香,其生长所需的水土和气候条件比较苛刻。现今尽管世界上不少国家和地区都有藏红花种植,但只有伊朗,尤其是其东北部大省霍拉桑地区的水土和气候条件特别适合藏红花的生长。

伊朗的藏红花生产车间

伊朗藏红花产量一半以上来自霍拉桑。那里的藏红花不仅特别丰产,而且品质最优,药用价值最高。藏红花是现今伊朗名列石油、开心果之后的第三大出口创汇产品。在伊朗人的日常生活中,藏红花更是不可或缺。

(本文刊载于《北京青年报》2010年6月28日"历史纵横版")

异香

《红楼梦》第十八回写黛玉因疑宝玉把自己赠送的荷包给了下人,便赌气把正给宝玉做的一个香囊给剪了,那香囊"虽尚未完,却十分精巧,费了许多工夫",寄托了黛玉的无限情思。香囊乃是装香料的物件,古时候的达官贵人们以佩戴香囊为身份地位的象征,也是一种时尚。

香料类的物产一般多出自热带地区的芬芳植物和动物体腺分泌的香液,而温带和寒带地区较少出产。香料之所以名贵,主要由于中原大地属温带气候,土产香料种类较少,乃至叶廷珪《香录》(著于南北宋之交时期)云:"古者无香……至汉以来,外域入贡。"说中国"古者无香"有点夸张,但中原土产香料质地确实偏温润清淡,不似热带地区的香料香味浓郁。

波斯—阿拉伯地区、南亚次大陆以及东南亚沿海岛国以盛产香料著称,是中国香料消费的最大供应地。在名目繁多的香料中,来自波斯—阿拉伯地区的乳香(中国典籍又称"薰陆香")、没药、沉香、苏合香、青木香、龙涎香、安息香、阿魏、蔷薇水（玫瑰水）、茉莉花精油、水仙花精油，以及中亚西域地区的麝香是进口香料中的上品。

香料最初的使用与宗教典仪密切相关。约公元前十一世纪，琐罗亚斯德教（即祆教、拜火教）在波斯地区创立，这是人类第一个自觉性的人创宗教，而不是自发性的宗教图腾崇拜。该教典仪上使用香料的具体情况，其经书《阿维斯塔》虽未有明确记载，但反复提及其祭祀活动是一种"馨香的祷祝"。我们从其他典籍中也可获知一些相关信息，比如《旧唐书·列传》第一百四十八记载："西域诸胡事火祆者，皆诣波斯受法焉。其事神，以麝香和苏合涂须点额，及于耳鼻，用以为敬。"《圣经·马太福音》记载，耶稣诞生的时候，"有几个博士从东方来到耶路撒冷。"经学界考证，这几个博士正是波斯琐罗亚斯德教的祭司，他们给耶稣带去的礼物是"黄金、乳香、没药"。乳香与没药还被广泛用于古希伯来人的宗教祭祀活动，《圣经·旧约》中多处提及。据美国现代学者谢弗考证，乳香和没药也同样用在基督教礼拜仪式中。古罗马普林尼（23—79）的《博物志》说乳香"在所有香料中是最受敬重的"，另据传说耶稣的遗体曾用没药来作防腐保存。

此外，香料还被广泛用于重要的庆典活动。菲尔多西（940—1020）的史诗《列王纪》里有诸多记载，每当伊朗英雄凯旋之时，欢迎的道路上总是撒满麝香、龙涎香、沉香，喷洒玫瑰水,抛洒藏红花等。

大约因对香料的广泛需求,伊朗人研制出了苏合香、阿魏等多种复合香料。《后汉书·西域传》第七十八曰:"合会诸香,煎其汁,以为苏合。"阿魏是波斯特有的一种树木,主要生长在东部卢勒斯坦地区和坎大哈地区,"断其枝,汁出如饴……取其汁如米豆屑,合成阿魏。"(《酉阳杂俎》卷一八)对香料的开发和研制在伊朗安息王朝时期(前247—224)达至鼎盛,各种合成香料迭出,乃至法国学者布尔努瓦认为"伊朗发展了复合香艺术"(《丝绸之路》第274页)。这大约与佛教在北印度兴盛密切相关,礼佛典仪中往往大量使用香料。安息王朝崛起于东伊朗,因此东伊朗的犍陀罗地区成为香料的主要集散地,该地区也是佛教发展东传的重要中介。犍陀罗(Gandhāra)这个词的本意即"香国"。《酉阳杂俎》卷一八云:"安息香树,出波斯国,呼为辟邪树……刻其树皮,其胶如饴,名安息香。"以国名来命名一种香料,可见安息香料在中国的影响。此外,古时候的中国人还把但凡来自波斯的一些千奇百怪的香料泛称为安息香。

伊朗人对复合香料的研发还可从另一则史料中窥见一斑。位于西安东北郊的化度寺流传下来一张香料配方,美国学者谢弗刻意提及该寺近旁曾有袄教寺,似认为这张香料配方很可能来自近旁的袄教寺。该配方记载:沉香一两半,白檀香五两,苏合香一两,甲香一两,龙脑半两,麝香半两,混合细挫捣为碎末,用蜜调和,得百合香(《唐代的外来文明》第347页)。这种百合香在南北朝时期就为中国人所知,南朝梁吴均有诗云:"博山炉中百合香,郁金苏合与都梁。"都梁也是一种香料名,形如藿香。南北朝正是学界现知的祆教传入中国的最早时期。

中国最早提及波斯香料的典籍是西晋郭象对《庄子》的注释。《庄子·齐物论》曰:"庸讵知吾所谓知之非不知邪?……民食刍豢,麋鹿食荐,蝍蛆甘带,鸱鸦嗜鼠,四者孰知正味?"郭象注曰:"夫蛣蜣之知,在于转丸,而笑蛣蜣者,乃以苏合为贵。"庄子的原文虽然没有提到苏合香,但郭象在注释时演绎发挥,以苏合为例,说明西晋时波斯苏合香为中国人熟知已非异事。北朝时的《魏书·西域传》更明确提到波斯出产"薰陆(乳香)、郁金

"博山炉中百合香,郁金苏合与都梁。"——错金博山炉(汉代)

(藏红花)、苏合、青木等香"。南朝宋刘义庆《世说新语·惑溺》载:晋韩寿美姿容,贾充女儿悦之,私盗家中异香赠寿,该异香"是外国所贡,一着人则历月不歇",于是私情泄露,遂成一桩姻缘。此即"韩寿偷香"的典故。《晋书·贾充传》说那异香乃是"西域"所贡。学界一般认为张骞通西域之后才有波斯香料进入中国。

然而,在1983年考古发掘的广州象岗西汉南越王赵眜(卒于前122)墓中发现了一只银碗,其造型装饰风格与中国传统器皿迥异,却与古波斯帝国时期(前550—前330)的器物相似。经有关专家鉴定,认为是波斯产品。该银碗放在紧靠近墓主遗体的地方,内有十颗香药丸。赵眜生活在远离中原的岭南地区,其去世的年代在张骞两次(前138和前119)出使西域之间,其墓中陪葬的波斯银器及香药与张骞出使西域很难有什么关联。因此,中国岭南地区与亚洲西部地区的交通往来,即海上丝绸之路的开通,也许远远早于张骞出使西域。中国学界近年来对此已有一些探讨。

唐朝时期,香料贸易大为兴盛。阿拉伯—波斯地区的穆斯林商人以他们非凡的经商才能,通过海陆丝绸之路,将东非、西亚、中亚、南亚、东南亚的各种奇异香料贩运进中国。大唐帝国也以其兼容并包的恢弘气魄来者不拒,广州成了当时世界上最大的香料市场,异香云集。除了用于国家的重大祭祀活动和宗教活动之外,香料还被富足奢华的唐人广泛用于日常生活,也入食保健、入药治病或作炼丹的辅料。

唐人在异香萦绕的奢华中穷奢极欲。《开元天宝遗事》卷四记载:"国忠又用沈香为阁,檀香为栏,以麝香、乳香筛土和为泥饰壁。每于春时,木芍药盛开之际,聚宾客于此阁上赏花焉。禁中沈香之亭,远不侔此壮丽也。"卷二记载:"元宝好宾客,务于华侈……常于寝帐床前,雕矮童二人,捧七宝博山炉,自暝焚香彻晓,其骄贵如此。"甚至,还以异香入春药,《开元天宝遗事》卷一记载:"明皇正宠妃子,不视朝政。安禄山初承圣眷,因进助情花香百粒,大小如粳米而色红。每当寝处之际,则含香一粒。助情发兴,筋力不倦。"

唐人在异香萦绕的奢华中风流倜傥。唐人多服食香丸、洗香水浴,以增体香,《开元天宝遗事》卷一记载:"都中名姬楚莲香……每出处之间,则蜂蝶相随,盖慕其香也。"卷四还记载:"贵妃……每有汗出,红腻而多香,或拭之于巾帕之上,其色如桃红也。"卷四又记载:"宁王骄贵,极于奢侈,每与宾客议论,先含嚼沈麝,方启口发谈,香气喷于席上。"唐人还用香料熏衣,熏卧室,甚至熏厕等,中唐诗人章孝标《少年行》云:"平明小猎出中军,异国名香满袖薰。……落日胡姬楼上饮,风吹箫管满楼闻。"唐人还以斗香为趣,宋代陶谷的《清异录》记载:唐中宗年间,达官贵人聚会,"各携名香,比试优劣,名曰斗香。"

也正是在唐代,香囊成为达官贵人们随身携带的必备物件,大约因香囊可以使香味持久萦绕身体。玄宗时期编撰的《唐

唐代银香囊

六典》规定,在腊日的典仪上皇帝必须佩戴香囊,将香囊佩戴纳入国家典仪规范。玄宗宠杨贵妃,曾赐一枚装有异香的香囊。安史之乱时,杨贵妃香消玉殒于马嵬坡,该香囊与贵妃一同入葬。757年,唐军收复长安,李隆基返京之后密令迁葬杨贵妃,"启瘗,故香囊犹在,中人以献,帝视之,凄感流涕。"(《新唐书》卷二十二)

(本文刊载于《北京青年报》2010年8月16日"历史纵横版")

水仙三重奏

"假使你有两块面包,你得用一块去换一朵水仙花。"先知穆罕默德的圣训如此告诫世人。阿拉伯沙漠中的一朵水仙花,其精神象征寓意不言自明。然而,水仙花作为一种精神象征更存在于波斯伊斯兰文化中,也同样存在于以古希腊为代表的西方文化和远东的中国传统文化中。

波斯湾一带(尤其是伊朗南部的法尔斯省)自古盛产水仙花。在伊朗,创建于公元前十一世纪的琐罗亚斯德教(袄教、拜火教)崇拜的每一个神祇都有专门的鲜花供奉,其中供奉江河女神阿邦(Ābān)的鲜花即水仙花。萨珊王朝(224—651)时期,从琐罗亚斯德教分离出来的摩尼教将人体视为一个小世界,是大千世界的一个缩影。人体器官中,水雾迷蒙的眼睛被视为江河湖泊的缩影,因而与水仙花发生关联。用水仙花比喻人的眼睛在伊朗伊斯兰化之后的中古文学中相当普遍。笔者求证于多位国内阿拉伯文学研究界的师友,皆言阿拉伯古典诗歌中难见如此比喻。由此可以反窥,该独特比喻应当源自伊朗自身的文化传统。

"波斯语诗歌之父"鲁达基(850—940)诗曰:"我无法把眼睛缝合因为要将佳人细瞧,从我土地上长出的全是水仙而非杂草。"为了看美人,诗人说自己浑身长的全是眼睛而不是体毛。宫廷诗人法罗西(?—1037)诗曰:"水仙成为花中之王,它在果园中,从每一枝桠期待着别样的散发。"诗人用水仙喻眼睛,表达自己对君主赏赐望眼欲穿的心情。波斯人用水仙花形容眼睛,一般不指眼睛的形状(形容眼睛的形状多用巴旦杏作比),而是指眼眸的精气神。

十一世纪,苏非神秘主义诗歌在波斯兴起。苏非诗人们把对真主的神爱情感与先知穆罕默德关于水仙花的训言密切结合,使以水仙花喻眼睛的传统意象完全精神化。比如:莫拉维(1207—1273)的诗:"如你绚丽之园我没见过,那勾魂水仙即是你秋波;你却将贞洁深深包裹,很久很久也不来看我。"萨迪(1208—1292)的诗:"她的眸子向我频频抛送媚眼说:这勾魂水仙中跳动着怎样的小鹿。"哈菲兹(1327—1390)的诗:"谁若远离了你的水仙就没有幸福的方向,因沉醉于你人们不会将木瓜包裹出卖。"又:"当我眼睛整夜流淌着天园的河流,你勾魂水仙的意象便在梦中出现。"这些诗句中的"水仙"皆蕴含双重比喻,既喻美人的勾魂秋波,又喻真主的眷顾垂爱,是诗人们孜孜以求的祈盼。

水仙花的名称中古波斯语为 Nargi，新波斯语为 Nargis，古希腊语为 Narkissos，拉丁语学名为 Narcissus。据美国学者劳费尔考证："希腊语的 Narkissos 是经小亚细亚的一个成语媒介而得自伊朗语，却不是伊朗语得自希腊语。"（《中国伊朗编》253页）那么，水仙花的种植也应当是从波斯湾往东地中海一带传播，《旧约·雅歌》2:1 中有提及："我是沙仑的玫瑰花（或作'水仙花'），是谷中的百合花。"

在古希腊，早在公元前八世纪的荷马史诗《奥德赛》中，就形容在河水中沐浴之后的俄底修斯的鬈发"像水仙花一样垂落下来"。在古希腊神话中，水仙花来自俊美少年纳西索斯(Narcissus)与仙女厄科(Echo)的爱恋故事。仙女厄科爱上了纳西索斯，却得不到回报，便报复纳西索斯爱上他自己在水中的倒影。纳西索斯为拥抱自己的水中倒影，赴水而亡，化作一丛水仙花出水而立。厄科也受到惩罚，每说一句话都必须重复最后一个字，即"回声"。这一令人伤感的神话故事经古罗马诗人奥维德（前43–17）《变形记》的重述，在西方文化中影响深远。现代心理学中的"自恋症"(Narcissism) 一词即源自该神话传说。

古希腊人对水仙的实用性也有清楚的认识。水仙花朵具有强烈的毒性，苏格拉底（公元前 469—公元前 399）称之为"冥王的花冠"。塞奥弗拉斯特斯（约公元前 370—前 285）是亚里士多德的弟子，也是一位著名的植物学家，著有《植物志》九卷，其中提到水仙花早春开花，多用于神庙和殡葬装饰。水仙花的如此效用也与纳西索斯自恋而亡的文学言说暗中契合:既有一种精神追求的向度,又与死亡密切关联。

在西方文学中,英国"湖畔派"诗人的代表华兹华斯(1770—1850)的《咏水仙》一诗颇为有名。诗人将"遍地开放的金色水仙"视为慰藉心灵寂寞的精神喻象:"……我久久凝视却未能领悟,这景象所给予我的精神至宝。后来多少次我郁郁独卧,感到百无聊赖心灵空漠;这景象便在脑海中闪现,多少次安慰过我的寂寞;我的心又随水仙跳起舞来,我的心又重新充满了欢乐。"(顾子欣译)但在这首诗歌中,水仙花的精神象征维度与诗人自身呈现为二元分离,未能融为一体。

在中国,唐之前的典籍皆无"水仙花"这个名称。唐之前只有"水仙"之称谓,但所指不是花,而是人(神)。一指潇湘女神,即为舜殉情于湘江的娥皇和女英。二指洛水女神宓妃,曹植《洛神赋》描写其轻盈姿态之美:"凌波微步,罗袜生尘。"三指屈原,前秦王嘉的《拾遗记·洞庭山》曰:"屈原以忠见斥……乃赴清冷之水,楚人思慕,谓之水仙。"

唐段成式(?—863)的《酉阳杂俎》是中国最早提及水仙花的典籍,其卷十八记载曰:"奈祇出拂林国(今叙利亚),根大如鸡卵,叶似蒜叶,中心抽条,茎端开花,六出,红白色,花心黄赤,不结籽,冬生夏死……取花压油,涂身去风气。拂林国王及国内贵人皆用之。""奈祇"即中古波斯语水仙花 Nargi 一词的音译。叙利亚地区于公元 360 年并入萨珊波斯帝国版图。据《新唐书》

(宋)赵子固《水仙图》

和《唐会要》的记载,从贞观十七年(643)到开元十年(722)的80年间,拂林国曾先后五次遣使来唐,进献方物,水仙花很可能就是在这时期传入中国的。据《花史》所引《开元遗事》记载:"明皇赐虢国夫人红水仙十二盆,盆皆金玉七宝所造。"这说明,在唐代水仙花乃是珍稀之物,只有皇亲国戚才能拥有,尚未进入文人阶层普遍赏爱的范畴。

国内有学者从先秦时代的典籍《山海经·中山经》中找到两段文字:"鼓登山,有草焉,名曰'荧草',其叶如柳,其本如鸡卵,食之已风。"又云:"兔状山,其草多鸡壳,其本如鸡卵,其味酸甘,食之利于人。"认为这两段文字中所说的"草"与《酉阳杂俎》中的"柰祗"(水仙花)如出一辙,从而认为中国自古就有水仙花。笔者对此持异议。西亚水仙花祛风是用其花所榨精油外涂,而非食其根茎。水仙不论花朵还是根茎皆有毒,虽可以加工提炼入药,但不能食用。《山海经·中山经》所记之"草"长在山中,未提及是否与水有关,是否开花,只言其根茎可以食用(能"食"者量当必不会少),祛风,利于人。笔者认为,这可能是一种与西亚水仙花同科属的另一种野生植物。

另据宋宝庆年间(1225—1228)的《太平清话》记载,水仙花"六朝人乃呼为雅蒜"。这说明在唐之前中国确有与西亚水仙花同科属的植物。但对于这种土生植物,时人的视觉焦点在其根茎似蒜,是否有花,不得而知。倘若有花绽放,最尚风雅的六朝人应当不会对水仙花朵的轻盈姿态视若无睹。笔者曾买到过只长叶,不抽薹开花的水仙。清谢堃(1784—1844)的《花木小志》记载水仙花:"出自外洋,性不畏寒,浸水而生,愈洁愈佳。"

对水仙花的栽培与赏爱在宋代盛极一时,也正是在这时期,从阿拉伯—波斯地区传入的"柰祗"花与中国传统文化中的"水仙"意象密切融合为一体。宋代《百花藏谱》曰:"因花性好水,故名水仙。"这样的命名契合了中国士大夫阶层的精神追求。黄庭坚、辛弃疾、杨万里、张孝祥、刘克庄、朱熹、陈淳等诸多宋代文人墨客皆留有吟咏水仙花的空灵诗作。黄庭坚的《王充道送水仙花五十支》中"凌波仙子生尘袜,水上轻盈步微月"两

波斯细密画:水仙花

句化用曹植《洛神赋》中的句子,使"凌波仙子"成为水仙花的别称,其《次韵中玉水仙花》里"借水开花自一奇,水沉为骨玉为肌"的描写更是将水仙花的冰清玉洁注入士大夫们的骨髓。尽管水仙花还有"金盏银台"、"玉玲珑"等诸多别称,但都不及"水仙"和"凌波仙子"能传达出中国传统文化的神韵。

水仙花的精神象征意蕴在三种文化中各有其质。在波斯,水仙花魅力眼神的眷顾始终是诗人们的殷殷祈盼,这是一种对至高精神痴痴以求的他恋;纳西索斯因自恋而亡,古希腊神话所传达出的神谕不知是否是对崇尚个人主义至上的西方文化的某种昭示;在中国,水仙花则成为超尘脱俗的精神象征,达到了人花浑然一体的境界。

(本文刊载于《北京青年报》2010 年 11 月 8 日"历史纵横版")

阿姆河畔　几度兴衰

中亚阿姆河可谓伊朗文明的命脉。伊朗上古时期的神话传说,国王贾姆席德晚年昏庸无为,尽失民心,阿拉伯暴君佐哈克趁机率军进攻伊朗,贾姆席德逃至阿姆河边藏匿,后被追兵搜获杀害。伊朗王族后裔费里东率义军推翻佐哈克的残暴统治,登基为王,年老时三分天下与其三个儿子。从此,阿姆河成为伊朗与其兄弟邻国图兰之间的界河,双方相互间的征战几乎都是在阿姆河流域展开。阿姆河以北被伊朗人称为河外地区,有如中国旧时"关外"的概念。

伊朗文明源远流长,曾几度兴衰于阿姆河畔。历史上,尽管伊朗高原西部的埃兰人、米底人建立的国家曾称雄一方,创造了灿烂的古文明,然而真正让伊朗文明长流至今、生生不息的是琐罗亚斯德教文化传统。琐罗亚斯德教于公元前十一世纪在以阿姆河流域为核心区域的东伊朗地区诞生,并在该地区传播和发展,其经书《阿维斯塔》也是用上古伊朗语的一种东部方言

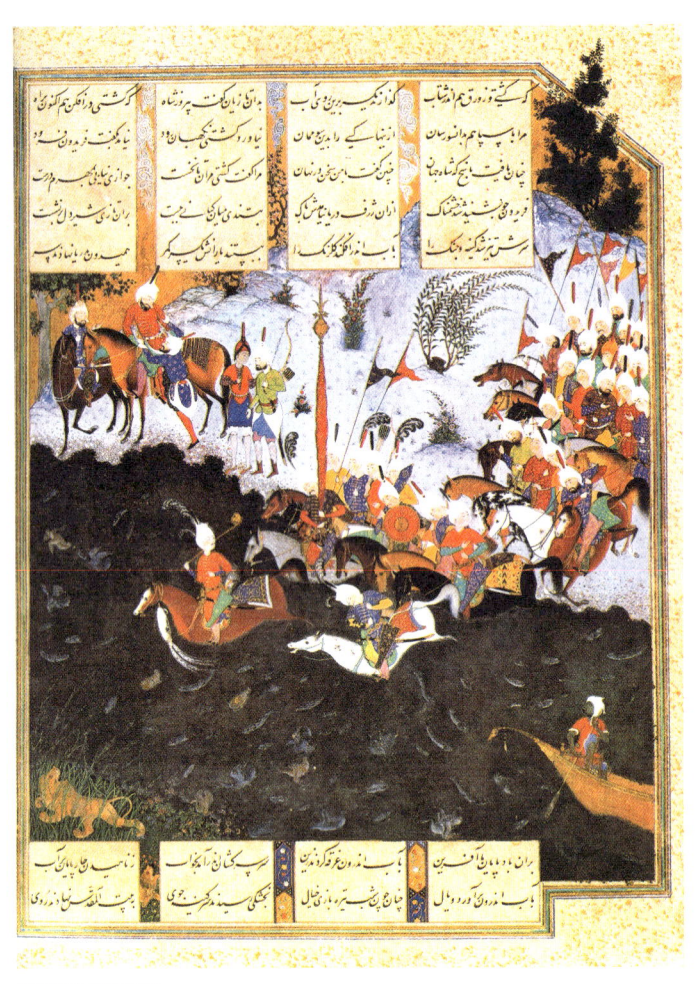

伊朗军队渡阿姆河

写成。琐罗亚斯德教后来向伊朗高原西部发展,传入米底王国,并在阿契美尼德王朝时期(前550—前330)成为雄踞西亚的古波斯帝国的国教,从此奠定了伊朗的琐罗亚斯德教文化传统。伊朗伊斯兰化之后,琐罗亚斯德教文化传统融入伊斯兰教什叶派信仰之中,使伊斯兰教在伊朗完全伊朗化,有如佛教在中国完全中国化了一样。

公元前330年,阿契美尼德王朝末代君主大流士三世在亚历山大军队追击下,东逃至阿姆河畔,被自己部属贝斯所杀。亚历山大调军渡过阿姆河,擒获贝斯,将其处以极刑,以期得到波斯贵族的支持。强大的古波斯帝国亡于阿姆河畔,由此开始了希腊人在波斯80余年的统治。公元前三世纪中期,阿姆河之南的帕提亚行省(大致区域为今天的土库曼斯坦和伊朗霍拉桑省北部)宣布独立,脱离希腊人的塞琉古王朝的统治。几经征战,帕提亚首领阿息克建立起统治伊朗全境的安息王朝(前247—224)。伊朗文明再次兴于阿姆河流域。

公元651年,历史再度重演。萨珊王朝(224—651)末代君主耶兹德古尔德在阿拉伯军队追击下,逃到中亚阿姆河附近的木鹿城,被部属杀害于一座磨房内。波斯帝国再次亡于阿姆河畔,然而其余脉仍长期在该地区萦绕不散。耶兹德古尔德之子卑路斯、之孙泥涅师客死长安,重孙普尚及其子嗣滞留中亚地区,仍被唐朝视为波斯王,在唐玄宗开元、天宝年间仍数次遣使来朝。

正如中国旧时的关外地区依然为中国所掌控一样，阿姆河以北的河外地区(北至锡尔河，因这片地区在两河之间，中国典籍称之为河中地区或河间地区)在历史上曾长期是伊朗的势力范围。该地区在突厥化之前，其原住民为操印欧语系印度—伊朗语族东伊朗语支的塞族人，他们在民族和文化上与伊朗同源同流。六世纪后半叶，操东伊朗语的粟特人在阿姆河流域建立起昭武诸国，与唐帝国往来交通十分密切。《隋书》记载昭武诸国为：康(撒马尔罕)、安(布哈拉)、石(塔什干)、铍汗(费尔干那)、米(撒马尔罕东南百里)、史(沙赫里萨布兹)、曹(撒马尔罕西北百里)、何(曹国西百五十里)、乌那曷(巴尔赫)、穆(木鹿)，共计十国。《新唐书》记载昭武诸国为：康、安、石、火寻(花剌子模)、戊地(布哈拉之西)、米、史、曹、何，共计九国，通称昭武九姓。其中，康国是昭武诸国的核心，国势强盛，为诸国之冠。

撒马尔罕、布哈拉、巴尔赫、木鹿、花剌子模、沙赫里萨布兹、塔什干、费尔干那皆是中亚历史名城，建城甚古。前五座城市在《阿维斯塔》注释本《赞德·阿维斯塔》中已有记载，其中撒马尔罕传说为琐罗亚斯德教大神奥尔莫兹德建造，使这座古老的城市笼罩上了神造之神秘色彩；花剌子模在阿契美尼德王朝的王宫波斯波利斯的铭文中也有记载。九世纪，正是在这具有深厚伊朗文化底蕴的阿姆河流域，波斯文化在遭受阿拉伯人的浩劫之后再度复兴。

波斯文化的再度复兴与萨曼王朝(874—999)密不可分。萨曼家族是萨珊王朝七大望族之一梅赫朗家族的后裔,萨曼之子阿萨德的四个儿子因支持马蒙夺得哈里发地位而受重用。819年,马蒙任命萨阿德儿子阿赫玛德管辖费尔干那,紧接着又任命萨阿德的另三个儿子分别管辖撒马尔罕、塔什干、赫拉特,整个阿姆河流域尽在萨曼家族的掌控之中。之后,兄弟相争,阿赫玛德夺得阿姆河流域控制权。874年,阿赫玛德之子纳斯尔自立为王,以撒马尔罕为都城(892年迁都布哈拉)建立萨曼王朝,领域为整个呼罗珊地区(包括现今伊朗东北部、阿富汗北部及阿姆河流域)。

萨曼王朝是波斯历史上十分重要的一个地方王朝。阿拉伯人征服波斯之后,在强行传播伊斯兰教的同时,也强行推行阿拉伯语,致使萨珊波斯帝国的国语巴列维语逐渐消亡。在两百多年的时间里,阿拉伯语成为波斯地区的官方语言和文学书面语言。然而,伊朗文化有着顽强的生命力,伊朗人并不甘心使用阿拉伯语。八、九世纪之交,呼罗珊地区的一种方言达里语开始流行。"达里"一词的本义为"宫廷的"。于是,一种传说顺应伊朗民族主义思潮而生,说达里语原是萨珊波斯帝国宫廷用语,萨珊末代王室东逃盘桓于呼罗珊地区,将这种语言带入该地区,并落地生根。达里语在兴起之时,仅限于日常口语。萨曼家族乃萨珊波斯世族大家之后,其历代君主皆具有强烈的使命感,以复兴波斯为己任,大力提倡达里语,鼓励和扶植诗人们用达里语创作诗歌。

萨曼君主慷慨奖掖用达里波斯语创作的诗人的故事很多，其中鲁达基(850—941)受重赏的故事最为人津津乐道：萨曼君主纳斯尔二世(914—943在位)是一个喜欢四处出游的人，每年春夏之交都会出去巡幸某个地方。有一年出巡去了赫拉特，那里水美草茂，粮盛果丰，牛羊膘肥体壮，是一片十分富饶的土地，让纳斯尔国王乐不思蜀，一待就是四年。这下可苦了那些把家眷留在都城布哈拉、陪同国王出巡的军政大臣们，他们多方劝谏国王起驾回銮，但国王都当耳旁风，置之不理，大臣们便求救于鲁达基大师。一日清晨，国王摆酒小饮，鲁达基拿起弦琴，一边弹奏，一边随着悠扬的乐曲，用富有磁性的嗓音吟哦出了一首堪称千古绝唱的诗歌：

  姆里扬河水的芳香飘然而至
随之带来多情友人的香息
  阿姆河底的沙砾和路途险阻
在我的脚下化作丝绸软细
  杰洪河水因迎接友人而开心
仅淹没至我们马儿的腰际
  布哈拉啊愿你舒畅经久不衰
君王正兴高采烈地奔向你
  君王是明月啊布哈拉是天空
明月正回归天空紧密相依

鲁达基肖像

君王是翠柏啊布哈拉是园林
翠柏正回归园林不弃不离

姆里扬河、杰洪河皆为阿姆河的俚称。纳斯尔国王被诗歌深深打动,连靴子都顾不及穿,当即飞身上马,直奔布哈拉。鲁达基在回自己的故乡撒马尔罕时,用了四百峰骆驼来运载自己所获的国王和大臣们的各种赏赐,其财富与宠幸皆达至极点,无人能企及。

正是在萨曼君主们的大力扶持奖掖之下,达里语迅速传播到伊朗全境,成为伊朗新的民族语言即达里波斯语,并一直沿用至今,简称波斯语。伊朗人用达里波斯语创造了繁荣灿烂的中世纪文化,从十世纪至十五世纪长达六百多年的时间里,波斯诗歌璀璨夺目,著称于世的大诗人如群山耸立。而鲁达基是第一个致力于达里波斯语诗歌创作并取得丰硕成果的伟大诗人,因此被奉为"波斯语诗歌之父"。

(本文刊载于《北京青年报》2011年2月28日"历史纵横版")

纵横琵琶

琵琶是中国民乐的主奏乐器,素有"弹拨乐器首座"之称,其表现力极为丰富,武曲激越,文曲哀怨。就是这样一件堪称中国民乐之王的乐器,承载的却是亚洲东西两方民族深厚的音乐文化传统。

琵琶是印伊雅利安民族的一种古老乐器,《伊斯兰世界知识辞典》谓这种乐器最早起源于中亚阿姆河流域的巴尔赫地区,远在上古时期就流行于伊朗和印度。琵琶按其颈部形状分为曲项和直颈两类。曲项琵琶琴身呈半梨形,颈部呈直角弯曲(其流传过程中弯曲角度及线条各有变异),中古波斯语为Bar-but,新波斯语读为巴尔巴特(Barbat),是伊朗民族特有的乐器。Bar是一个介词,意为"基于……",But或Bat是一种水鸭。也就是说,这种乐器因其形似水鸭而得名。又因古时候此种乐器的琴弦是用羊肠衣(Rude)制成,故又称之为鲁德(Rud)琴。

阿契美尼德王朝(前550—前331)之前,巴尔巴特琴就已

波斯巴尔巴特琴

在伊朗盛行。后通过小亚细亚传入古希腊,变音为 Barbiton(也写作 Barbitos)。从现有的图片资料来看,古希腊的 Barbiton 与波斯巴尔巴特有较大差异,它实际上是巴尔巴特和波斯箜篌两种乐器的结合。古希腊抒情诗人阿那克里翁(前570—前488)的诗歌是最早提及此种乐器的文字资料,诗中说他的 Barbitos 只弹性爱曲调。

萨珊王朝时期(224—651),巴尔巴特琴在波斯达至鼎盛,其盛况在波斯伊斯兰化之后的典籍中多有追述。尤其是在霍斯陆·帕尔维兹国王统治时期(590—628),弹奏巴尔巴特之风最为兴隆,还出现了波尔巴德这样的弹奏高手。另外,从现存不多的巴列维语(中古波斯语)典籍的记载和萨珊器物中也可窥见当年盛状之一斑。伊朗古代博物馆收藏有一件萨珊时期的银酒

欧洲鲁特琴

盅,其外壁图案上有弹奏巴尔巴特琴的乐人。

波斯伊斯兰化之后,巴尔巴特琴也曾十分兴盛,文学作品中多有提及,比如海亚姆的诗句:美酒美人和巴尔巴特我照单全收,这三者我要现货把天堂赊账给你。莫拉维的诗句:歌女啊是你弹的巴尔巴特更醉人还是我?哈菲兹的诗句:伴着笛、巴尔巴特和俏皮美人,还有宝藏、悠闲和一杯美酒。然而,近代之后巴尔巴特琴在波斯日渐式微,在现今伊朗民族音乐中的地位并不突出。

此种乐器在伊斯兰初期传入阿拉伯地区,因其琴身为木制,阿拉伯人称之为乌德('Ud),意即木头。阿拉伯人将乌德琴发扬光大,使之至今在阿拉伯民族音乐中占据十分重要的地位。在形体上,阿拉伯乌德琴比波斯巴尔巴特琴更硕大一些。此种乐器在阿拉伯帝国时期传入中世纪的欧洲,欧洲人依阿拉伯语"乌德"('Ud)称之为鲁特(Lute,又译琉特)琴。一说,Lute一词应当出自波斯语Rude或Rud。

据伊本西纳(980—1037)的《音乐知识高级辞典》、阿卜杜伽德尔·玛拉基(卒于1433)的《曲目》等波斯典籍的记载,巴尔巴特琴(或乌德琴)皆为四弦。从中国史料的印证来看,古代的巴尔巴特琴应为四弦,但近代之后发展为五复弦。

直颈琵琶的颈部与琴身浑然一体,呈半梨形棒槌状,五弦,梵语为Bharbhu。一说,此种琵琶为印度雅利安人原有;一说,亚历山大东征时,波斯的巴尔巴特琴随之传入印度,发展变形为直颈五弦琴。在印度古城阿默拉沃蒂(Amravati)发现的一幅公元170年的浮雕,内容为释迦母亲摩耶夫人梦象入胎的故事,该浮雕左下方是一队乐人,其中一人手拿琵琶,即为直颈五弦。

在梳理琵琶源流时,人们往往将之与流行于西亚地区的另一种古老乐器混淆。此种乐器最早出现在美索不达米亚平原南部,古苏美尔人(约前4000—前2000)称之为Pantur,后向东传入伊朗高原,波斯语为Tanbur;向西传入希腊及北非地区,古希腊语为Pandoura。琵琶无论曲项或直颈,皆为身大颈短,而此种乐器身小颈直长。此种乐器从波斯传入中亚,又传至西域,就此止步,未被中原地区普遍接受,汉译名为"冬不拉"。

国内学界一般认为,"琵琶"一词是地道的汉语形声词,据东汉应劭(约153—196)的《风俗通》卷六记载:"以手批把,因以为名。"东汉刘熙(约生于160)的《释名》卷四记载:"枇杷本出于胡中,马上所鼓也。推手前曰枇,引手却曰杷,象其鼓时,因以为名也。"也就是说,"批"或"枇"与"把"或"杷"是这种胡乐器的两种基本弹奏手法。"批把"取手部,"枇杷"取其木制。约在魏晋时,为了与水果"枇杷"相区别,依琴瑟字体而造新词"琵琶"。

然而,《通典》卷一四四记载:"旧弹琵琶,皆用木拨弹之,大唐贞观中始有手弹之法,今所谓搊琵琶者是也。风俗通所谓以手琵琶之,知乃非用拨之义,岂上代固有搊之者?手弹法,近代已废,自裴洛儿始为之。"中唐杜佑的疑问也是笔者的疑问。因此,中国"上代"是否"固有"以手"搊琵琶"即用手"批把"的弹奏方式实在令人生疑。因此,笔者疑"批把"或"枇杷"是波斯语Barbat的译音,与弹奏手法无关。

水果"枇杷"古名芦橘,又名金丸。作为水果的"枇杷"一词,早在西汉司马相如(约前179—前117)的《上林赋》中就已出现:"于是乎卢桔夏熟,黄甘橙楱,枇杷橪柿,亭柰厚朴,樗枣杨梅,樱桃蒲陶……罗乎后宫。"笔者疑水果因其形状与此种胡乐器相似而从乐器改名,故乐器"枇杷"传入中国的时间应当不晚于司马相如时代。

另据六朝《宋书》卷十九引用西晋文人傅玄的《琵琶赋》曰:"汉遣乌孙公主嫁昆弥,念其行道思慕,故使工人裁筝、筑,为马上之乐。欲从方俗语,故名曰琵琶,取其易传于外国也。"也就是说,在乌孙公主刘细君(前121—前101)的时代,琵琶已传入中国。为了从俗易传,而将特为乌孙公主制作的乐器叫做琵琶。后人考证,特为乌孙公主制作的乐器应为阮咸类乐器,当时称秦琵琶或秦汉子。这从另一个角度佐证了司马相如时代已有琵琶传入。

《风俗通》还记载"批把"为四弦。中唐杜佑的《通典》卷一四四云:"曲项,形制稍大,本出胡中,俗传是汉制。"故知,此种琵琶应是四弦曲项琵琶,即波斯的巴尔巴特琴,它在张骞出使西域伊始就从波斯或中亚直接传入了汉代中国,故后代言之为"汉制"。因此,"琵琶"(枇杷,批把)一词音译自波斯语 Barbat 的可能性相当大。

五弦直颈琵琶从印度沿丝路从犍陀罗地区经龟兹国传入内地,今新疆阿克苏地区(古时隶属龟兹国)的克孜尔千佛洞(开凿约始于三世纪,八至九世纪逐渐停建)壁画中,尚能见到此种乐器。五弦直颈琵琶形体稍小于四弦曲项琵琶,中国典籍多简称前者为"五弦",后者为"琵琶"或"曲项"。《通典》卷一四二云:"自宣武已后,始爱胡声,洎于迁都,屈茨(龟兹)琵琶、五弦、箜篌、胡鼓、铜钹……洪心骇耳……琵琶及当路,琴瑟殆绝音。"卷一四四又云:"五弦琵琶,稍小,盖北国所出。"这是中国典籍关于五弦琵琶的最早记载,也就是说,在北魏宣武帝时期(500—516),五弦琵琶已传入中国,且琵琶类的胡乐器渐渐取代了中原琴瑟类传统乐器的风骚。

北朝时期,胡乐因民族大融合而日渐兴盛,及至北周武帝

(561—579),胡乐之风大炽。《旧唐书》卷二十九载:"周武帝聘虏女为后,西域诸国来媵,于是龟兹、疏勒、安国、康国之乐,大聚长安。"之后,隋宫廷九部乐中多用胡乐器,琵琶与五弦用于其中六部乐,即:西凉伎、天竺伎、高丽伎、龟兹伎、安国伎、疏勒伎。唐时,太宗平高昌,收其乐,增补为十部乐,高昌伎也用琵琶与五弦。

贞观年间修订的《北史》卷九十二及《隋书》卷十四都提到"胡琵琶",《通典》卷一四六提到"龟兹琵琶"。国内有学者认为"胡琵琶"与"龟兹琵琶"皆指五弦直颈琵琶,但笔者觉得论据欠充分,故存疑。五弦固然经龟兹传入,然四弦曲项也在龟兹流行。上引《通典》卷一四二文字将"屈茨(龟兹)琵琶"与"五弦"并置,说明该龟兹琵琶是四弦曲项。并且,曹氏一族以善龟兹琵琶著称,文学作品中多有反映,皆言"琵琶",而非"五弦"。唐乐中,五弦尽管也曾兴盛,还出现了裴神符这样的五弦高手,为太宗所赏识。但是,实际上五弦的地位不及琵琶。唐十部乐的排序中,五弦皆在琵琶之后。尽管五弦由龟兹传入,但唐代颇有盛名的龟兹琵琶并非专指五弦,四弦曲项在龟兹也很流行。唐末,五弦渐渐淡出乐坛。后晋(936—947)刘昫所撰《旧唐书》卷二十九云:"五弦琵琶今亡。"现代,有音乐家尝试恢复五弦。

四弦曲项琵琶则始终在乐坛引领风骚,对唐代舞乐艺术的发展起了十分重要的促进作用。现有出土的唐代乐俑怀抱四弦曲项琵琶,从中可窥见该乐器在唐代的风采。而敦煌莫高窟第112窟的壁画《反弹琵琶伎乐天》即是曲项琵琶在唐代舞乐中的精彩

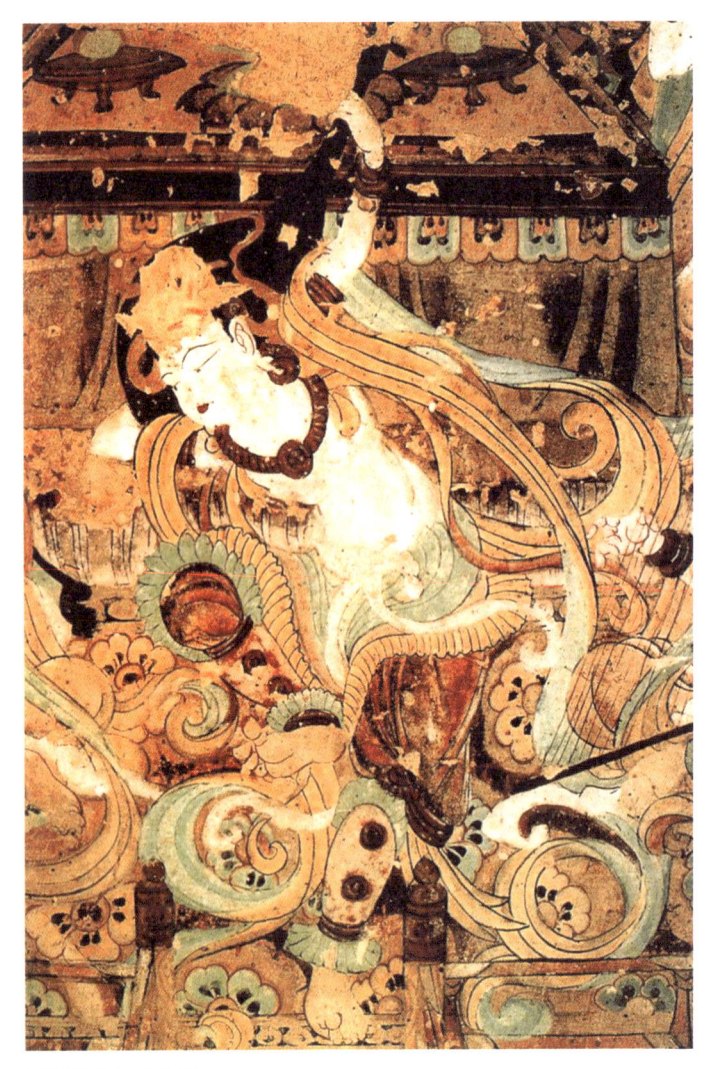

反弹琵琶伎乐天(曲项)

(唐)琵琶乐俑曲项

呈现,画中乐伎将高超的琵琶弹奏技艺与绝妙的舞姿浑然结合,美妙绝伦,使反弹琵琶成为大唐文化的一个典型象征。

唐代琵琶名家辈出,多为昭武诸国人氏,比如米国人氏米嘉荣一族,曹国人氏曹保一族,康国人氏康昆仑一族,安国人氏安叱奴一族,皆以善弹琵琶而至显位。宫廷乐队之外,民间乐坊和酒楼歌肆中,琵琶也是不可或缺的乐器。这种盛况在唐代文学作品中有大量反映,白居易的《琵琶行》堪称其中的经典名篇,而王翰的"葡萄美酒夜光杯,欲饮琵琶马上催"与李颀的"行人刁斗风沙暗,公主琵琶幽怨多",则可谓将琵琶曲调中武曲与文曲的特征抒写得淋漓尽致。

波斯的巴尔巴特琴从古至今一直为横抱用拨子弹奏,传入中国的琵琶也曾长期是横抱用拨子弹奏。直到唐贞观年间,太宗令宫中众琵琶乐师竞技,来自疏勒的琵琶高手裴神符出奇制胜,纵抱琵琶于怀中,直接用手"批把"琴弦,技惊四座,太宗连声叫绝,封裴神符为"太常乐工"。从此,琵琶改为纵抱用指拨弦。这一演奏方式的改变,大大拓展了琵琶的表现力,为这一外来乐器成为中国民乐之王奠定了坚实的基础。

(本文刊载于《北京青年报》2011年4月11日"历史纵横版")

胡乐当路　琴瑟绝音

吴丝蜀桐张高秋,空山凝云颓不流。江娥啼竹素女愁,李凭中国弹箜篌。昆山玉碎凤凰叫,芙蓉泣露香兰笑。十二门前融冷光,二十三丝动紫皇。女娲炼石补天处,石破天惊逗秋雨。梦入神山教神妪,老鱼跳波瘦蛟舞。吴质不眠倚桂树,露脚斜飞湿寒兔。

——李贺,《李凭箜篌引》

箜篌是中国古代十分流行的一种乐器,在古典诗歌中有大量反映。其中,最为人所熟知的恐怕莫过于汉乐府《孔雀东南飞》中"十三能织素,十四学裁衣,十五弹箜篌,十六诵诗书"的句子和堪称句句经典的唐李贺的《李凭箜篌引》。然而,虽然都谓箜篌,但并非同一种乐器。前者为卧箜篌,是中国先秦时期就已有的传统乐器,与琴瑟同类,作为华夏正声的代表乐器被列入《清商乐》中。后者为竖箜篌,是从波斯传入的胡乐器。

嘉峪关魏晋墓砖画：弹卧箜篌

竖箜篌是西亚地区古老的民族乐器，其源呈多发状。在公元前4000年的埃及壁画、美索不达米亚南部乌尔地区约公元前3500年苏美尔人的壁画、伊朗西南部山区约公元前3000年埃兰人的崖画，以及克里特岛上约公元前1400年的古希腊壁画上，都发现有类似乐器。从现有图像资料来看,古希腊流行的"里拉"(Lyre,或Lyra)琴与古埃及人和苏美尔人的竖箜篌更形似，共鸣箱皆在下端，或似龟壳状（古希腊），或呈方形（古埃及），或呈牛羊动物状（苏美尔）。"里拉"琴多为七弦，形制小巧，抱于怀中用拨子弹奏。后经不断发展流变，近代以来，体型变得硕大，琴弦数量大大增加，置于地上用手弹奏，英文名为Harp，中文译为竖琴。

竖箜篌也是伊朗西南部土著居民埃兰人的一种民族乐器，在雅利安人进入伊朗高原之前就已在该地区流行，被称为最古

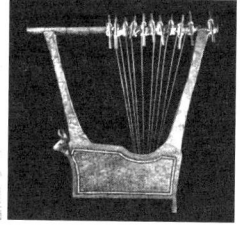

古埃及壁画中的箜篌　苏美尔人的银箜篌　　阿波罗演奏七弦里拉琴

老的伊朗民族乐器。伊朗竖箜篌呈三角形,弦的数量七至十根,以七弦为主,形制小巧,可抱于怀中,中古波斯语名为 Chank,新波斯语读为 Chang。伊朗竖箜篌与古埃及、苏美尔、古希腊类似乐器的最大区别在于,其共鸣箱在三角形的上弦。

公元前 550 年,雅利安族的波斯人兴起于伊朗南部,建立阿契美尼德王朝(前 550—前 330),是为古波斯帝国。波斯人似乎对土著埃兰人的箜篌也情有独钟,很快使箜篌从民间走向宫廷,成为帝国宫廷乐队的主奏乐器。在阿契美尼德王朝的都城苏萨,考古发现一尊怀抱箜篌的半身陶像,被认定为公元前 300 年左右的作品,现被卢浮宫收藏。伊朗西南诸省曾一直是箜篌音乐文化的中心。同样兴起于伊朗南部的萨珊王朝(224—651)的国王们对箜篌也极为推崇。克尔曼沙附近"塔格·波士坦"(Tagh-e-Bostān)的山壁上,有一组萨珊王朝时期的浮雕群,其中即有弹奏箜篌的女伎乐队(六世纪作品)。浮雕内容为:国王狩猎归来,泛舟湖上,饮酒作乐,女乐伎们为国王弹奏箜篌助兴,乐

波斯古都苏萨出土的陶俑竖箜篌(约公元前300)

萨珊波斯箜篌乐队(六世纪)

队规模颇为壮观。霍斯陆·帕尔维兹统治时期(590—628)是萨珊波斯帝国最后的一抹辉煌,这位国王颇好棋琴书画,组建了庞大的宫廷乐队,其中内基萨(Nekisā)是最负盛名的箜篌大师。

波斯伊斯兰化之后,箜篌仍运用广泛,在文学作品中有大量反映。其中,莫拉维(鲁米,1207—1273)《玛斯纳维》第一卷中讲述的箜篌高手的故事堪称经典。故事中,乐师弹奏的箜篌旋律,能使夜莺发呆,能让大象长出翅膀,能给死人的身躯注入生命……其波斯文诗句堪与李贺的《李凭箜篌引》媲美,只是作为大苏非思想家的莫拉维欲讲述的是苏非神秘主义哲理:"我们如同箜篌,你用拨子弹;诉苦非由我们,是你在拨弦。"从此诗句可看出,波斯箜篌用拨子弹奏,而非直接用手拨弦。近代之后,波斯箜篌衰微,现今不论是在伊朗民族音乐中,还是在阿拉伯民族音乐中,都鲜见其身影。

箜篌大约在古波斯帝国时期就已经传入印度和中亚地区。传入中亚的箜篌基本上保持了波斯原样,只是三角形上弦共鸣

(晋)凤首箜篌伎乐壁画(克孜尔石窟) 　　敦煌莫高窟285窟西魏"伎乐飞天"擘箜篌 　　(五代)竖箜篌(王建墓棺座浮雕)

箱由直线变为弓弧形。东汉末年,该乐器经西域传入中原,被称为"竖箜篌"或"胡箜篌",弹奏方式演变为用双手从两侧拨弦,因此又俗称为"擘箜篌"。传入印度的箜篌,其外形与波斯箜篌大致相似,但其共鸣箱的设置,采用了苏美尔人的方式,设于下端横木,上弦木质弓弧则雕饰为雅利安神鸟形状。该乐器在东晋初年从印度也经西域传入中原,中国人依其形状,以中国神鸟称之为"凤首箜篌"。晋曹毗的《箜篌赋》对之有详细描绘:"龙身凤形,连翻窈窕,缨以金彩,络以翠藻。"中唐杜佑《通典》卷一四六云:"曲项琵琶、竖头箜篌之徒,并出自西域,非华夏旧器。"该"竖头箜篌"是指"竖箜篌"还是"凤首箜篌",不能确定,抑或兼指二者。

东汉末年,中原大乱,儒家礼乐崩坏,西北胡乐东来。继之,魏晋南北朝成为中华民族的一个大融合时期:一方面,西北少数民族仰慕中原儒家文化,学习其诗书礼仪,向往儒化;另一方面,中原民族却喜好西北少数民族的舞乐服饰,渴望豪迈奔放,释放儒家礼仪的束缚,崇尚胡化。《后汉书·五行志》曰:"灵帝好胡服、胡帐、胡床、胡坐、胡饭、胡空侯、胡笛、胡舞,京都贵戚皆竞为之。"《通典》卷一四二记载,自北魏宣武帝(500—516在位)开始,琵琶、箜篌等胡乐"铿锵镗鎝……洪心骇耳",成为宫廷音乐主流,"琵琶及当路,琴瑟殆绝音。"琴瑟古筝类的华夏丝乐,因其柔美,听起来"歌响全似吟哭,听之者无不凄怆",风骚渐逝。也正是在这个时期,西域传入的竖箜篌逐渐取代中原传统乐器卧箜篌的地位。因此,"箜篌"一词,若无专门分别,在魏晋之前的典籍中指华夏旧器;之后,一般指胡乐器。卧箜篌尽管在隋唐清商伎中仍占有一席之地,但已风骚不再,宋时消亡。

隋唐宫廷音乐多用胡乐器,从波斯、印度传入的箜篌也在这时期达至辉煌的顶峰。竖箜篌用于西凉伎、高丽伎、龟兹伎、安国伎、疏勒伎、高昌伎六部乐;凤首箜篌用于天竺伎和高丽伎两部乐。从中可见,共鸣箱在下、印度式的凤首箜篌不及共鸣箱在上、波斯式的竖箜篌运用广泛。竖箜篌不仅用于宫廷乐队,也时时现身于王宫贵族官僚们出行仪仗乐队中。敦煌莫高窟第156窟《张议潮夫妇出行图》,其礼仪乐队中便有一乐伎在行进中演奏竖箜篌。凤首箜篌在明代消亡,现代又重新仿制。

唐之前,竖箜篌基本上保持了波斯旧制,体型小巧,一般为从髋部到头顶,且多为七弦,也有十弦左右者。唐人崇尚奢华,箜篌在形制上日趋繁复,装饰竞相豪华精美,上弓弧共鸣箱增大增长,远远高出头顶,弦数也日益增多,由十数弦发展至二十二或二十三弦,《通典》卷一四四记载:"竖箜篌,胡乐也。汉灵帝好之。体曲而长,二十二弦,竖抱于怀中,用两手齐奏,俗谓之擘箜篌。"李贺《李凭箜篌引》则谓:"二十三丝动紫皇。"上述《张议潮夫妇出行图》中的箜篌与北朝时期壁画中的箜篌相比,在形制上明显硕大了许多。随着体型的不断增大,箜篌由全怀抱发展为有落地柱支撑。可见,源自西亚地区的这一古老乐器,在东西方的不同流变中却有着相似之处,即在西方发展为落地式竖琴,在中国则发展为落地式大型箜篌。

但是,波斯旧制的小箜篌并没有因该乐器日新月异的变形发展而消亡,因其体型小巧,便于携带弹奏,运用十分广泛。《新唐书》卷二十一记载:"高宗即位……张文收采古谊为《景云河清歌》,亦名燕乐,有玉磬、方响、扫筝、筑、卧箜篌、大小箜篌……"此种小箜篌虽然没有像大箜篌那样煊赫夺目,但一直

波斯传入的箜篌(陈列于甘肃省博物馆)

仕女弹箜篌图

静静流传,直到清代仍有典籍记载:"小箜篌,女子所弹,铜弦,缚其柄于腰间。随弹随行,首垂流苏,状甚美观……弦乐器可行走弹奏者惟小箜篌一种而已。"(《清朝续文献通考》)

(本文刊载于《北京青年报》2011年7月4日"历史纵横版")

亦喜亦悲话唢呐

唢呐，是中国民乐最常用的乐器之一，多用于欢庆热闹的场合，尤其用于民间红白喜事。"唢呐"一词系波斯语 Surnā、Surnay 或 Sornā、Sornay 的音译，它本是波斯民族的传统乐器，经中亚西域传入中原地区。从波斯传入中国的数种乐器中，唢呐也许最具有特殊意义。它不仅是乐器形制本身，而且是携带着该乐器所承载的深厚文化内涵，进入中原大地的。

唢呐，其前端的圆形喇叭口，往往使人们将其最早源头上溯到用动物头上的角制作的号角，并将之归入号角类乐器。其实，作为一种吹管乐器，唢呐与芦笛的关联更密切。"最早教会居民吹芦笛的，是西风在芦苇空茎中的哨声。"(卢克莱修《物性论》)因此，一般来说，盛产芦苇的地区，多有管乐器出现。波斯西南部及东南部的丘陵湖泊地带，及北方里海沿岸诸省，多产芦苇。芦笛在波斯的出现年代虽不可考，但无疑是最古老的乐器之一。

正是在上述波斯地区，产生了两种非常近似、与芦笛关联的乐器。一种是唢呐。波斯语"唢呐"一词中，Sur（省略音为Sor）意为"宴饮"或"喜庆的聚会"，nāy（省略音为nā）即意为"芦苇"或"芦笛"。这说明唢呐是一种多用于聚会宴饮等欢快热闹场合演奏的别种"芦笛"。另一种名"卡呐"（Karnāy）。Kar是Karre的省略音，意为冲锋、进攻。这表明卡呐是一种军队发动进攻时以壮声威的军用"芦笛"。这两种乐器吹奏口内的口哨皆系用芦苇茎杆制作，因此都带有后缀nāy（芦笛）。二者的最大区别在于，唢呐身体有七孔，而卡呐身体无孔。因此，卡呐应与号角同类，而唢呐则更应与芦笛同族。中国将小唢呐称为"海笛"，这也表明它与芦笛的血缘更近。

由于外形酷似，用途相当，在波斯，唢呐与卡呐，两词基本同义，往往混用，难以区分。文献记载，在波斯帝国阿契美尼德

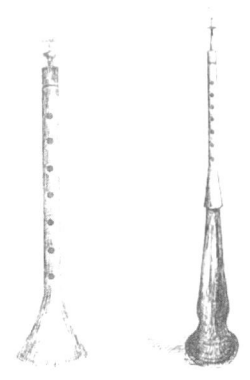

波斯唢呐

王朝时期(前550—前330),日落时分,在城门或地方行政大楼前,吹响唢呐,表示一天结束,颇有"鸣角收兵"的意思。这表明在波斯上古时期,唢呐就当号角使用。波斯史诗《列王纪》中,在描写伊朗与图兰两军交战、鼓角齐鸣时,卡呐与唢呐的出现频率都很高,没有明确区分。又由于两词音节与韵脚均相同,不影响诗歌格律和韵律,乃至不同的《列王纪》版本,出现卡呐与唢呐相互替换的现象。唢呐传入中国之后也用于军乐,明代著名将领戚继光在《纪效新书》卷二"紧要操敌号令简明条款篇"中说:"凡掌号笛,即是吹唢呐。"这说明唢呐在军乐中主要用于司掌号令,从另一个角度也显示出唢呐的二重性,既是"号",也是"笛"。

波斯伊斯兰化之后,唢呐的社会功用在宴饮欢庆与军乐之外,还被赋予了深厚的宗教文化内涵。芦笛、唢呐、号角之类的吹奏乐器,携带着宗教文化内涵,进入人们的世俗生活。芦笛、唢呐之七孔也被视为暗喻人体之七窍。

芦笛,由芦苇茎杆断离苇丛而制成,声音悠扬婉转,如泣如诉,契合了寻求重新合一的宗教情感的表达,因此每每被波斯苏非诗人们用作比喻。大苏非思想家莫拉维 (鲁米,1207—1273)《玛斯纳维》的开篇《笛赋》堪称其中经典:"请听这芦笛讲述些什么, 它在把别恨和离愁诉说:自从人们把我断离苇丛,男男女女诉怨于我笛孔;我渴求因离别碎裂的胸,好让我倾诉相思的苦痛;人一旦远离自己的故土,会日夜寻觅自己的归宿……"诗人用断离了苇丛的芦笛的呜咽哭诉,象征人因原罪而迷失了方向的灵魂,为回归原初而不断寻觅和追求。这种追寻,也正是人为寻求个体精神与宇宙间绝对精神的合一,而做出的不懈努力。

苏非神秘主义的神爱理论还把真主视为爱恋对象,用世俗男女的相爱结合,比喻人经过寻寻觅觅之后,最终与真主合一。这样的比喻在苏非情诗中大量存在,乃至成为波斯民族传统文化的积淀。这样的宗教文化融进民俗文化之后,婚礼就成为亦宗教亦世俗的"合一"文化的表达。芦笛声音如怨如诉,适合于表达寻觅追求,不适合于表达"合一"的热烈喜庆。因此,用于欢快喜庆场合的别种"芦笛"——唢呐,成为波斯民间婚礼上的主奏乐器。

另一方面,《古兰经》中,天使伊斯拉非来在复活日吹响号角(Ṣur),使死人全都复活,接受末日审判。天使号角之 Ṣur 与宴饮之 Sur 同音,只是 Ṣ 与 S 字母不同。因此,兼有号角身份的唢呐又与死亡、复活发生密切关联,成为民间葬礼上的主奏乐器。这样的宗教文化,使得波斯人往往将"唢呐"一词中宴饮之 Sur,写作天使号角之 Ṣur,两种写法通用。

至今,唢呐在伊朗民俗文化中仍使用广泛,"生手,吹唢呐大头"是人们时常挂在嘴边的谚语。在卢勒斯坦、巴赫提亚里、库尔德斯坦、锡斯坦、俾路支斯坦等西南、东南省份,及里海沿岸诸省,唢呐最为流行。在这些地区,唢呐不仅是民间婚庆和葬

波斯细密画:郊外婚庆中的唢呐手

礼上的主奏乐器,还用于"阿舒拉"日的宗教哀悼纪念活动。并且,唢呐所承载的欢快喜庆的古老民俗文化内涵,在这些地区也表现得最为充分,广泛用于庆祝丰收、节日乡民集会等热闹场合。可以说,唢呐在形制上兼有"芦笛"与"号角"的双重特征,在其承载的文化内涵上也亦宗教亦世俗。

尽管有资料显示,在新疆克孜尔石窟(约 265—420)第 38 窟公元四世纪的壁画上,已有吹唢呐的乐伎形象,但在西域舞乐鼎盛的隋唐时期,唢呐并未能进入中原。同样在克孜尔石窟壁画中出现的横笛,则进入隋唐多部宫廷音乐中。这里附带说明一下,横笛由中亚西域传入中原,当是无疑,但是否源自波斯,尚是个疑问。笔者查阅了不少波斯古代的图片资料,皆是竖长笛,无一例横笛。

唢呐之所以在较长时期内未能被中原地区接受,一方面与其承载的宗教文化相关,那时中原地区没有相应的宗教文化土壤;另一方面也与其音色特征相关。唢呐声音或高亢欢快,或悲凉慷慨,富于穿透力,不太适合于室内吹奏。波斯语"唢呐"一词中,Sur 一般指在户外或郊外举办的宴饮聚会,室内宴会一般不用 Sur 这个词。这说明唢呐本就是用于户外的吹奏乐器。在笔者查阅的波斯图片资料中,无一例室内吹奏唢呐。中原地区赏玩音乐,王公贵族多享受于宫廷教坊,文人墨客则流连于酒楼歌肆,唢呐的声音特色显然不太适合于这样的场所。

宋元时期,随着西亚、中亚大批穆斯林来华经商,唢呐传入中原。河南安阳地区的北宋王用昕墓中壁画上,有一唢呐吹奏手。元代,外来穆斯林经过长期与汉族通婚融合,逐渐形成回族。唢呐,承载着遥远故乡的婚丧宗教文化内涵与欢快喜庆的民俗文化内涵,在新生成的回族民众中广泛使用,并盛行于明清。有关唢呐的史料始见于明代。除了前引戚继光《纪效新书》的记载之外,明代王圻《三才图会》也记载曰:"锁奈,其制如喇叭,七孔,首尾以铜为之,管则用木。"清代,唢呐译为"苏尔奈",被列入宫廷回部乐。

随着回族成为中国民族大家庭中的一员,唢呐也被汉族等

北宋王用昨墓壁画乐队,最后一位是唢呐手

其他民族吸收接纳。只是,其承载的婚丧宗教文化内涵中,宗教色彩淡去,完全成为一种民俗文化的载体,广泛用于民间婚丧嫁娶、丰收喜庆、节日庆典等户外活动,是中国城乡广大民众最喜闻乐见的乐器之一。明末清初,唢呐逐渐成为民间戏曲中的主要乐器。由此,唢呐也在室内表演场合中使用,成为一种表演艺术。现当代,还产生了《百鸟朝凤》、《一枝花》、《抬花轿》、《庆丰收》、《黄土情》等一批唢呐名曲。2006年,唢呐艺术被列入第

唢呐（泉州开元寺大殿手持唢呐的飞天）

一批国家级非物质文化遗产名录。

(本文刊载于《北京青年报》2011年9月26日"历史纵横版")

家住波斯　久作长安旅
——《苏幕遮》的来源与演变

《苏幕遮》这一颇具异国情调的词牌名，因范仲淹的《苏幕遮·碧云天》和周邦彦的《苏幕遮·燎沉香》等名家手笔而成为宋词众多词牌中的一道亮丽风景。

关于"苏幕遮"一词的来源，我国著名词学家夏承焘和俞平伯二位先生都认为是"波斯语的译音，原义为披在肩上的头巾"（俞平伯《唐宋词选注释》）。然而，中国典籍记载："苏莫遮，西戎胡语也，正云飒磨遮，此戏本出西龟兹国，至今犹有此曲，此国浑脱、大面、拨头之类也，或作兽面或像鬼神，假作种种面具形状，以泥水沾沥行人，或持索搭钩，捉人为戏，每年七月初，公行此戏，七日乃停。土俗相传云：常以此法禳厌，驱趁罗刹恶鬼食唉人民之灾也。"（唐慧琳《一切经音义》）另外，唐段成式《酉阳杂俎》前集"境异"条也记载："婆摩遮（娑摩遮），并服狗头猴面，男女无昼夜歌舞。"这说明"苏幕遮"是一种源自西戎胡地的佩戴面具的具有巫术性质的舞戏，与"披在肩上的头巾"之间似乎没有什么必然关联。笔者相信,夏俞二位老前辈都谙熟上述中国典籍的相关记载,只是对这一疑问没有进一步去考究。

"苏幕遮"(飒磨遮、婆摩遮)一词无疑应是波斯语 Samāche 的译音。伊朗现今最权威的大词典《德胡达词典》和《穆因词典》对该词的解释都只有一个义项:"一种女式紧身胸衣"。夏俞二位先生的"披在肩上的头巾"的解释虽与之不尽一致,但也还不算大谬。然而,这应该是一个比较晚近的义项,不是其最原始的意思。

笔者查阅了很多波斯资料,终有所获。据伊朗著名学者叶海亚·扎卡(1923—2001)在《伊朗舞蹈史》一书中的考证研究,Samāche 一词最原始的意思就是"面具",同时也指远古时期在伊朗高原上流行的一种具有原始宗教(巫术)性质的面具舞戏。在伊朗克尔曼地区考古发掘出一枚小巧的圆柱形石头(属于公元前三千纪至二千纪下半叶),上面有两个人形戴着鸟头面具,手臂上绑着鸟翅,作舞蹈状,即鸟头 Samāche 舞。另外,在后来的古波斯帝国王宫波斯波利斯地区发掘出一块长条形陶片(属于公元前二千纪上半叶),上面也有同样的鸟头 Samāche 舞图案。另外,在波斯古城苏萨发掘出一个陶罐片,上面的图案是舞者戴着山羊 Samāche(面具),伴着一枝叶片对称的树桠(大约是杜松树或椰枣树枝之类),进行舞蹈,即羊头 Samāche 舞。这种 Samāche 舞远古时期在伊朗大地上很流行,多有考古发现。叶海亚·扎卡认为,戴着鸟头面具或山羊面具的 Samāche 舞,伴着绿树枝桠,象征着春天万物复苏,生机勃勃,人们舞蹈欢庆以祈盼牛羊肥壮,五谷丰登,反映出远古时期西亚地区人们古朴的宗教信仰。

伊朗历法以3月21日春分为元旦,称为娄鲁兹节。该历法从远古沿用至今,历史十分悠久,整个东伊朗地区(中亚两河流域)也采用该历法,还影响到西域地区,至今中国新疆维吾尔等多个民族仍然过娄鲁兹节。伊朗娄鲁兹节于2008年被收入世界非物质文化遗产名目。这种面具舞戏最初无疑是在春天,正如唐段成式《西阳杂俎》前集"境异"条记载:"龟兹国,元日斗牛马驼,为戏七日,观胜负,以占一年羊马减耗繁息也。"

在伊朗古老的琐罗亚斯德教(拜火教、祆教)中,这种庆祝活动又与该教的各个神庇护日庆典活动融为一体。在为期七天的新年庆祝活动中,包括伊历正月初六(3月26日)的泼水节。在琐罗亚斯德教中,每月第六日为水神霍尔达德庇护日,水神代表完美和健康。人们在这一天破晓时分就要起床,用坎儿井中的清水沐浴,洗去一年的尘垢,祛灾辟邪。在这一天,人们也

波斯鸟头苏幕遮舞,公元前二千纪上半叶

相互泼水，向客人泼水，表示帮助对方沐浴，洗尘祛灾。并且，还在大街小巷都泼水，表示除旧迎新。不清楚该泼水活动是否佩戴鸟兽面具，但新年庆典中的Samāche舞戏与泼水相结合，不是没有可能。因是新年庆典活动，人们皆着盛装华服，这大约是Samāche一词的意思后来演变为"女式紧身胸衣"或"披在肩上的头巾"的缘起。

同时，在伊朗还有另一个泼水节，即"提尔甘"节，源自伊朗古老神话中的雨神与旱魃之战。琐罗亚斯德教经书《阿维斯塔》的《提尔·亚什特》章节中对雨神提西塔尔(即提尔)与旱魃阿普什之战有精彩描述：双方鏖战三天三夜不分胜负，后来雨神提西塔尔从主神阿胡拉玛兹达那里求来"十匹马、十峰骆驼、十头牛、十座山和十条适于航行的大河之力"，最终打败旱魃，于是甘霖普降，灌溉农田庄稼。"提尔甘"节在伊历四月(雨神提尔庇护月)十三日(雨神提尔庇护日)，相当于公历7月4日。

阿布里罕·比伦尼(973—1048)的著作《伊朗古代节气与庆典》指出：正月初六的泼水，其宗旨在于一年冬季完全结束之后，沐浴洗尘祛灾；"提尔甘"节的泼水是在夏季，伴随着一些祈雨的巫术表演仪式。从《阿维斯塔》"十匹马、十峰骆驼、十头牛"的相关记载推断，这样的巫术表演应该佩戴这些动物的Samāche，并且应该还有旱魃等鬼神面具。如此，上引唐代慧琳《一切经音义》中的有关记载完全相符。

只是，在漫长的岁月中，异地而风俗渐异。一方面，正月里的鸟兽(山羊)Samāche舞戏与"提尔甘"节的Samāche舞戏所佩戴的牛马驼面具逐渐彼此融合,前引《酉阳杂俎》"龟兹国元日斗牛马驼"的记载即是一个侧面的证明。另一方面,伊朗不同地区举行泼水Samāche舞戏的时间也不完全一致,南部法尔斯地区是在秋季举行该活动,而东北部的霍拉桑地区则把该活动与冬至庆典结合在一起。因此,在中国典籍中,对这种从波斯,经中亚西域传入中原的面具泼水舞戏,在时间记载上并不一致。但东伊朗地区大致是在冬季举办Samāche泼水舞戏,《旧唐书·康国传》云:"至十一月鼓舞乞寒,以水相泼,盛为戏乐。"

这种Samāche泼水舞戏最早大约在北周宣帝时期(579—580)传入中国,在唐代盛于长安洛阳两京。《旧唐书·中宗纪》曰:"神龙元年(705)十一月己丑,御洛城南门楼观泼寒胡戏。"又曰:"景龙三年(709)十二月乙酉,令诸司长官向醴泉坊看泼胡王乞寒戏。"可见,此戏传入中原后亦无固定举办日期,但大

出土自新疆库车县苏巴什佛寺遗址的彩绘木舍利盒,上面的图案表现了当年古龟兹国人们在进行祈福仪式时所跳的面具舞蹈即苏幕遮,祈祷五谷丰登

致是在隆冬腊月间,故名"乞寒戏"。戏时伴有面具歌舞,歌辞即名"苏幕遮"。唐张说《苏摩遮》诗题下注云:"泼寒胡戏所歌。"其诗之一云:"摩遮本出海西胡,琉璃宝眼紫髯须。闻道皇恩遍宇宙,来将歌舞助欢娱。"歌功颂德意味颇为浓厚。

然而,大约因该面具歌舞,具有一定的巫术性质,又"以泥水沾沥行人,或持索搭钩,捉人为戏",有伤大雅,有辱华夏淳风。张说后来又上疏曰:"裸体跳足,盛德何观?挥水投泥,失容斯甚!"请求罢演此戏。开元元年(713)十二月七日,皇上下敕禁断。但该歌舞的曲谱却流传下来,成为词牌名之一。我们从张说上疏请求罢演到《苏幕遮》曲子的顽强流传,可以窥见,苏幕遮泼寒戏在唐代一定十分盛行,场面壮观,影响甚大。

中国著名史学家向达在《唐代长安与西域文明》一书中说:"苏莫遮之乞寒胡戏,原本出于伊兰,传至印度以及龟兹。中国之乞寒戏当又由龟兹传来也。"经龟兹传入中原的乞寒泼水胡戏虽然被禁,然而该戏又经印度、缅甸、泰国、融入南传佛教因素,传入中国云南地区,在傣、阿昌、德昂、佤等多个民族中保留下来,流传至今,颇为兴盛,即"泼水节",又名"浴佛节"。在傣历新年(公历4月中旬),男女老少皆着华服盛装,为佛像洗尘,求佛保佑。然后,人们相互泼水,表示祝福祛灾,较为完整地保留了伊朗新年泼水之戏的古老民俗。

然而,在"苏幕遮"的故乡伊朗,这些古老的民俗活动,因具有一定的巫术性质,同时又承载着琐罗亚斯德教的宗教文化内涵,在伊朗伊斯兰化之后,因被禁止而渐渐淡出了历史的舞台。但是,在伊朗民间或家庭中对这些古老的传统节日还是或多或少有些庆祝活动,一如中国的清明、端午、中秋、重阳等。这其中,"提尔甘"节的泼水仪式现今在伊朗卡尚西部的阿尔达哈尔村庄还有保留,该村庄是琐罗亚斯德教徒集居区,这里的洗地毯从业者每年在伊历四月十三日(公历7月4日),举行祈雨仪式,进行泼水活动。现今,在该地区还有一座供奉琐罗亚斯德教雨神提尔的古寺庙。但是,在这些活动中,Samāche因其巫术性质,长期不被官方允许,其原始义项逐渐消亡。

(本文刊载于《北京青年报》2012年2月20日"历史纵横版")

舞破尘世　升上重霄
——从旋转胡舞到苏非"萨摩"旋转舞

日本著名音乐学家岸边成雄(1912—2005)在其影响巨大的论著《唐代音乐史研究》中,将西方(指亚洲西部地区)对唐朝音乐的影响分为三类:以于阗为中心的古伊朗音乐;以龟兹为中心的吐火罗音乐,这是一种经过改良的伊朗音乐,混合了天竺乐;以操中古东伊朗语系的民族粟特人(即中亚昭武九姓)为中心的粟特音乐。(76—82页)舞乐不分家,伴随着粟特音乐从昭武九姓地区传入中原的柘枝舞、胡腾舞、胡旋舞在唐朝盛极一时,乃至在半个多世纪的时间内,长安人人学胡舞。

在远古时期,以撒马尔罕为中心的索格底(粟特)地区曾是印度—伊朗雅利安人的集居地,也是琐罗亚斯德教(袄教、拜火教)的兴起之地。在琐罗亚斯德教对天上光明的崇拜中,信徒们高举双臂旋转、腾空,作飞翔状,充分表现出人内心深处原始存在的一种向上升腾的愿望。这种具有宗教性质的舞蹈在伊朗高原东部呼罗珊地区及印度次大陆西北部也很流行,伊朗著名史学家志费尼的《世界征服者史》对之有比较详细的记载。也有研究者认为,这种舞蹈是古雅利安人一种具有巫术性质的治病方式,通过旋转把病人的灵魂抽离身躯,进行治疗之后,还魂于病人躯体。

至今,在伊朗东北部霍拉桑("呼罗珊"的今译名)省,人们依然把舞蹈(raghs)还贯称为 bāzi,该词在中古伊朗语(巴列维语)中为 vāzik,由动词 vākhidan 的词根 vāz 变形而来,意为:飞翔、跳跃、脱离。具体指用肢体做出一系列的腾空飞翔动作,进行舞蹈。同时,或有手持木板、匕首、短剑、绳索等物,配合舞蹈。这从唐诗所写公孙大娘的剑舞中可以反窥其一斑。

古希腊历史学家色诺芬(前427—前355)的著作《居鲁士的教育》记载,居鲁士大帝(前558—前529在位)在祭祀琐罗亚斯德教的神祇时,有一系列的舞蹈动作。阿布里罕·比伦尼(973—1048)的著作《伊朗古代节气与庆典》记载,每逢琐罗亚斯德教的重大宗教庆典时,波斯波利斯王宫都会举行盛大祭祀舞蹈。同时,人们生上熊熊燃烧的篝火,畅饮胡摩汁(酒类饮料),在醉态迷离中,围绕篝火,集体舞蹈。这种具有宗教性质的舞蹈在安息王朝(前247—224)依然盛行。然而,在萨珊王朝(224—651)时期,随着封建制度的高度成熟与社会生活的富庶奢华,这种舞蹈逐渐失去宗教性质,日益民俗化,成为民众日常生活娱乐的一部分。《新唐书·西域传》记载昭武九姓之首康国(撒马尔罕):"人嗜酒,好歌舞于道。"同时,这种舞蹈在萨珊宫廷中也失

唐柘枝舞俑

去宗教祭祀的色彩,沦为为帝王们纵酒享乐助兴的一部分。

萨珊波斯帝国这种奢华享乐的民俗舞蹈大约在北朝时期从昭武诸国传入中原,主要为柘枝舞、胡腾舞、胡旋舞。柘枝舞主要出自石国,即现今乌兹别克斯坦首都塔什干。"柘枝"一词即中古伊朗语 Chaj 或 Chach 的音译,乃"石头"之意,中国典籍将之意译为"石国"。突厥语谓"石头"为 Tash,kand 为"城堡"之意,这是现今"塔什干"这名称的来源。

白居易《柘枝伎》云:"平铺一合锦筵开,连击三声画鼓催。"说明柘枝舞以鼓声为节,并随着鼓声节点的急促,舞蹈动作逐渐激烈。从唐代文学作品的描述中,可以分析出柘枝舞:一是重面部表情,尤其是眼睛的传神,"曲尽回身去,层波犹注人"(刘禹锡《观柘枝舞》)。二是多下腰扭腰动作,"细腰偏能舞柘枝"(徐凝《宫中曲》)。三是舞至高潮时,双足作节奏快速复杂的踢踏动作,并伴随急速的跳跃旋转,待至曲终,舞者已半袒其衣,"急破催摇曳,罗衫半脱肩"(薛能《柘枝词》)。柘枝舞多为女子独舞,也有双人舞,称为双柘枝。

胡腾舞也源自石国,动作以足部的蹲、踏、跳、腾为主,故得名。刘言史《王中丞宅夜观舞胡腾》诗:"石国胡儿人少见,蹲舞尊前急如鸟。"说明该舞模仿鸟之下蹲腾空动作。国内学界一般认为胡腾舞为男子独舞,但从李端《胡腾儿》中"肌肤如玉鼻如锥"及"红汗交流珠帽偏"的描述来看,未必尽然。倘若"肌肤如玉"尚可以理解为对白种人的描写而非针对女子肌肤,那么"红汗"一词是否可以用于男子,则是个很大的疑问。

胡旋舞主要源自康国、史国(今沙赫里萨布兹)和米国(撒马尔罕东南百里),该舞多蹬踏动作,并以快速不停的旋转而著名。舞者一般为女子,多为独舞,也有多人共舞。白居易的长诗《胡旋女》将胡旋舞的旋转特征抒写得淋漓尽致:"胡旋女,胡旋女,心应弦,手应鼓。弦鼓一声双袖举,回雪飘摇转蓬舞。左旋右转不知疲,千匝万周无已时。人间物类无可比,奔车轮缓旋风迟。"龟兹壁画和敦煌壁画中亦有不少胡旋女形象。但是,男子也有善胡旋舞者,《旧唐书·安禄山传》云:"(安禄山)晚年益肥壮,腹垂过膝,重三百三十斤,每行以肩膊左右抬挽其身,方能移步。至玄宗前,作胡旋舞,疾如风焉。"

上述三种胡舞虽各有所长,实际上,三者皆有高举双臂的旋转动作,柘枝舞在旋转中脱去衣裳,胡腾舞在旋转中腾跃,胡旋舞更是"左旋右转不知疲"。如许旋转胡舞,传入内地,风靡一时,宫廷沉迷,民间效尤。玄宗李隆基与杨贵妃皆十分偏爱这些旋转胡舞,沉溺其中,杨贵妃本人就极善胡旋舞。安禄山得宠,原因多多,而善胡旋舞不能不说是其中原因之一。唐代安史之乱的发生,自有其种种深层的社会原因,但在诗人笔下,以胡旋舞为代表的胡舞成了罪魁祸首,"天宝季年时欲变,臣妾人人学圆转,中有太真外禄山,二人最道能胡旋。"(白居易《胡旋女》)直到"舞破中原始下来"(杜牧《过华清宫绝句》)。

这种民间日常娱乐的世俗舞蹈,在波斯与中亚地区伊斯兰化之后，逐渐被苏非派的修行仪式"萨摩(samā')"所吸收。"萨摩"一词本义为"听"(作动词)或"动听的旋律"(作名词)，用作苏非术语，指按照某种具有强烈节奏感的律动，赞念真主的伟名或唱念神秘主义短诗，让在场的苏非修行者通过"听"达到一种狂喜(vajd)，在狂喜中进入出神状态，奔向至高精神。现有资料表明，从公元867年第一个苏非教团在巴格达建立开始，在相当长的时间内，苏非"萨摩"仪式保持着其"听"的本意。苏非神秘主义的兴盛与塞尔柱突厥人在中亚和波斯建立起统治政权(1037—1194)有很大的关联，纷纷兴起的各种苏非教团的"萨摩"仪式吸收了中亚地区所流行的很多舞蹈动作。渐渐地，"萨摩"一词更多地指在狂喜中手舞足蹈，超过了其原意"听"。然而，尽管苏非们在"萨摩"仪式中有各种各样的手舞足蹈行为，但以持续不停的旋转为主要特征的舞蹈出现在莫拉维苏非教团的"萨摩"仪式中。

莫拉维(即鲁米，1207—1273)是波斯大苏非思想家，其六卷叙事诗集《玛斯纳维》被誉为"波斯语的《古兰经》"，在伊朗具有崇高地位。莫拉维出生于巴尔赫(位于阿富汗中北部)，其父亲是当地一位德高望重的苏非长老，在呼罗珊地区传经布道。1219年，蒙古人入侵巴尔赫，莫拉维父亲带着全家迁徙，一路辗转到了小亚细亚的科尼亚城，在那里建立苏非教团，传经布道。莫拉维后来继承其父亲的教团长老职位，在四十岁左右成为名重一时的大苏非学者，在伊斯兰世界具有崇高威望，被奉为穆

莫拉维与"萨摩"旋转舞者　莫拉维苏非教团"萨摩"　波斯细密画：苏非"萨摩"集会
　　　　　　　　　　　　　旋转舞速写

斯林精神生活的导师。其建立的莫拉维苏非教团在800年的历史长河中影响深远，至今不衰。

不清楚莫拉维父亲在巴尔赫建立的苏非教团，其"萨摩"仪式中是否已有旋转舞，但随后莫拉维苏非教团的"萨摩"仪式以持续不停的旋转舞而著称。该旋转舞充分吸收了中亚民族旋转舞的诸种动作，并对每一个动作都赋予宗教的象征意义。比如，双臂高举向天空：象征着灵魂脱离肉身，向上升腾。踢踏顿足：象征着把尘世间的物质利益与种种私心杂念统统置于脚下。跳跃与腾空：表现一种腾飞的狂喜，象征着渴望与真主结合。脱去衣裳：象征着抛弃尘世间的一切。持续不停的旋转：象征所有的造物都围绕独一的真主旋转，如同众行星围绕太阳旋转。也是为了在急速不停的旋转中产生恍惚出世的感觉，让灵魂脱离肉体的牢笼，奔向至高精神。最后，在逐渐减速下来的旋转中，摊开右手伸向天空，承接真主的垂怜与恩泽；摊开左手伸向地面，表示把真主的恩泽引导到大地。

由于莫拉维教团的强大影响力,该"萨摩"旋转舞成为现今土耳其、叙利亚、伊朗、巴基斯坦大多数苏非教团的主要修行方式,也成为现今苏非"萨摩"仪式的名片。该"萨摩"旋转舞,作为一种引导灵魂升上重霄的仪式,已被列入世界非物质文化遗产。每年12月上旬莫拉维去世祭日纪念活动期间,土耳其科尼亚城都会举行盛大的旋转舞仪式。舞者皆为男性,身着白衣白裙,以持续不停的旋转将人的精神引入一个幽玄神秘的世界。

(本文刊载于《北京青年报》2012年4月16日"历史纵横版")

波斯细密画与《我的名字叫红》[1]

土耳其著名作家奥尔罕·帕慕克在其最近的畅销小说《我的名字叫红》中给读者奉献了一场波斯细密画的盛筵，充分显示出作家本人对波斯古典文学和波斯细密画的深刻造诣。该书中译本封底引用《出版人周刊》的评论，介绍该小说叙述了"一则历史悬疑故事"，"它是一个谋杀推理故事……一本哲思小说……也是一则爱情诗篇。"其实，该小说既不是一个"谋杀推理故事"，更不是一则"爱情诗篇"，说它是一本"哲思小说"还稍稍靠点谱。奥尔罕·帕慕克在这部小说中给我们讲述了细密画艺术所蕴涵的深刻哲学思想，以及它在面对欧洲文化的强大冲击面前所面临的困境。波斯细密画作为与中国绘画和欧洲绘画完全不同的艺术门类，自有其本身的宗教文化意蕴在其中，这也正是本文欲讲述的重心。

---

[1] 本文属"教育部人文社会科学重点研究基地北京大学东方文学研究中心重大项目《印度古代文学的文本与图像研究》"阶段性成果。

一、波斯细密画的兴衰及其所受中国绘画与欧洲绘画的影响

波斯细密画兴起于十三世纪后半叶,主要作为文学作品的插图。中世纪是伊朗文学的黄金时代,作为插图艺术的细密画,可以说是随着文学的繁荣而兴起的。细密画,顾名思义就是以笔法的精细见长。细密画的笔法明显受到中国工笔画的影响,这一点是大家公认的,但其精细的程度"青出于蓝而胜于蓝",到了令人叹为观止的地步。

在十三世纪上半叶,剽悍的蒙古军队攻占伊朗,结束了花剌子模人对伊朗的统治,建立了伊儿汗王朝(1230—1380)。伊朗在十三世纪中叶以前的艺术品在战乱中大量被毁,散佚殆尽。西方学者认为,"从(细密画)初期的作品来看,显然这些作品遵循的不是某一种画法,而是运用了多种画法,有伊朗的也有非伊朗的,总之它们同塞尔柱的绘画艺术缺乏血缘关系,尤其是在基本画法上完全是陌路。"[1]对此观点笔者的理解是:不是说细密画犹如空穴来风,与波斯先前的艺术毫无内在的继承关系,而是指细密画不是在之前的塞尔柱王朝(1037—1194)的某个绘画种类的基础上发展起来的。在这个意义上,可以说细

---

[1] R.W.Ferrier:《伊朗艺术》(波斯文),帕尔维兹·玛尔兹邦译,德黑兰法尔让内出版社,1995年,第201页。

密画是一个新的绘画品种。当我们面对这个十三世纪后期兴起的绘画艺术进行仔细考察时,可以明显看到当时东西方绘画艺术对它的影响。

伊朗伊儿汗王朝的开国君主旭烈兀与中国元朝的第一个皇帝忽必烈是兄弟。这时期中伊两国关系非常密切,两国间使团、文书、商人的往来非常之多,中国史料有详细的记载,这里不赘述。总之,这是继中国的唐王朝之后,中伊文化交流史上的又一个重要时期。"伊朗在伊儿汗时代与中国元朝往来不辍,经常互相聘问和展开经济、文化交流,合赞汗统治时期尤为密切。"[1]合赞汗是伊儿汗王朝第一个皈依伊斯兰教的蒙古君主,1295—1304年在位。在这样一个中伊文化密切交流的时期,刚兴起的细密画艺术必然受到已成熟的中国绘画艺术的影响。现存最早的伊儿汗时期的细密画——波斯古代寓言故事集《卡里莱与笛木乃》中的细密画插图(现收藏在纽约皮尔庞纳特·穆尔冈图书馆)正是在合赞汗的指示下,在1298年绘成的,画中的花草、树木、山川以及动物的线条明显具有中国南宋绘画艺术的特点。

拉施特《史集》的细密画插图也属早期作品,现为英国爱丁堡大学和伦敦皇家亚洲学会分别收藏。拉施特是合赞汗时期的宰相,《史集》是他奉诏编纂的钦定蒙古史。该书完稿后,统治者

---

[1] 朱杰勤:《中国和伊朗关系史稿》,新疆人民出版社,1988年,第26页。

立即组织画家绘制细密画插图（大约完成于1306—1314年间），画中的树木、山川和景色的画法完全就是中国元朝绘画艺术的翻版。

西方学者认为,这是"伊朗画家刻意学习中国画的技法,很明显,中国的画家也给了他们帮助和指导"[1]。伊朗画家刻意向中国学习的风气一直延续到细密画的黄金时期。1422年,伊朗帖木儿王朝(1380—1499)的王子贝孙忽儿派遣了一个由宫廷画家盖耶速丁率领的使团到中国。盖耶速丁潜心研习中国的绘画艺术,在回国时,"带回了一些中国画以及他本人制作的素描和速写画,用以补充哈烈(即赫拉特)的收藏品。这些藏品后来启发了画家贝赫扎德。"[2]贝赫扎德(1450—1531)是伊朗最杰出的细密画画家。

伊朗艺术家还受中国元朝山水画中配图诗的启迪,把波斯文书法艺术与细密画艺术结合在一起。而细密画作为插图艺术非常适合把有关诗句置于画里,因此波斯的书法艺术与细密画艺术辉映成趣,相得益彰,增加了细密画的欣赏价值和文学趣味。这一点尚未引起学界的关注,笔者这里提出来供大家讨论。细密画还明显受到佛教艺术的影响,这一点也是以往学界没有

---

[1] A.M.Kevorkian, J.P.Sicre：《幻想的花园——伊朗细密画七百年》(波斯文),帕尔维兹·玛尔兹邦译,德黑兰法尔让内出版社1998年版,第22页。
[2]〔法〕阿里·玛扎海里：《丝绸之路——中国波斯文化交流史》,耿昇译,中华书局1996年版,第34页。

关注到的领域。细密画在画伊斯兰教的先知或使者时都在其头部周围画有火焰般的光圈,这无疑是受到佛教艺术中佛的头部周围带有光环的影响。一副珍藏在巴黎国家图书馆的细密画插图《穆圣登霄图》(1436年作于赫拉特,作者不详)明显具有中国敦煌艺术的特点。画中穆圣的坐骑卜拉格的头部为头戴冠冕的女性,而给穆圣带路的大天使哲布勒伊来也是位头戴冠冕的女性。这两位女性的脸部特点及周围的花饰具有明显的敦煌飞天的特征,而大天使哲布勒伊来的冠冕竟然是佛教艺术装饰。

古代伊朗与东罗马帝国之间,为争夺势力范围,长期时战时和。不论战还是和,都使两者间的文化处于一种相互沟通的状态。蒙古帝国幅员辽阔,势力达多瑙河。伊儿汗王朝先是以伊朗西北部大城市大不里士为都城,后来迁都巴格达。政治中心偏西,在客观上形成了与欧洲的东罗马帝国的密切关系。"拜占廷文化曾把巴格达的阿拔斯世界学院置于自己的影响之下。蒙古人甚至与西欧也有接触,中世纪意大利的绘画对他们来说无疑是很熟悉。"[1]

欧洲中世纪的绘画艺术对细密画的影响在伊朗著名史诗《列王纪》的细密画插图中表现得尤为明显。该插图大约在1329—1335年间绘成,现为私人收藏。画中人物的面部肖像完全承袭自拜占廷艺术,在房屋宫殿的绘制上则明显受拜占廷

---

[1] B.W.Robinson:《伊朗绘画》,载于《伊朗历史和遗产》(波斯文),阿尔戴细尔·赞德尼扬译,伊朗江扎德出版社1984年版,第66页。

"马赛克"镶嵌艺术的影响,精雕细刻,金碧辉煌,而其草木、山川、景色则具有中国南宋绘画的特点。前面提到的《史集》中的细密画插图,在人物的面部和衣饰上,拜占廷艺术的影响也是明显可见的。

由此可见,伊朗的细密画艺术在一开始就受到东西方绘画艺术的强大影响。正如《幻想的花园》所说:"在伊朗细密画艺术中东西方艺术的影响明显可见:一个是遥远东方的道家精神,另一个是基督教的欧洲,尤其是中世纪的拜占廷帝国的艺术精神。"[1]

然而,伊朗细密画艺术家在刻意向中国和拜占廷学习的同时,把自己本民族的宗教文化精神倾注在绘画艺术中,使细密画呈现出与中国和拜占廷绘画艺术迥然不同的特征,这一点我们将在后文详细论述。伊儿汗王朝时期最杰出的细密画画家是阿赫玛德·穆萨(生卒年不详),他擅长于把本民族的传统与中国和拜占廷绘画艺术所遵循的技法融合在一起。在他的作品中,虽然东西方绘画艺术的影响还清楚可见,但这时伊朗细密画自己的艺术风格已初步形成了。

细密画艺术经过一百多年的发展,在整个帖木儿王朝

---

[1] 同187页注①,《幻想的花园——伊朗细密画七百年》(波斯文),第20页。笔者引用这段话是想说明中国绘画艺术对细密画的影响,至于细密画是否具有中国的"道家精神",还有待探讨。倘若引文中的"道家精神"是指细密画中蕴涵的苏非神秘主义精神,此说尚可成立。

(1370—1505)和萨法维王朝(1502—1735)前期,也就是十四、十五、十六世纪达到巅峰,诞生了伊朗历史上最杰出的细密画艺术家贝赫扎德(1450—1531)。这时,中国绘画艺术、佛教艺术和拜占廷艺术的影响已经完全融化在细密画自身的特点之中,细密画已成为与中国绘画和欧洲绘画完全不同的艺术门类,成为西亚地区绘画艺术的杰出代表,尤其是反对绘制人物和动物的伊斯兰艺术中的一朵奇葩。细密画的黄金时代一直持续到十六世纪末,产生了一大批细密画大师,除贝赫扎德外,还有祝奈德(生活于十四世纪下半叶)、苏尔丹·穆罕默德(生活于十六世纪上半叶)、米尔扎·阿里(生活于十六世纪中叶)、米尔·赛义德·阿里(生活于十六世纪中叶)、莫扎法尔·阿里(死于1576)等。把贝赫扎德、祝奈德跟与其差不多同时代的欧洲著名画家乔托、波提切利相比,毫不逊色。

也正是在这个时期,波斯细密画艺术相继传入奥斯曼土耳其帝国、印度莫卧尔王朝和阿拉伯地区。这三个地方中,细密画在奥斯曼帝国最兴盛,其次是印度,阿拉伯地区虽然没有到达兴盛繁荣的程度,但也有细密画存在。这主要是因为阿拉伯地区是传统且正统伊斯兰教地区,而伊斯兰教禁止具象绘画艺术,我们将在后面讲到这一点。另外,也与阿拉伯地区在阿拔斯王朝被蒙古大军灭亡之后,一直没有形成一个强大的王朝有关,因为细密画艺术与帝王文明密切相关。十五世纪末波斯细密画艺术传入奥斯曼帝国,在奥斯曼帝国兴盛了一百年。到十六世纪末

(1591),也就是帕慕克的小说《我的名字叫红》的故事发生的时代,奥斯曼帝国的苏丹陛下要制作一本纪念伊斯兰教诞生一千年的画册,整个小说的故事就是以此为基点而展开的。

十七世纪,在欧洲文艺复兴以来的绘画艺术的强大冲击下,传入其他地区(尤其是毗邻欧洲的奥斯曼帝国)的细密画艺术开始凋零。在帕慕克的小说《我的名字叫红》中作为细密画对立面的"法兰克画派"就是指以意大利为代表的文艺复兴以来的绘画艺术。然而,在伊朗,尽管欧洲油画艺术对细密画的影响日盛,但与中国国画一样,细密画作为一门独立的绘画艺术一直延续至今。

二、波斯细密画自身的道统

细密画在吸取东西方绘画艺术的长处的同时,立足于本民族的宗教文化。细密画是一种书籍插图艺术,主要是作为文学作品和历史著作的插图。细密画艺术大概是世界上与书籍结合最为紧密的绘画艺术,主要是对书籍所叙述的故事情节给予视觉的审美展现。在古代,细密画从来不作为悬挂的图画,这与其书籍插图身份相关,也与伊斯兰教禁止偶像崇拜相关。现当代,随着人们思想的开放,镶上画框用于悬挂欣赏的细密画在伊朗随处可见,但悬挂的细密画与作为插图艺术的细密画在精美程度上无法相比,而画在首饰盒、箱子、柜子上的细密画则完全就是一种"匠画",在艺术性上没有可比性。在波斯,插图艺术的传统十分久远,其最早渊源可以上溯到伊朗伊斯兰化前萨珊王朝(224—651)时期产生于公元三世纪的摩尼教。摩尼教创始人摩尼本身即是一位杰出的画家,在现今的伊朗,摩尼更多的是作为一位杰出画家而非摩尼教创始人的身份而被大家提起和纪念。摩尼在写下其摩尼教的经书之后,又以画家的身份给经书作插图,以图画方式诠释其教义,该经书画册名《阿达罕》,在摩尼教徒中具有权威地位。后来,摩尼教徒们继承了摩尼给经书作插图的方式,给所刊行的经书皆作插图,并且以鲜艳眩目的色彩、尤其是用金箔作为颜料来绘制经书的插图,以此体现经书的崇高。据伊朗史料记载,摩尼教被镇压后,教徒们手中的经书被收集起来,集中焚毁,灰烬中积淀有约500克黄金。摩尼教经书插图的金碧辉煌程度由此可见一斑。在波斯,插图艺术作为一种传统曾经长期存在。伊朗伊斯兰化后,由于伊斯兰教禁止具象绘画,这种传统虽然一度消失,但一旦有了合适的气候环境和条件,就很快重新发展起来。

波斯细密画在两个方面秉承了摩尼教绘画艺术的道统:一是波斯细密画主要用于经典著作的插图;二是细密画承继了摩尼教绘画艺术以鲜艳眩目的色彩和大量使用金箔来体现崇高的道统,以"崇高"为准则,集自然界中所有的色彩美为一体,整个画面光彩夺目,金碧辉煌,呈现出一种幻想的升华的崇高美。细密画将色彩运用上的"崇高原则"与苏非神秘主义哲学密切

蕾莉与马杰农同窗共读

融合,这一点我们将在后面细说。

波斯细密画作为插图艺术完全是秉承了摩尼教绘画艺术的道统,波斯细密画主要用于经典著作的插图,只是这种经典不再是宗教经典(因为伊斯兰教的经典《古兰经》是被禁止绘图的),而主要是文学经典,再现经典文学作品中的经典故事和经典场景。波斯的经典文学作品,如菲尔多西的《列王纪》、莫拉维(鲁米)的《玛斯纳维》、内扎米的《五部诗》、萨迪的《蔷薇园》和《果园》、哈菲兹的《抒情诗集》、贾米的《七宝座》等,在历史的长河中,被各个时代的细密画画家们不知反复画了多少次。所以,又可以说,细密画艺术中蕴涵了一部波斯文学史,每一幅画都是一个文学故事,倘若不熟悉波斯文学,不了解这些故事的内容,就很难弄清楚这种绘画艺术与文学艺术完全交融为一体之后,这其中所承载的波斯文化传统。我很佩服帕慕克,为写《我的名字叫红》这部小说进行六年的准备工作,没有一种敬业精神是不行的。比如,小说第75页写到的一段:"这位大师总是描绘法尔哈德对席琳的痛苦爱恋,或者雷莉与马杰农之间爱慕渴望的目光交会,或者是霍斯陆与席琳在传说中的天堂花园里意味深长且暧昧的四目交投。"[1]这三句话就有三个波斯文学中的经典故事。这部小说涉及太多的波斯文学典故,这不是本文欲讲述的内容,只是要知道细密画主要是人物情节故

---

[1] 奥尔罕·帕慕克:《我的名字叫红》,沈志兴译,世纪出版集团上海人民出版社2006年版。以下同。

事画。

三、细密画的伊斯兰合法性

细密画的伊斯兰合法性问题是本文欲讲述的重心,这是在《我的名字叫红》中与欧洲绘画艺术产生冲突并结构全书的关键所在,也是波斯细密画虽然是在中国绘画艺术影响下产生的,但最终发展为与中国画完全不同的一种绘画艺术门类的关键原因。

波斯细密画兴起于蒙古人统治伊朗的伊儿汗王朝时期,这时的伊朗已经完全伊斯兰化,并且同化了统治者。从合赞汗(1295—1304在位)开始,统治伊朗的蒙古人皈依伊斯兰教。然而,伊斯兰教是彻底的一神教,禁止偶像崇拜,清真图案都是植物花卉纹饰,没有动物和人物。在波斯细密画产生之前,画家和绘画艺术由于被视为偶像崇拜而受到遏制。而以人物活动题材为主的波斯细密画之所以能够为伊斯兰文化所接受,并最终成为伊斯兰艺术的一朵奇葩,与细密画所蕴涵的深刻的伊斯兰苏非神秘主义哲学密切相关。

细密画兴起的时期正是伊斯兰教中的苏非神秘主义在伊朗盛行的时期。苏非神秘主义从十一世纪开始,逐渐成为伊朗社会的主导思想,并对其政治、宗教、哲学、文学产生了深刻的影响。苏非神秘主义的核心是主张"人主合一",即人可以通过自我修行滤净自身的心性,在寂灭中获得个体精神与绝对精神(真主安拉)的合一,以此获得个体精神在绝对精神中的永存。苏非神秘主义作为当时伊朗社会的主导思想,对伊朗文化产生了非常深远的影响,并成为一种文化积淀渗透到伊朗人精神生活的各个方面,起着潜移默化的作用,就如同儒道释对中国文化和文人根深蒂固的影响一样。而波斯细密画正是借由苏非神秘主义的途径,获得了伊斯兰的合法性。我们从以下四方面来谈这个问题。

(一) 细密画的空间观念

细密画在兴起之初就处于东西两大强势绘画艺术的影响之下,然而伊朗文化的顽强性使这种影响仅局限在技法上。在绘画观念和理论上,伊朗艺术家倾注的完全是伊朗自身的宗教文化精神。在空间观念上,细密画完全不同于欧洲绘画和中国绘画。(由于细密画的黄金时代正值欧洲文艺复兴时期,因此这里把细密画同欧洲文艺复兴以来的绘画相比较,而不是与中世纪的拜占廷艺术相比较。)

欧洲画家重视研究三度空间,他们采取的是立体透视法,表现的是被画物体纵、横、高的立体效果,很有形象的表现力。欧洲画家的立体透视法主要包括三种画法:一是几何学透视法,即在一幅画上只能有一个焦点,不能随意移动;二是光影透视法,即根据物体受光的明暗阴阳,烘染出立体空间;三是空气透视法,即地面山川因空气的浓淡阴晴和色调的变化显示出远近距离。[1]可以说,欧洲绘画犹如一台精密的科学仪器,不差分毫,而欧洲画家也几乎可以说是以科学的精密严谨的态度来作画的。(当然,这里指的是传统画派,不是指现代派绘画艺术。)

中国画的空间表现法与欧洲绘画不同。第一,中国画采用的是散点透视,而不是定点透视,即一幅画中有几个焦点,而不是一个固定的焦点。在中国画中有三远:自山下而仰山巅,谓之高远;自山前而窥山后,谓之深远;自近山而望远山,谓之平远。[2]这说明画家的视线是流动的,不是固定在一处不变的。第二,中国画中没有光影透视法,不画光与影。所以中国画一般不表现立体空间。第三,中国画中有空气透视法,由此表现出山川等被画物体的远近。

波斯细密画的独特就独特在它以上三法全无。第一,画家的视点是流动的,有多个焦点。画家画某处就把焦点落在某处,因此远处的人和物与近处的人和物一样大,墙里和墙外的被画物处在同一平面,外屋和里屋的人和物处在同一平面,因此常常给人一种错觉。细密画与中国画都不表现出立体空间,但中国画有远近之分,而且中国画一般不同时表现处于不同空间的事物,而细密画酷爱表现同时处于不同空间的事物,而且没有远近里外之分。因此,细密画比中国画更具平面色彩。贝赫扎德

---

[1] 郑重:《美术欣赏》,四川人民出版社1986年版,第21—22页。
[2] 杨大年:《中国历代画论采英》,河南人民出版社1986年版,第244页。

作于1489年的《优素福逃离佐列哈的情网》(萨迪《果园》插图,藏于埃及开罗国家图书馆)很具有代表性,画中宫殿的大门、围墙、场院、一楼的房间、楼梯、二楼的外屋,最后到达二楼的里屋的场景——优素福逃离佐列哈的情网,众多不同的空间全画在了同一平面上。第二,没有光影透视法,不画阴影,更不表现黑夜。贝赫扎德作于1485年的《园中苏非们的聚会》(《米尔·阿里希尔·纳瓦依长诗》插图,藏于牛津博德廉图书馆)中,众苏非身后的山坡上缀满繁花的树木明显大于位于画面前部的众苏非,我们从画顶端的一弯残月得知这次苏非们的聚会是在晚上,然而整个画面犹如白天一样清晰明亮。第三,无空气透视法,被画物体不因空气的浓淡阴晴而色调变化不同,因此远山的色调和近山的色调一样,没有远近之分。

据英国学者L.比尼恩的观点,"在西方艺术中,至少从文艺复兴以来,侧重点在于按照自然形态去认识景物。处于自然形态中的人物和景物看起来远处的要小一些,因此它们就一定要被画得小一些。"而细密画不分远近里外是因为波斯画家认为"乞灵于自然是不妥当的。艺术之所以被称为艺术,恰恰就在于它不是自然"。由此,L.比尼恩得出结论,细密画的空间表现和拒绝阴影是一种"受孩子的本能所支配的画法"[①]。

笔者认为L.比尼恩的观点是完全错误的。诚然,我们在儿

---

① 〔英〕L.比尼恩:《亚洲艺术中人的精神》,孙乃修译,辽宁人民出版社1988年版,第79–80页。

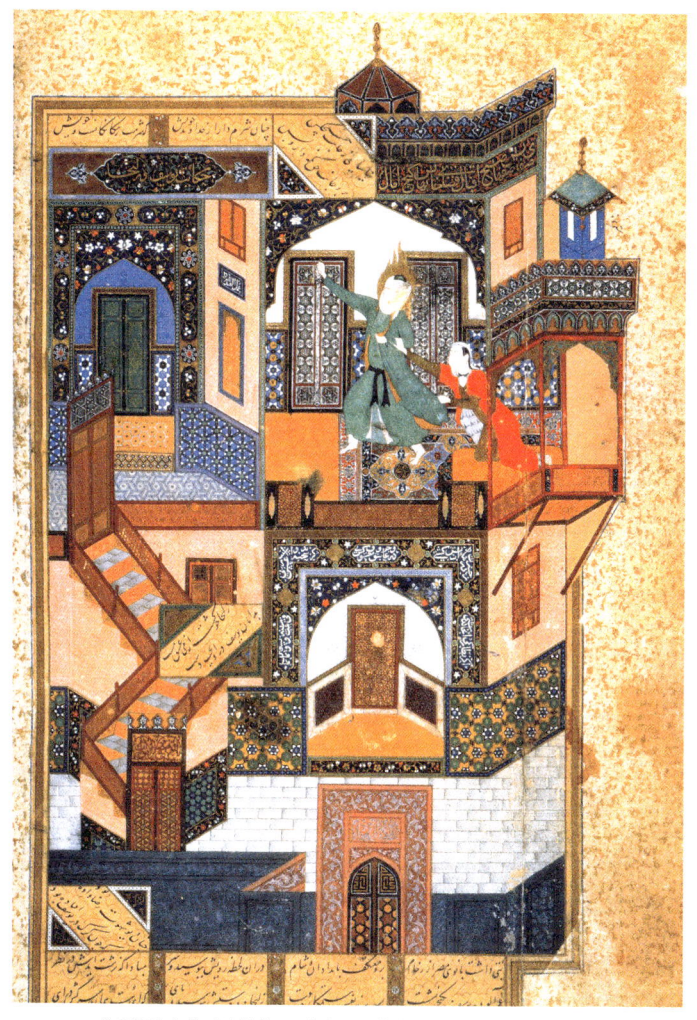

优素福逃离佐列哈的情网,众多不同的空间被画在了同一平面,呈纵剖面图

童画中常常看到远处与近处的花一样大,屋里屋外处在同一平面。但这只是表面的相似。一个心智成熟的画家是不可能以一个孩子的认识观去看待世界的。画家的认识观是由他生活于其中的社会意识形态所决定的。正如丹纳所说:"要了解一件艺术品,一个艺术家,一群艺术家,必须正确地设想他们所属的时代精神和风俗概况。这是艺术品最后的解释,也是决定一切的基本原因。"①

细密画兴起的时代正是苏非神秘主义的鼎盛时期。在认识观上,苏非神秘主义认为,肉眼是人认识真主(即绝对真理)的幕障,肉眼所看到的东西是幻。正如苏非神秘主义思想家莫拉维(即鲁米,1207—1273)所说:"那从空无中诞生的肉眼凡胎,总把存在之本质看作不存在","人们那只见七色光的肉眼,无法从这帷幕后把灵魂看见。"②

这样一种意识形态和精神环境必然作用于画家的认识观。实际上,恰恰相反,从苏非神秘主义的认识观来说,细密画画的才是真正的自然形态。苏非神秘主义认为人的肉眼是人认识真主(即绝对真理)的幕障,肉眼所看到的东西是幻,并不是真正的真实(即真理),真理必须用心灵之眼去认识。因此,细密画画家是用心灵之眼去描绘事物的本来面目,而非肉眼所见的事

---

① 丹纳:《艺术哲学》,傅雷译,广西师范大学出版社 2000 年版,第 41 页。
② 莫拉维(鲁米):《玛斯纳维全集》,穆宏燕等译,湖南文艺出版社 2002 年版,第六卷 828、1042 联。

击马球图，山上山下的人物同等大小

物。这主要表现为细密画的视觉焦点是流动的,画家画某处,焦点就落在某处,没有远近大小里外之分。因为,现实中远处的花与近处的花本来就是一样的大,色彩是一样的鲜艳美丽,只是因为肉眼的缘故错使它们"看起来"不一样大、不一样美丽;外屋的人在做这件事的同时,里屋的人在做那件事,不应该因为肉眼看不到就不去表现;山体屏蔽的只是人的肉眼,却屏蔽不了人的心灵之眼,因此在细密画中山后的人物与山前的人物活动一样一清二楚,大小比例相当;同样,人的美貌、衣着的华丽、世间的美景并不因夜色遮蔽而消失,是本来就存在的,只是肉眼受夜色遮蔽看不见而已,因此细密画拒绝表现黑夜,细密画中夜晚的人物永远如白天一样鲜艳;细密画也拒绝表现阴影,因为在苏非神秘主义中,光是绝对的,真主就是终极之光,所有的黑暗与阴影都是背光的结果,皆是虚幻。因此,细密画从不表现黑夜和阴影,夜色中的人物景色永远如白天一样鲜艳,只有画面顶端的一弯月亮表明夜晚。这种心灵之眼,被称为"悟眼"。细密画描绘的正是人的心灵之眼觉悟到的客观世界的本来面目,直逼事物的本真。人的这种觉悟被认为是真主在先天就赋予人的,只是被后天尘世的纷扰所蒙蔽。后天的人以肉眼所见为实,便将心灵之眼觉悟到的本真认作是人的想象。

这才是细密画空间认识观的秘密之根本所在。L.比尼恩先入为主地把欧洲绘画中"眼中的自然"认作是自然本身,从而认为细密画描绘的"不是自然",这无疑是西方学者以欧洲绘画为

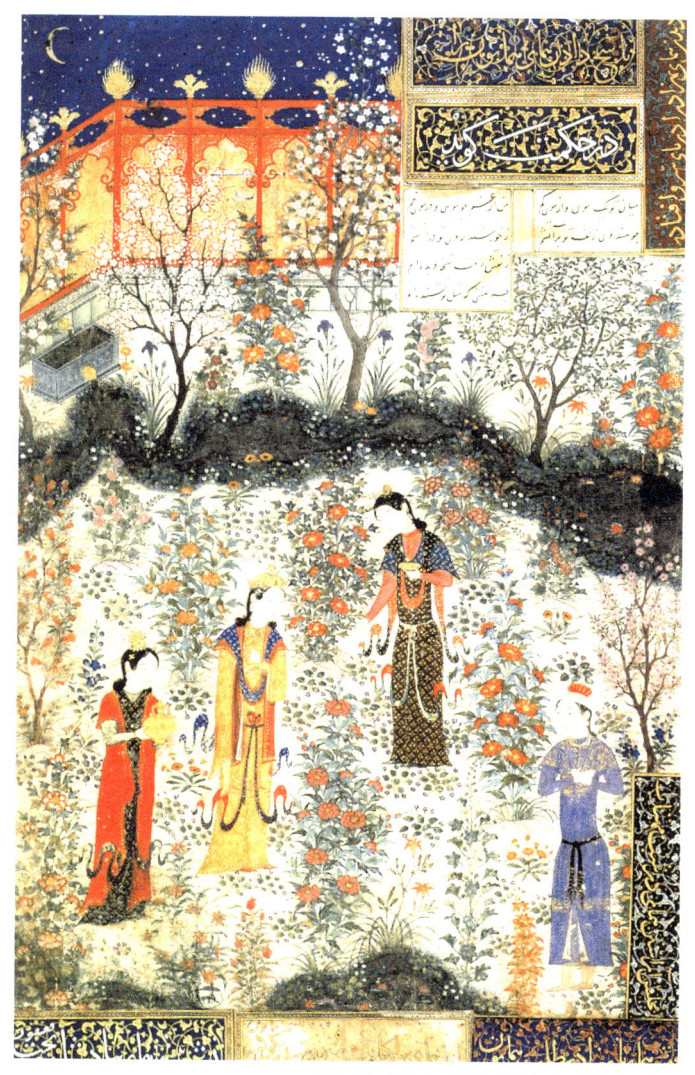

胡玛依与胡马雍夜间在花园幽会,拒绝表现夜色

写实正宗的傲慢心理的反映,同时也说明对伊朗的宗教文化缺乏了解。其实,儿童描绘的就是本来的真实,但这是一种低层次的直观认识,而细密画艺术家的认识是基于哲学层面上的认识。因此,L.比尼恩看到的只是相似的表面,没有看到问题的实质。

(二) 细密画的普遍性与共性特征

在对画中人物景物的描绘上,细密画着重被画对象的普遍性和共性而不是特殊性和个性。这是因为人的肉眼只能看见个性和特殊性,看不见共性和普遍性。人的肉眼看不见"马"也看不见"人",看见的只能是某匹具体的马、某个具体的人。人对普遍性和共性的认识是从众多个性和特殊性中概括出来的一种"类别",是人的心灵觉悟到这种普遍性和共性而后赋之于自己的认识。苏非神秘主义认为,这种悟性来自真主先天的赋予,共性和普遍性只属于真主,只有造物主真主才能看见。在真主的眼中,所有的人、物都是一样的。苏非神秘主义认为这种普遍性或曰概念性正是真主创世的"蓝本",而人的记忆是真主先天赋予人的一种悟性,被后天尘世的纷扰所蒙蔽。一位细密画画家在经过长期反复的训练之后,其先天的记忆被唤醒,觉悟到最具普遍意义的图像,这便是心灵的觉悟。细密画呈现的即是这种被唤醒的先天记忆,它是以"悟眼"从真主安拉的角度去呈现安拉的创世"蓝本"。尽管在人的肉眼看来,人、物每个都有自己的个体特征,彼此不相同,但为真主服务的细密画画家从来不会面对现实中某匹具体的马或某个具体的人去画"这一匹马"、"这一个人",而是把马或人的共性特征融会于心,画出的马的确是"马",但又不是现实中的任何一匹具体的马;画出的人物的确是"人",但又不是现实中任何一个具体的人,从而避免了陷入偶像崇拜和个人崇拜的异端中,避免了伊斯兰教最反对的东西。正如小说《我的名字叫红》第10章《我是一棵树》最后说:"我不想成为一棵树本身,而想成为它的意义。"这里"意义"一词即是指普遍性或共性。细密画艺术反对通过对具体事物的仔细观察来作画,也正是基于这样的哲学宗旨。

这一点也与中国画不同,中国画虽然不讲究逼真,但讲究神似。按照我的理解,所谓神似恰恰画的是个性特征。就以画人物来说,神似是抓住具体某个人最区别于其他人的根本性特征,勾勒出来,让我们觉得像某某人,所以我们才说神似某某人。而波斯细密画完全是画共性,所以完全程式化,画中所有的人大同小异,所有的马都千篇一律,完全概念化。

只画人物的普遍性与共性使得细密画成为一种高度程式化的绘画艺术,前辈大师所绘的题材、形式和技巧皆是后辈学徒亦步亦趋摹仿的典范,后辈学徒一般不敢逾矩,除非他的才能足以使他自己成为公认的大师。这种程式化的方式使得所有的画都千篇一律,大同小异,还能体现出美感来吗?答案是肯定的。当一种程式化成为一种经典就具有了其特殊的美感,最突出的例子就是中国的京剧。京剧艺术完全是程式化的,其唱腔,一招一式,脸谱等完全程式化和概念化,但京剧的美感特征我想是大家都公认的。细密画从某个方面说,真的有些像京剧,波斯文学作品中的经典故事、经典场景,不知被各个时代的细密画画家反反复复画了多少次,大家都眼熟能详,但依然是看得如痴如醉,这就犹如京剧中的折子戏,这些折子戏的故事情节、唱词、唱腔都为观众耳熟能详,一清二楚,依然还是那样让人百听不厌。细密画正是在高度程式化中体现出自身独特的美学价值。

因此,细密画在对人物的描绘上,完全是概念化的,没有人物的个体特征。而国内有些学者对此完全不了解,想当然地信口开河。比如范梦在《东方美术史话》中以细密画《霍斯陆窥见席琳在湖中沐浴》为例,说:"画面中两人眼神对应产生的情感交流以及对女性人体的着意描绘,产生了相当的性魅力,这对那些生活单调乏味而又无忧无虑的宫廷贵族必然产生很大的吸引力。像这种表现宫廷糜烂生活的'偷看'镜头,在细密画中还真不少。"[1]这完全是用欧洲绘画中的人体画的艺术特征来描述细密画,十分错误。细密画作为一种伊斯兰文化的艺术,根本不可能有对人体的着意的描绘。笔者不知范梦先生看的是哪位画家的插图,因为原书未提及。笔者仔细观看过多位细密画画

---

[1] 范梦:《东方美术史话》,中国青年出版社 1996 年版,第 153 页。

家的不同的《霍斯陆窥见席琳在湖中沐浴》图,并未感到有哪位画家在着意描绘女性人体,对裸体沐浴的席琳的描绘是十分概念化的,与西方艺术中的人体描绘迥异。

(三)细密画的色彩运用原则

细密画与欧洲绘画和中国绘画的区别还表现在色彩运用上。欧洲绘画十分重视色彩,可以说色彩是欧洲绘画的精髓。欧洲绘画中人物的性格、情感、情绪、物体的性质都是通过色彩表现出来的,色彩一般比较浓烈,质感强。欧洲绘画的发展变化、各个画派的特点,以及与其他画派的区别都主要表现在色彩和光的运用上。欧洲绘画十分善于利用色彩的渐变来表现不同的光照。

中国画不太强调色彩,清朝画家笪重光说:"丹青竞胜,反失山水之真容。"[1]邹一桂也说:"设色宜轻而不宜重,重则沁滞而不灵,胶粘而不泽。"[2]这说明中国画不喜重彩浓妆,喜好冷静素淡的色调。但就其色彩的运用来说与欧洲绘画相似,有色彩的渐变、递减或递增的过程。但中国画又不似欧洲绘画那样强调色彩的变化。

细密画的欣赏价值除了笔法的精细之外,还体现在色彩

---

[1] 杨大年:《中国历代画论采英》,河南人民出版社 1986 年版,第 281 页。
[2] 杨大年:《中国历代画论采英》,河南人民出版社 1986 年版,第 284 页。

霍斯陆看见月光下沐浴的席琳

上。倘若说，细密画在笔法上更多地受到中国工笔画的影响，那么在色彩运用上则更多吸取了欧洲绘画色彩浓烈的特点。但细密画在色彩表现上又与欧洲绘画有很大的不同。欧洲绘画强调的是色彩的变化，而细密画则几乎没有色彩的变化，它强调的是色彩的鲜艳、和谐、悦目。在细密画中几乎没有过渡色，色彩总是一刀切，没有次变递增或递减的过程，是大红就统一地都是大红，是深绿就统一地都是深绿。中国画以冷静浅淡的色调表现一种哲思，欧洲绘画以色彩表现被画物的质感，细密画不以色彩表现质感，而是给人一个斑斓色彩的世界。

在色彩运用上，细密画遵循"崇高原则"，认为"崇高高于显而易见的真实"[1]。这个"显而易见"是指肉眼所能一目了然的现实世界中的东西。认为崇高高于人的肉眼所见的真实，肉眼所见的真实并非真正的真实，肉眼看不到的颜色，并不能说就不存在。细密画画的是真主眼中的世界，在真主的眼中，什么颜色都可能存在。这个信条使细密画艺术家打破了自然界颜色的局限，集自然界中所有的色彩美为一体，以鲜艳亮丽的色彩和大量使用金箔来造成一种异乎寻常的刺激，让人在目眩神迷中，产生崇高神圣之感。因此，我们在细密画中可以看到赤橙黄绿青蓝紫的各色马儿、山丘或天空，整个画面精美绝伦，呈现出一种幻想的美、升华的美。这里说"幻想的美"完全是从我们的肉

---

[1]《幻想的花园——伊朗细密画七百年》（波斯文），第3页。

霍斯陆窥见席琳在湖中沐浴

眼感知来说的。而对于细密画画家来说,并非幻想,而是一种真正的真实,因为对于细密画画家来说,颜色是被感知的,而不是被看见的,很多细密画大师在失明之后对色彩的领悟和运用往往胜于失明之前。一位细密画画家的失明,往往被认为是真主的恩赐,是进入到安拉的"高贵的夜间",其理论依据是《古兰经》第九七章《高贵》第3—4节经文:"那高贵的夜间,胜过一千个月,众天神和精神,奉他们的主的命令,为一切事务而在那夜间降临。"[1]

帕慕克在小说《我的名字叫红》中《红》这一章,详细地描述了"红"这种颜色被盲人画家如何感知:"如果我们用手指触摸,它感觉起来会像是铁和黄铜之间的东西。如果我们用手掌紧握,它则会发烫。如果我们品尝它,它就会像腌肉一般厚而细腻。如果我们用嘴唇轻抿,它将会充满我们的嘴。如果我们嗅闻它,它的气味会像马。如果说它闻起来像是一朵花,那它就会像雏菊,而不是红玫瑰。"(第228页)这真是写得太精彩了。因此,针对蓝色的马、绿色的天空或紫色的山丘,人的肉眼会说,自然界中没有这种情况。细密画画家们的反驳是:人为了否定真主的存在,就说看不见真主。在真主的世界里,任何颜色的东西都会存在。小说《我的名字叫红》的主人公之一姨夫在被凶手杀害后,灵魂升空,看到了一个只有在细密画中才有的色彩斑斓的

---

[1]《古兰经》,马坚译,中国社会科学出版社1996年版。

世界,看到了蓝色的马,人们相信真主的世界就是如此色彩斑斓、亮丽崇高,那里永远没有黑夜,因此,细密画中的夜色永远如白天一样鲜艳明亮。由此,细密画在色彩运用上也获得了伊斯兰的合法性。

细密画的色彩运用方式从伊朗自身的民族文化传统来说,也是承继了摩尼教绘画艺术以鲜艳眩目的色彩和大量使用金箔来体现崇高的道统。我们前面讲到摩尼教绘画艺术以鲜艳眩目的色彩,尤其是用金箔作为颜料来绘制经书的插图,以此体现经书的崇高。细密画也大量使用金箔,小说《我的名字叫红》开篇被杀害的就是一位细密画镀金师。

细密画主要是为文学作品作插图,不论是文学作品中的世俗题材还是宗教题材,作为插图的细密画都被要求表现崇高。对于宗教题材的作品来说,也只有鲜艳眩目的色彩才能表现出崇高的宗教之美,而只有崇高才能唤起人们热烈的向往之情,才能产生神圣之感。"崇高原则"使细密画把色彩的审美作用推到了极致,让人在目眩神迷中,产生崇高神圣之感。细密画除了描绘先知们或苏非长老们的故事的作品之外,还有很多表现爱情的作品。这种爱情在文学作品中往往宣扬的是苏非神秘主义的"神爱"。其理论依据是《古兰经》第五章《筵席》第119节经文:"真主喜悦他们,他们也喜悦他。"苏非神秘主义以对真主的神爱为通向真主的重要途径:人在对真主的爱恋中,净化灵魂和心性,使爱、爱者与被爱者达至"人主合一"的至境。苏非文学

优素福放羊，蓝色的马

作品充满爱的激情,作为其插图的细密画也必须要表现出爱的激情,而只有鲜艳明亮的色调才能表现出这种激情。苏菲神秘主义本是一种出世的宗教哲学,而细密画对它的表现却是最具世俗情爱意味的男女相爱的图画。可以说,细密画明确地以世俗之爱去喻示神圣崇高的神爱,通过世俗欲望的理想化,达到宗教的神圣、神秘和崇高。这一点在《哈菲兹诗集》的细密画插图中表现得尤为明显。哈菲兹的情诗及其细密画插图,可以说在很大程度上是借助世俗的爱情表现宗教的虔诚,烘托出神爱的崇高。对伊朗苏菲神秘主义文化缺乏了解的人,对这类爱情作品往往简单地望图生义,单纯地理解为表现世俗男女"谈情说爱"或表现"宫廷糜烂生活"的香艳之作。这无疑是轻看甚至错看了伊朗细密画的欣赏价值及其所蕴藏的文化内涵。

对于世俗题材来说,"崇高原则"与细密画是作为一种宫廷艺术的背景相关。细密画是一种宫廷艺术,所有的细密画家都依附于宫廷,或寄身于国王苏丹们的宫廷画坊,或寄身于王子王公们的画坊。《我的名字叫红》中也讲到了所有的细密画画师都是依附于宫廷,直接为苏丹陛下服务。当时,新的君主登基,都会为自己做一些树碑立传的书籍图册。有的新君主甚至把以前书籍中的杰出插图作品,拆卸下来,装订在为自己树碑立传的书籍中。《我的名字叫红》中也讲到了相对于文字书籍来说,细密画是不朽的,就主要是从这个角度来讲的。作为一种宫廷艺术,细密画要求直接为统治者服务,为统治者歌功颂德,因此画面必须富丽堂皇,以烘托出统治者的威严和尊贵。

另一方面,古波斯帝国的辉煌一直是伊朗人民心中的骄傲和自豪,歌颂波斯古代帝王的文学作品,比如菲尔多西的《列王纪》,成为人们争相传阅的经典,反复被不同的画家绘制插图。波斯帝国的辉煌无疑也是一种"崇高"。淡雅的色彩烘托不出"崇高",只有斑斓艳丽的色彩才能烘托出波斯帝国一代文明古国的富足与奢华、波斯帝王们的赫赫战功和豪华的宫廷生活。冷静的色调适合表现画家的幽思和哲思,而鲜艳的色调适合表现烈烈扬扬的生命意志。因此,红色是细密画最主要的颜色,红色是色彩中最热烈最厚重也是最艳丽的颜色。金色主要用于烘托整个画面的富丽堂皇。

细密画一般没有颜色由浅入深的渐变,因为渐变的颜色显得轻佻,不庄重,而不变的颜色显得凝重有厚度,才能彰显出崇高神圣。并且,颜色的渐变是因光影强弱变化所致,拒绝表现阴影和黑暗、以绝对光明为宗旨的细密画没有颜色渐变的立足空间。小说《我的名字叫红》在《红》这一章也讲到:"法兰克大师选择各种浓淡的红色,用来画各种普通的剑伤,……他们这种方法,大师们不但视之为粗鄙,更嗤之以鼻。只有软弱无知而犹疑的细密画画家才会使用不同的红色调来描绘一件红色长衫。"(第228页)可以说,"崇高原则"使细密画把色彩的审美作用推到了极致,让人在目眩神迷中,产生崇高神圣之感。

因此,细密画大多是以人物故事为主题,但并不着意表现人物肖像,而是以人物的活动为核心,着意表现一种宏大的场面。欧洲绘画中人物以形似取胜,中国画中人物以神似取胜,而细密画则以人物活动的整个场景取胜。细密画正是以整体的宏大、细节的精繁细致和色彩的鲜艳亮丽来造成一种异乎寻常的视觉刺激和审美感受。

(四)细密画画家本身的伊斯兰合法性

在细密画产生之前,在伊斯兰世界,画家一直被视为偶像崇拜者。如前所述,波斯细密画在技法上受中国工笔画的影响很深,但其精细的程度青出于蓝而胜于蓝,到了无以复加、叹为观止的地步。一位杰出的细密画大师在长年累月的精耕细作之后,因用眼过度往往失明,这被认为是真主的恩赐。细密画是画家对真主眼中的世界之美的追寻,那么画家要获得真主的视角眼光,就必须泯灭自己肉眼的视觉。前面讲到了,苏非神秘主义认为肉眼是人认识真理的幕障,肉眼所看到的东西是幻,真理只能用心灵之眼去觉悟。一位细密画大师在失明之后画出的作品,往往胜过其失明之前的作品,因为他已经超脱了肉眼的纷扰,达到了心灵的至境,完全凭着记忆去画。这种记忆被认为是真主先天赋予人而又被后天所蒙蔽,细密画大师经过长年的修炼,重新获得了这种记忆。一位杰出的细密画大师在自己的绘画中沉浸于真主的视角,长年的聚精会神,使画家本人的个体精神渐渐消融在了其心灵所觉悟到的绝对精神之中,进入一种寂灭状态,这时会获得一种时间停滞的永恒感。小说《我的名字叫红》有多处谈到了关于沉浸在细密画中能让时间永驻这种体验。因此,苏非神秘主义所宣扬的"人主合一"至境被细密画画家所实践。从而,之前被视为偶像崇拜者的画家借由细密画创作过程中的"人主合一"状态获得了自己伊斯兰的合法性。当一个人完全沉浸在主观心灵中,是会体悟到时间停滞的永恒感,这真的是一种神秘主义的体验。唯物主义者一般体会不到也不相信这种状态的存在。但实际上,这种状态在我们的日常生活中都存在。比如,当你专心致志地做某一件事情时,你会感觉不到时间的流逝,当你从专心致志的状态中脱离出来,你才会感觉到时间的流逝,往往会脱口而出:哟,天都黑了!或:哟,天都亮了。因此,当你处在一种专心致志的状态中,时间对于你来说是停滞的。倘若长期处在这种状态中,那就是细密画画家们所体悟到的时间停滞的永恒感。

那么,欧洲绘画能否带给画家时间停滞的感觉呢?不能。因为欧洲绘画采用透视法,格外注重光与影的效果。画家时刻关注光与影的变化,因此画家在画画时,是时时刻刻感觉到时间在流逝的。欧洲著名的印象派画家莫奈就是喜欢专门画某个时间段的景色,比如画上午十点到十半时的景色,过了十点半就不画了,第二天十点再来接着画。因为,过了十点半,在画家眼中光与影发生了很大的变化。这也是《我的名字叫红》最后所说的,法兰克画家"永远停不住时间"(第500页)。

再从绘画视角来说,细密画是一种从高空往下看的俯瞰视角。《我的名字叫红》第13章讲到,伊斯兰世界最著名的书法家伊本·沙奇尔在清真寺高高的宣礼塔上目睹了蒙古军队在巴格达烧杀抢掠、焚毁书籍的暴行,决心把蒙古军队的暴行画出来,由此开创了细密画艺术。但这只是一个传说。其实,细密画的俯视视角在伊儿汗王朝早期的细密画中并不突出,后期才开始逐渐凸显出来。在帖木儿王朝时期,随着苏非神秘主义的极度兴盛,细密画的艺术哲学观被纳入苏非神秘主义的范畴,生活于伊儿汗王朝与帖木儿王朝之交时期的著名细密画大师祝奈德的画作已经具有成熟的俯视视角。之后,以贝赫扎德为代表的"赫拉特画派"强化了细密画的真主全知式的俯视视角,才使之成为细密画最主要的特征之一。俯视视角的哲学基础:一是从真主安拉全知的观望视角出发,这是神的视角,洞悉世间的一切。真主是全知全能的,在真主的眼中,没有夜色,远处的人、物与近处的人、物没有大小的差异,山后的人、物不会被山体所屏蔽,房屋建筑也挡不住真主全知的眼睛,因此在细密画中,房屋建筑犹如被刀从中剖开,里面的人物活动一清二楚,比如《我的名字叫红》中黑说:"要是能像细密画那样,把房子用刀子切成两半,我就能看到谢库瑞到底是在哪一扇百叶窗后。"(第147页)这也是本文前面所述细密画特殊的空间表现观所承载的宗教哲学内涵。二是从人的认识观出发,苏非神秘主义认为肉眼是人认识绝对真理的幕障,只有人的心灵之眼,即悟眼,才能认识到绝对真理,才能认识到人世间的本来面目。细密画画家作为真主的仆人,履行真主的使命,为真主服务,以心灵之眼把真主眼中的事物呈现出来。因此,细密画画家以心灵之眼与安拉的全知视角融为一体,这正是苏菲神秘主义理论的核心"人主合一"的境界。在这一至境中,个体精神消融在绝对精神中,以此获得个体精神的永存。由此,细密画画家借由真主安拉洞悉世间一切的俯视视角,以及苏菲神秘主义的"人主合一"学说,从绘画视角上获得了伊斯兰合法性。需要说明的是,细密画的三大特征(俯视、纵剖面、焦点流动——从地平线往上推移,最终抵达真主)不一定同时出现在同一幅画中,俯视视角也并不是细密画一诞生就有的,而是在发展过程中不断被强化的结果。

尽管细密画在以上几方面获得了伊斯兰的合法性,但依然是对人物和动物的呈现,因此虔诚的宗教徒仍视之为异端,或者至少是对真主的不敬。因此,我们在小说《我的名字叫红》中看到正统教徒对细密画画家的攻击。

四、细密画的个人风格

在《我的名字叫红》这本小说中,很多故事和情节都涉及到细密画画家的个人风格问题。我们前面讲了,细密画注重所画人、物的普遍性,绘画本身具有浓厚的程式化特征,因此,任何的创新、个人风格和签名都被视为异端。因为画家的创新与个人风格意味着擅自篡改真主眼中的景象,意味着凸显自己的创造力,把自己提到"创造者"的高度,这是对造物主真主的僭越。而签名则是把真主创造的美窃为自己所有,更是一种大逆不道。另一方面,人又绝对无法僭越真主,因此所谓的创新与风格实际上是使真主完美的造物变得不完美,出现瑕疵,因而创新与风格体现出的是人的缺陷。这就是小说中所讲的个人风格与瑕疵的问题。然而,从另一个角度来说,细密画画家严格按照真主的视角来画,不正是把自己置于真主的地位吗?不正是表明"真主能做的我也能做"吗?不正是对真主的独一性和"创造者"地位的挑战吗?这是奥尔罕·帕慕克在《我的名字叫红》第35章中借由一匹马的口吻指出的细密画的哲学悖论。其实,这样的哲学悖论在苏非神秘主义那里并不存在。因为,细密画画家在作画时是处在一种"人主合一"的状态,画家的个体精神泯灭在绝对精神中,其实质仍是真主的独一,没有画家个体精神的存在就没有二元的存在,也就不存在画家对真主的僭越。

在程式化和概念化这一大前提下,细密画是不是就完全没有个人风格的存在呢?其实并非如此。其实,细密画技法往往带有画家自己显著的个人特征,也可以说是"瑕疵"。因此,小说中奥斯曼大师才可以分辨出一幅细密画中这匹马出自何人之手,那棵树又是哪位画师所画。若真的是完全的千篇一律、一模一样,如何能分辨?而《我的名字叫红》整部小说对凶杀案的推理,也是以画中的个人风格也就是所谓的"瑕疵"为依据来进行的。其实,当一种个人风格一旦为众人所接受,就成为后人模仿的典范,就不再是"瑕疵",而被认作是真主眼中本来的真实状态。

这又涉及到另一个很深的宗教哲学问题。这就是,任何宗教都是人创立的,神的意志是靠人去阐释的。所以,古代有先知、使者,现代有各种宗教神职人员,他们被人们视为神的意志的阐释者和代言人。因此,在细密画中,当一位杰出的细密画大师的个人风格被众人所接受,也就意味着他所阐释的神眼中的事物被众人接受,他就如先知使者一般或者如宗教神职人员一般成了神的意志的代言人。

细密画在高度程式化中的个人风格,也如同中国的京剧,京剧也是在高度程式化中某位大师的唱腔风格被大家所接受,就成为后人模仿的典范,比如京剧中有梅兰芳的"梅派唱腔",程砚秋的"程派唱腔"。细密画也是分流派的,影响较大的画派有赫拉特画派、大不里士画派、伽兹温画派、布哈拉画派、设拉子画派、伊斯法罕画派、奥斯曼画派、印度画派等。如果完全没有个人风格,就不可能有流派产生。

另一方面,作为一种宫廷艺术,细密画画家依附于王公贵族的宫廷画坊。由于每位君主或王公的审美趣味各不相同,因此各个画坊的风格会依其主人的审美趣味而各不相同。这也形成了细密画各种不同风格的流派。一般来说,细密画大师们是不会轻易更换画坊的,对自己所属画坊风格的坚守被视为细密画画家的一种操守。1510年底,伊朗萨法维王朝开国君主伊斯

天堂花园中的四目相投,俯视视角

玛仪一世攻陷赫拉特,赫拉特宫廷画坊总监、杰出的细密画大师贝赫扎德随其他细密画画家们一起被迫迁往新王朝的都城大不里士,虽仍担任新君主的宫廷画坊总监,但再未进行新的细密画创作。

五、细密画与欧洲绘画的冲突

这也是小说《我的名字叫红》的核心。细密画和画家承载了苏非神秘主义的"人主合一"的宗教哲学思想,而打破细密画"人主合一"这种寂灭状态的是欧洲绘画艺术。在哲学思想上,欧洲绘画艺术与细密画艺术完全对立:欧洲绘画以人的视角立场为本,画的是人的肉眼所见的事物,是局限性的;细密画以神的视角立场为本,画的是神眼中的景象,是全知式的。欧洲绘画着重人、物的个性特征,并且以透视法将这种个性特征描绘得十分逼真。在维护正统的细密画画家看来,把绘画从真主的崇高视角降为普通人肉眼的视角,在《我的名字叫红》中被贬低为"狗的视角",这是对绘画艺术的亵渎,而突出个性特征的透视法更是对真主的亵渎。普通人肉眼的视角使画家脱离了"人主合一"的状态,使画家与真主成为二元,将画家置于僭越者的地位,那是大逆不道,而透视法将被画的人、物置于人视觉的中心点上,使人陷入个人崇拜和偶像崇拜中,是对真主独一性的挑战,是一种异端。这正是小说《我的名字叫红》中凶杀案发生的哲学背景:细密画镀金师高雅看到由姨夫主持、多位细密画画师参与绘制的图册中最后一幅画用透视法画了苏丹陛下的像,十分恐惧,害怕自己犯下异端之罪,便把自己的恐惧倾诉给参与图册绘制的画师橄榄,橄榄却认为高雅在污蔑诽谤,会威胁到细密画画家们的存亡,便杀害了高雅,接着橄榄又因渴望看到最后一幅画的真相而杀害了姨夫。

然而,当读者都认为橄榄是为了维护细密画的尊严、为了维护信仰的尊严而杀人时,却看到当橄榄的凶手面目被揭露之后,在找到的最后一幅中,用透视法画的苏丹陛下的像被橄榄替换成了他自己的像。这真是明知是异端,却又抵挡不了这种异端的诱惑,人人恐惧这种异端,害怕这种异端,人人却又都在暗中渴望着异端,人人都想拥有一幅用透视法画的自己的逼真肖像画。这正是小说《我的名字叫红》的深刻之处。

可以说,奥尔罕·帕慕克借由一桩凶杀案不仅道出了伊斯兰哲学在欧洲文化的强大冲击面前所面临的困境,而且还将笔触直击人性最隐秘的角落,即人的自我崇拜欲。人们把这种自我崇拜欲归咎于撒旦的诱惑。于是,撒旦在《我的名字叫红》中出场了,替自己辩解,这也是作家本人精彩的哲学思辨。撒旦认为把人的个人崇拜欲归咎于他的诱惑是没有任何依据的,因为在《古兰经》中,真主命令众天使跪拜人类始祖亚当,众天使皆遵命,只有撒旦(撒旦本也是天使,只因不听真主的命令才成为魔鬼的)认为自己是真主用火创造的,亚当是真主用泥创造的,

鲁斯坦姆逐马打猎,所有马儿奔跑的姿态都千篇一律

火高于泥,因此拒不跪拜亚当,从而受到真主的责罚。撒旦认为,正是真主令众天使跪拜亚当,使人自以为了不起,自我膨胀,想要僭越真主,把自己置于一个中心位置来接受崇拜。因此,人的自我崇拜欲应归咎于真主。

真主之所以令众天使跪拜用低级物质(泥土)造出的亚当,是因为真主在用泥土造出亚当之后,将自己的精神吹进亚当体内,亚当由此获得灵魂而具有了生命。因此,苏非神秘主义认为人的灵魂(精神)与真主是同一的,人通过修炼可以获得个体灵魂(精神)与真主的重新合一。由于人禀具了真主的精神,理所当然比众天使高级,理所当然应受到众天使的跪拜。因此,人在先天是具有神性的。然而,正是人的这种先天神性使人妄自尊大,总想僭越造物主,把自己置于造物主的位置,认为自己能够创造一切。撒旦说,人这种自我崇拜的结果是使人很快忘记自己的创造者,而把自己当作创造者。也就是说,真主创造人,是给自己创造了一个天敌。这真是可怕,人不仅是万物的天敌,而且还是自己创造者的天敌!

笔者孤陋寡闻,不知道"人具有神性"这种观点,除了苏非神秘主义之外,在别的宗教中是否存在。不论如何,这种观点其本意虽然在于阐释"人主合一"的可能性,但却从另一个方面阐释了人妄自尊大、为所欲为、总认为能"人定胜天"的缘由,而人类社会的发展历史,尤其是人本主义思想产生以来、科学实证主义成为人类社会的发展方向以来的社会发展史,似乎正在印证这种缘由。

小说《我的名字叫红》最后写到,在欧洲绘画艺术的强大冲击下,细密画画家们"带着卑微的哀伤和顺从,慢慢接受了眼前的情势","一百年来,吸取了波斯地区传来的灵感滋养,在伊斯坦布尔绽放的绘画艺术,就这样如一朵灿烂的红玫瑰般凋谢了。"(第498页)毫无疑问,这是人本主义对神本主义的胜利,是人性的必然,人渴望把自己摆在中心点,凸显自己的个性特征,从而自我欣赏,自我崇拜。然而,人真的能够僭越自己的创造者吗?辩证法告诉我们,对立的东西往往相辅相成。当我们把欧洲文艺复兴以来的人本主义当成唯一的正确,便理所当然地把其对立面神本主义当成谬误而给完全否定掉。然而,辩证法还告诉我们,否定了自己的对立面也就否定了自己。人本主义在解放了"人"的同时,也把人类的贪欲从神的控制下解放了出来,消解了宗教对人类行为的制约作用,消解了精神的价值,推崇个人自由至上,致使整个社会个人享乐主义盛行,物欲横流,唯利是图,道德沦丧,人性异化,使人类在精神上趋于自我毁灭。人类是否从一个极端走向了另一个极端?"人们无情地遗忘了,曾经,我们透过截然不同的眼光观看过世界。"(第499页)可以说,奥尔罕·帕慕克借由一桩凶杀案,提出了人类正面临的一个深刻的哲学困境。

十七世纪,细密画在欧洲绘画的冲击下,有些画师也试图变革,吸取欧洲绘画的技法(《我的名字叫红》中的姨夫就是主张变革的代表),这种变革特征我们从十七世纪之后的细密画中可看出来,但这种尝试最终是失败了,因为不论什么东西失去了自我的特性,就将变得不伦不类,什么也不是。最后是细密画被彻底抛弃,因为"画家们画得既不像东方也不像西方"(498页)。所以,帕慕克在这部小说中明确指出不能丧失自己的文化传统特征,一旦丧失,就将变得不伦不类,什么也不是。

帕慕克在《我的名字叫红》的最后还谈到,两种绘画不可能融合在一起(500页)。假若把两种绘画特征融合在一起,会是一种什么样的情形呢,小说《红》讲到:像威尼斯绘画那样,脱离故事情节,单画一棵树,并"借由波斯的世界观,由上往下看,结合两者,变成一幅既不像威尼斯也不像波斯的畸形图画"(第306页)。要使画面不畸形,必须要降低视角,从神的视角降低为人的视角,这在细密画"伊斯法罕画派"的人物画中可以看到。因此,帕慕克的观点并不完全正确。细密画艺术尽管在奥斯曼帝国淡出舞台,但在伊朗却一直顽强生存下来,这其中固然体现了伊朗文化的独立与顽强,但更体现了伊朗文化善于融会贯通的特性。正是这种特性使伊朗在接受伊斯兰教之后,使伊斯兰教伊朗化;也正是这种特性使伊朗的细密画画家在接受"人的视角"的同时,强化了色彩运用的"崇高原则"和笔触的精细复繁,使伊朗现当代的细密画更加精美绝伦,更具有强烈的视觉冲击力,而强化了的"崇高原则"使细密画所承载的传统宗教文化内涵依然如故。

该小说虽名为《我的名字叫红》，但全书59章中只有一章涉及到"红"。帕慕克在以"红"命名的一章里非常专业、非常精细地描写了用于细密画的"红"颜色的制作过程。"红色"是鲜艳亮丽的细密画最重要的颜色之一，因此，"红"在该小说中无疑是细密画的一个浓缩性的象征，也象征了该小说中细密画所代表的伊斯兰文化。我想，《我的名字叫红》这个名字无疑体现了作家本人的情感归属和价值取向。

三种绘画艺术的简单对比：中国画更多的是表现一种主观思想，可以无边无际地伸展，你可以在中国画的境界中永无止境地徜徉漫步；欧洲绘画表现的是肉眼所见的客观世界，你会感到画家想要你看的一切，你都一览无余了；而波斯细密画描绘的是心灵之眼觉悟到的客观世界的本来面目，直逼事物的本真，让人产生"从一粒黄沙看世界，从一朵野花看天国"的感慨。《我的名字叫红》也讲到这三种画的区别："比如说我们要转进一条街道：若是在一幅法兰克绘画中，我们的结果便是走出图画和画框之外；若是在一幅坚守赫拉特大师风范的图画里，我们终将抵达安拉俯瞰我们的位置；若是在一幅中国绘画中，我们将被困住，永远也走不出去，因为中国的绘画可以无边无际地予以延伸。"(286页)

因此，波斯细密画立足于本民族的宗教文化传统，以独特的绘画视角、空间表现、程式化特征和色彩运用而成为一门独立的绘画艺术，而不是某种绘画艺术的附庸或分支，成为伊斯兰艺术中的一朵奇葩。伊斯兰教反对偶像崇拜,清真图案一般都是装饰性的花纹和植物,绝少人和动物,波斯细密画的繁荣不能不说是伊斯兰世界中的一个奇迹。这也正是伊斯兰教伊朗化的一种体现。

相关文章:

《从细密画看伊朗文化的顽强性》,刊载于《东疆学刊》2002年第1期。

《从一朵野花看天国——简谈波斯细密画艺术》,刊载于《北京青年报》2006年9月18日"历史纵横版"。

《蓝的马,绿的天空》,《读书》2006年第12期。

本文综合了以上三篇文章内容,并作了一些补充。

波斯四行诗与唐绝句之比较及其可能联系

一、波斯四行诗与唐绝句的产生、发展及兴盛简述

唐绝句有五言和七言之分。五言绝句的最早源头,可追溯到两汉(前206—220)的五言四句古绝。南北朝时期(420—589),五言绝句已相当盛行。齐永明年间(483—494),"四声八病"的发现,对诗歌格律化起了重大作用。由于五言绝句产生较早,唐以前就有大量创作,所以向来多古调,首句不入韵,并多用仄声韵。七言绝句起源于六朝民歌,但其声调完成于盛唐之初。唐朝(618—907)是绝句最兴盛的时代,唐绝句与音乐结合,几乎垄断了唐三百年间的歌坛,上到皇帝下到歌伎都作绝句,可见其兴盛普及的程度。初唐是绝句发展的时期,绝句走向格律化。绝句的盛世当在盛唐,涌现出大量的绝句高手,如:李白、王维、王昌龄等。

波斯四行诗包括鲁拜体(也译作"柔巴依")和两联诗。这两种诗体在波斯语中统称为"塔兰内",是一种民间曲调的名字。为了区别起见,本文把波斯的称为四行诗,中国的称为绝句。

关于波斯四行诗产生的时间,学术界历来存在着分歧。伊朗学术界普遍认为,四行诗是伊朗一种古老的诗体,早在萨珊王朝(224—651)时期就已存在,但目前尚无确凿的证据证明这一点。意大利学者包沙尼(Alesandro Bausani)认为四行诗可能来自中亚的西突厥,与唐绝句同出一源,他认为波斯四行诗的产生或晚于唐朝或与唐朝同时,他还认为波斯四行诗可能受唐绝句的影响而产生。我国学者杨宪益先生在《波斯四行诗与唐绝句的可能联系》一文中,认为波斯四行诗可能受到唐绝句的影响,并且他还指出,早在欧玛尔·海亚姆(1048—1122)之前,在鲁达基(858—941)时代,波斯就已有了四行诗。从现有的资料来看,波斯四行诗在鲁达基时代的确已存在,并且已初步成熟。鲁达基本人就写过不少四行诗。伊朗国内讲四行诗多以鲁达基为开始。其实在鲁达基之前,已有诗人创作过四行诗,如:汉扎勒·巴德格斯(卒于835),马赫穆德·瓦拉格(卒于826)。因此,四行诗既不是鲁达基首创的,更不是海亚姆首创的,但四行诗在鲁达基时代就已比较成熟这一点是可以肯定的。四行诗的产生至今尚无定论,有待探讨,本文最后一部分将在这方面进行尝试。

波斯四行诗的发展可分为三个阶段:鲁达基时代为成形期;

四行诗的发展者是阿布·赛义德·阿布赫尔(967—1048)、阿布·哈桑·哈尔卡尼(959—1033)、巴巴塔赫尔·欧里扬(1000—1055以后)。他们是苏非派早期著名的三位长老诗人。尤其是巴巴塔赫尔,其所有的诗作几乎全是四行诗。波斯四行诗以海亚姆为最高成就。海亚姆一生在文学上主要从事四行诗的创作,几乎没有写过别的形式的诗歌。海亚姆拓宽了四行诗的内容与境界。在海亚姆之前,四行诗多是情诗(或表达世俗男女之情,或表达对真主的爱恋),而海亚姆的四行诗则使人上天入地,探讨人生的真谛、世界的奥秘,哀叹人生的短暂与痛苦,还有对世间不公的抨击。因此,四行诗在海亚姆不论从思想内容还是艺术技巧上都达到了完善的地步。

唐绝句与波斯四行诗的兴盛首先与统治者的提倡密切相关。唐王室尊重知识,重视文人,广纳贤能,唯才是举,把诗歌作为网罗人才的工具。许多诗人都曾进过皇宫,当过"宫廷诗人",而虞世南、房玄龄、魏征等唐王室的重臣,他们本身也是杰出的诗人。唐王室以诗取士,大大提高了诗人的地位,使诗人的创作个性得到了充分的发挥,诗歌的艺术个性得到充分的显示,唐诗的风格种类日益增多。另一方面,唐王室君主们不仅推崇诗歌,而且对诗歌身体力行,能诗善词,如唐明皇李隆基。上行下效,诗歌创作蔚然成风。

八、九世纪,达里波斯语的产生、伊朗民族意识的觉醒,使伊朗争取民族独立的运动蓬勃发展,在思想领域出现了"舒毕思潮",主张非阿拉伯穆斯林和阿拉伯穆斯林享有平等的政治地位,宣传伊朗文明高于阿拉伯文明。萨曼王朝(875—999)和伽色尼王朝(962—1055)等伊朗地方王朝的君主们都大力提倡用波斯语写诗,歌颂波斯伊斯兰化前的历史和帝王将相们的英雄业绩,唤起波斯的民族精神,反对外族入侵。他们广纳贤能,唯诗是举,网罗了一大批诗人在自己的宫廷里,如鲁达基、塔基基等都是萨曼王朝著名的诗人。伽色尼王朝的文学基本上是继承萨曼王朝的。伽色尼国王马赫穆德更是大力提倡诗歌,网罗诗歌人才,在他统治时期产生了许多著名的宫廷诗人,如:昂萨里(卒于1039)、曼努切赫里(卒于1040)、法罗西(卒于1037)。萨曼、伽色尼王朝是达里波斯语文学兴起和发展的时期,更是文学上的一个崭新时期,波斯各种诗体几乎都在这一时期形成。

唐绝句与波斯四行诗的兴盛还与宗教思想的影响密切相关。唐朝时佛教大量传入中国,佛学兴盛,在佛学的基础上又出现了禅宗。禅宗提倡"本心即佛",解脱一切外在的羁绊,不讲苦行,也不强调念经,只注重内心的修养,这与"清静为天下正"的道家适意人生哲学相契合。因此,在唐代道禅结合密不可分。绝句体制短小,唯其短,更宜于抒情,更宜于歌唱,也更宜于流传。它适宜表现刹那间的感觉和意念,片断的生活内容和自然景物。因此,描写大自然的云淡风轻、山高水长、草长莺飞,表现思想上的退隐适意、恬然自安,绝句尤能胜任。唐人绝句重含蓄,尚空灵,自然高妙。因此,唐代道禅思想的融合也是绝句兴盛的原因之一。绝句成了表现道禅思想与情调的最佳选择。

在波斯,苏非思想的兴盛对四行诗的发展起了重大的推动作用。苏非思想起源于阿拉伯,但把它精化、深化、具体化的是波斯人。苏非派是伊斯兰教内部衍生的一个神秘主义派别,在早期它并无神秘主义色彩,苏非教徒与普通教徒差不多,只是信仰更强烈一些,提倡苦行。但是。苏非主义发展到后来,神秘主义色彩日趋严重,致使苏非主义成为神秘主义的代名词。苏非派主张滤净自身的心性,通过自我的修养和修行达到和真主的合一。苏非主义传入波斯是在九世纪,正逢达里波斯语文学产生之际,于是二者结合,产生了苏非文学。苏非思想对波斯文学的影响十分深远,菲尔多西(940—1020)之后的波斯大诗人几乎都带有苏非思想。早期著名的苏非诗人有我们前面已提到过的三位苏非长老。在他们之后,还有最著名的三大苏非诗人:萨纳依(1080—1140)、阿塔尔(1145—1221)、莫拉维(即鲁米,1207—1273)。四行诗因其短小,便于抒情,适宜表现刹那间的感觉和意念,很适合于苏非思想的表达。因此,各大苏非诗人都喜欢用四行诗作诗,如上面提到的各大苏非诗人都是四行诗的高手。

唐绝句与波斯四行诗的兴盛还与当时文化的广泛交流密切相关。唐王朝国力强盛,交通发达,与邻国在政治、经济、文化上的交流非常密切。中亚诸国、西域北方各少数民族、印度、东亚等外来文化蜂拥而至,唐王朝以其宏伟的气魄对这些外来文化兼容并蓄,取其精华,化为自己的文化血液,由此产生了中国历史上最辉煌的唐文化。唐绝句和词的曲调无不得益于从中亚西域各少数民族传进来的歌舞。盛唐两大诗派之一的山水田园派无不得益于印度佛教文化,以致产生了"诗佛"——王维及其空灵高妙的绝句。

伊朗有着得天独厚的地理位置,地处"五海三洲"之地的西亚,是沟通东西方交通的要道,更是连接东西方两大文化的桥梁。它东有中国、印度,西有古埃及、古希腊罗马和灿烂的两河流域文明。丝绸之路又以它为中转站,连接了这些古老文化。七世纪中叶,新崛起的阿拉伯大军覆灭了伊朗萨珊王朝,由此开始了伊朗文化与阿拉伯文化的生死较量时期。在这场较量中,作为被统治的伊朗民族文化表现了强大的力量,站住了脚跟,没有异化。由此,这场两种文化的生死较量变成了这两种文化的大融合,其结果是创造了灿烂的伊斯兰文化。横跨欧亚非的阿拉伯帝国,以及与中国、印度等邻国的政治、经济、文化上的交流使伊朗文化吸收了众多不同文化的因子。在伊朗东北霍拉桑地区兴起的以达里波斯语为标志的东部文化,在融合了中亚文化的基础上,向西、向南发展,直至全伊朗,融合了其自身内部的各种文化。因此,伊朗得天独厚的地理位置,使它饱吮南欧、亚洲东部、西部,甚至北非的文化精华,融化为自己的血液。这正是达里波斯语文学得以繁荣的基础。

文化就如同人一样,必须食用多重营养成分才能长得健壮。如果只吸收一种营养,不论这种营养多么高级,终究只能带来营养不良,并因此衰竭。因此,若希望使某一文化成为不朽,那就必须促使这一文化去同其他国家的文化进行交流。因此,文化的交流与融合使唐朝和伊朗中世纪的文化文学得以繁荣,这也是绝句和四行诗发展繁荣的前提。

二、波斯四行诗与唐绝句的形式比较

波斯四行诗与唐绝句在形式上的确存在许多惊人的相似之处。

(一)句数相同,二者都是四句。

(二)押韵方式相同。

1. 一、二、四句押韵,即首句入韵。这在四行诗和绝句中都最为普遍,于绝句,七言绝句大多数首句入韵;于四行诗,柔巴依绝大多数首句入韵。样式:AABA

2. 二、四句押韵,即首句不入韵。这种情况在四行诗与绝句中也较为普遍。于绝句,一般五言绝句,尤其是古体五言绝句,首句多不入韵。于四行诗,一般"两联诗"首句不入韵。样式:BACA

3. 一、二、三、四句全押韵。这种情况在"柔巴依"中不算少见。样式:AAAA

四句全入韵的情况在绝句中很少见。然而,绝句有第三句

押仄声韵的情况,这在中国古代韵律中不算入韵。比如李益《从军北征》:

> 天山雪后海风寒,横笛偏吹行路难;
> 碛里征人三十万,一时回首月中看。

再如韩愈《早春》:

> 天街小雨润如酥,草色遥看近却无;
> 最是一年春好处,绝胜烟柳满皇都。

假设波斯四行诗乃受唐绝句影响而产生,那么这一点是非常有意义的。因为对于拼音文字来说,它只会关注句末元音和辅音是否相同押韵,而不会关注汉语所特有的声调。

另外,张志和在歌咏逍遥自在的渔人生活方面,采取了一种新的文学形式。他把七言绝句的第三句拆为两个三言句,并在第二个三言句尾协韵,这样全诗四句皆入韵。因此,张志和的《渔歌》实际上是绝句的一种变体,它的音节离绝句已较远。张志和《渔歌五首》录一:

> 西塞山前白鹭飞,桃花流水鳜鱼肥;
> 青箬笠,绿蓑衣,斜风细雨不须归。

到后来,《渔歌》改为《渔歌子》,成为词牌名,张志和的《渔歌五首》也被列入了词。

(三)表现方式相近。

1. 都具有起承转合的特点,这是最为普遍的一种。一般来说,起承句说明情况,渲染气氛;转句是全诗的关键,转得是否高妙,直接影响到全诗水平的高下;合句表达作者的主要思想意图。

李白《赠汪伦》:

> 李白乘舟将欲行,忽闻岸上踏歌声;
> 桃花潭水深千尺,不及汪伦送我情。

阿塔尔·尼沙普里:

> 痛苦心血每瞬增,泪珠簌簌似海泻;
> 若以我土做成罐,罐里盛水即变血。[1]

一起二承三转四合,都很齐备,并且第三句都转得十分高妙,全诗品味一下倍增。《岘佣说诗》:"七绝用意宜在第三句。第

---

[1] 本书所引译诗,除特别标明译者之外,皆为笔者译自波斯文原文。

四句只作推宕,或作指点,则神韵具出。"元杨载《诗法家数》:"……(绝句)工夫全在第三句,若此转变得好,则第四句如顺水之舟矣。"

2. 起承转合不完全。

李益《夜上受降城闻笛》:

> 回乐峰前沙似雪,受降城外月如霜;
> 不知何处吹芦管,一夜征人尽望乡。

巴巴阿夫扎尔:

> 贪婪之躯归黄泉,富贵之身埋尘土;
> 灵魂时时大声啸,黄土古老终归土。

上例,一二句起,三句转,末句合,没有承句。

杜甫《绝句四首》之一:

> 两个黄鹂鸣翠柳,一行白鹭上青天;
> 窗含西岭千秋雪,门泊东吴万里船。

巴巴阿夫扎尔:

> 所见万物皆是空,言谈耳闻皆是空;
> 忙碌人世皆是空,金银宝藏皆是空。

上例,起承转合关系皆无。

孟浩然《宿建德江》:

> 移舟泊烟渚,日暮客愁新;
> 野旷天低树,江清月近人。

法赫拉尔丁·穆巴拉克沙赫:

> 情到深处人孤独,时时刻刻生痛苦;
> 相会时刻儿女情,离别时光为丈夫。

上例,一起二承,三四既不是转,也不是合,是"赋"的描写手法。下联都具有"对"的特点。四行诗虽不像绝句那样对得工整,但意思基本是相对的。

另外,四行诗还有第一句起,其他三句皆合,或前三句起,末句合的情况。鄙人所读有限,在绝句中没有发现此种情况。

(四)四行诗与绝句都讲究"联"的概念。

一首绝句以上下联为两个基本单元。四行诗也是以上下联

(Beyt)为两个基本单元,尤其是两联诗(Do Beyti)直接以"联"为名称,体现了"联"的基本单元性质。绝句与四行诗的上下联既可以分别承担抒情、描写、叙述和议论,也可以都是描写;既能完整地表达一个意境,独立成篇,又能相辅相成,构成一个密不可分的整体。

(五)四行诗与绝句都能入乐歌唱。

四行诗在波斯语中又叫做"塔兰内",是一种可以弹唱的曲子。这种曲子在中亚一带十分流行,在我国新疆地区,这种曲子在民间也较为流行。尤其是在塔吉克民族中更为流行。传说中,鲁达基就是在中亚一带听到一儿童唱此曲调而依声填词,创作了四行诗。至今在伊朗国内仍有人弹唱四行诗。

我国绝句的源头,来自古绝句。这些古绝句绝大多数是可以歌唱的民歌。唐绝句入乐更是普遍,现存的唐诗中约有一千二百多首在当时是被歌唱的,其中尤以七言为主。广为流传的"旗亭赌唱"的故事,就是歌伎歌唱王昌龄、高适、王之涣三人的七绝。唐代诗人也多通音律,如王维、李贺等。王维的七言绝句《送元二使安西》谱曲成《阳关三叠》,千古盛名。

四行诗与绝句毕竟分属于两种不同的语言文学,因此它们之间必然存在相异之处,在形式上二者的显著不同是:

(一)律动不同。绝句有五、七言之分(还有少数六言)。五言由三音步组成,例:虞世南《蝉》:垂緌——饮——清露,流响——出——疏桐;居高——声——自远,非是——藉——秋风。

七言由四音步组成,例:李商隐《过楚宫》:巫峡——迢迢——旧——楚宫,至今——云雨——暗——丹枫;微生——尽恋——人——间乐,只有——襄王——忆——梦中。

绝句还讲究平仄,这是由汉语的特点决定的。绝句的格式有:仄起仄收、平起平收、平起仄收、仄起平收四类句式,两两成对,搭配成篇。句与句之间有"对"的关系,联与联之间有"黏"的关系。

四行诗则由于波斯文是拼音文字的特点,无平仄,也无固定的字数,但却有其自身的格律要求,其基本格律是:— ǀ U U — — ǀU U — — ǀ U U — —(从右至左)。"U"为短音标识,"—"为长音标识。在其基本格上又产生11种变体,共计12格。四行诗的四句可以是同一格,也可以四句分别采用这12格中任何一格,不算出格。

(二)绝句一般有标题,即使在无题可标的情况下,至少也要写上"绝句"、"无题"或"X日作"等字样,权且当作标题。而四行诗绝无标题。

三、波斯四行诗与唐绝句的内容比较

(一)爱情的苦与甜

描写爱情在四行诗与绝句中都占有很大的比例。在这类诗歌中,既有爱的炽热与甜蜜,也有爱的曲折、心酸与痛苦。

1. 相爱。在表现男女相爱方面,四行诗与绝句迥然不同。四行诗多表达男女间浓烈的爱恋,直接、大胆、坦率;绝句多表现男女相爱而不得相近,委婉、含蓄、深沉。

《才调集·杂调》:

> 两心不语暗知情,灯下裁缝月下行;
> 行到阶前知未睡,夜深闻放剪刀声。

两心暗暗相许,但又不得相近。男方只能在月下踟蹰徘徊,凝望心上人的闺房;而女方更是持剪苦苦痴想,至夜深才放下剪刀。此诗写男女相悦而不能公开表露之情十分入微。

恩诺卡扎黑·哈马丹尼:

> 昨夜玉手抚我怀,俯首贴耳柔情迫;
> 吾曰因尔情激荡,红唇一吻顿沉默。

男女相爱,自然而大胆,与中国男女相爱而不得相近的爱恋方式大相径庭。

2. 一见钟情。同是写一见钟情,四行诗热情奔放,大胆追求;而绝句则是"犹抱琵琶半遮面"式的羞怯。

白居易《采莲曲》:

>菱叶萦波荷飐风,荷花深处小船通;
>逢郎欲语低头笑,碧玉搔头落水中。

少女娇羞之态,跃然纸上。

恩诺卡扎黑·哈马丹尼:

>一日从汝门前过,玉颜顿让吾销魂;
>寻香觅迹慰此心,日夜奔波求汝身。

一旦钟情,便不顾一切地大胆去追求。

3. 求爱。四行诗所描写的几乎全是男方对女方的大胆追求和炽热的爱恋;而绝句在这方面表现得更为含蓄,甚至用隐喻的手法,让人猜测不定。

李端《听筝》:

>鸣筝金粟柱,素手玉房前;
>欲得周郎顾,时时误拂弦。

"曲有误,周郎顾。"弹筝女子的求爱之情微妙而难言。

拉什德·瓦特瓦特:

> 风送香息醉吾心,人言芳名销吾魂;
> 出口话语即是尔,静思默想皆玉人。

向自己心爱的人大胆地表露自己内心热烈的爱情。

从上述例诗中,我们可以看出绝句与四行诗在表达男女相爱、求爱或一见钟情方面,风格是迥然不同的。究其原因,与中国和伊朗两国的文化传统和民族习惯密不可分。中国封建社会的伦理道德规范,规定了男女授受不亲。女子深居闺房,一般不得与男子见面,这使得男女相爱而不能相近。中华民族是典型的以农为主的东方民族,由于生活居住条件的稳定,性格偏内向持重,尤其是在情感的表露上更倾向含蓄、委婉、深沉。崇尚的是"心有灵犀一点通"式的心心相印、暗自相许的爱情。中国的文化传统是男子汉大丈夫,不言儿女情,因此绝大部分的情诗都是以女方为主人公。尤其是后面即将谈到的关于相思、相怨的情诗,几乎全是以女子为主人公。

伊朗民族是雅利安民族的后裔,游牧民族的特征使他们的性格偏外向开朗,感情奔放。他们习惯于男方向女方表达自己热烈的情感,大胆而坦率。另一方面,苏非思想与文学的结合,使许多苏非诗人借助于情诗来表达自己对真主的热爱。这也是波斯情诗热烈坦露的重要原因之一。波斯情诗绝大多数是以男方为主人公。

4. 相思。这一内容在绝句与四行诗的爱情诗中占了相当大的比例。大概千万种相思都离不开"思"与"愁"二字。因此四行诗和绝句在表达刻骨相思方面有异曲同工之妙。

李益《写情》:

> 水纹珍簟思悠悠,千里佳期一夕休;
> 从此无心爱良夜,任他明月下西楼。

沙拉吉尔丁·沙卡泽:

> 吾心彻夜盼黎明,直至清晨未合眼;
> 空言无我卿寻死,死则容易生却难。

皆写刻骨相思,夜不能寐。

张九龄《白君之出矣》:

> 自君之出矣,不复理残机;
> 思君如满月,夜夜减清辉。

马斯乌德·萨德·苏莱曼:

> 苦卿无情体如丝,亘古情天无此痛;
> 瘦躯不堪风之手,拨动血管出弦声。

均是"为伊消得人憔悴"的境界。

施肩吾《杂古词》：

> 红颜感暮花，白日同流水；
> 思君若孤灯，一夜一心死。

卡特兰·大不里泽：

> 与卿别离似烛消，从晚到明皆燃烧；
> 不思美酒细手指，不寻欢乐瘦身腰。

同样的刻骨相思。

雍裕之《宫人斜》：

> 几多红粉委黄泥，野鸟如歌又似啼；
> 应有春魂化为燕，年来飞入未央棲。

阿布·赛义德·阿布赫尔：

> 如若秃鹫棲我坟，休要以为坟无情；
> 以手抚土问是谁，柔歌一曲问娉婷。

同样至死不渝的爱恋。

5. 嫉妒。男女相好,便容易产生唯恐对方移情别恋的心情,这在四行诗和绝句中皆有反映,并且产生嫉妒之心的大多是女方。

聂夷中《古别离》:

> 欲别牵郎衣,问郎游何处?
> 不恨归日迟,莫向临邛去。

司马相如游临邛而娶卓文君。这首诗写女方在别离前,千叮万嘱,恐其夫另觅新欢。

莫拉维:

> 花间徘徊与情人,心闲无意眼览花;
> 情人含怒言无羞,红颜在此却顾它。

此诗表现女子的嫉妒心理更是惟妙惟肖。

6. 失恋。这一内容所占的比例也较大。失恋的原因也许因人而异,但是失恋的痛苦却是东西方民族所共有的。

崔护《题都城南庄》:

> 去年今日此门中,人面桃花相映红;

> 人面不知何处去;桃花依旧笑春风。

去年今日甜蜜的相会已成为过去,而自己却不能忘怀。看似淡淡的哀愁,实则深深的惆怅。

阿米尔·马格泽:

> 与卿共度之良宵,夜舟伴月赛风跑;
> 与卿别离之暗夜,黑暗似船日似锚。

上下两联甜蜜与痛苦的对比,也是"去年今日"式的痛苦与惆怅。

刘禹锡《竹枝词》:

> 山桃红花满上头,蜀江春水拍山流;
> 花红易衰似郎意,水流无限似侬愁。

莫拉维:

> 秀发似网缠且缠,红唇如蜜叹复叹;
> 相会誓言空又空,离别之痛添再添。

均写一方对爱情的不坚定,朝夕变卦,使另一方感到十分痛苦。不同的是绝句中对爱情不坚定的几乎全是男子,而四行诗中则几乎全是女子。

《才调集·杂词》:

> 空赐罗衣不赐恩,一熏香后一销魂;
> 虽然舞袖何曾舞,长对春风裛泪痕。

阿什曼尼·马赫托里:

> 愿卿寿长似吾愁,今日恻恻情复动;
> 秋波一瞬扬长去,脉脉柔情镜花空。

均写始爱终弃。

爱情诗在绝句与四行诗中占如此大的比例,主要是因为当时伊朗和中国唐朝独特的政治背景。在伊朗,四行诗中爱情诗的兴盛与苏非思想的兴盛紧密相关。苏非诗人们以情诗来表达自己对真主的热爱。比如上面所例举的四行诗,套用它们来表达对真主的狂热的爱恋也是天衣无缝的。写男女相爱的,可以看作作者认为自己已经接近了真主,得到了真主的恩怜;那些求爱与相思的情诗更能表达出作者对真主的狂热爱恋;而那些描写失恋的情诗则可以理解为诗人没有找到通向真主的道路,或没有得到真主的怜爱,心中十分痛苦。

唐朝是一个崇尚边功的朝代,边塞战争一直不断,并且兵役也很长,大批的青壮年男子入伍。加之唐代男子好功名喜远游,因此在唐代做妻子的特别多离愁别恨。这是唐绝句中闺怨相思之诗尤其多的重要原因。中国封建社会的宫妃制度,"后宫三千佳丽"能得宠幸的有几人?因此大量的宫女是在孤独与寂寞中度过一生的;而那些曾受过君恩,又失去宠幸的宫妃,更是痛苦,这是唐绝句中宫怨诗的背景。唐代实行科举制度,一旦及第,便可做官。积极入世、谋取功名成就的儒家思想使诗人们在仕途上奔波。而封建社会的官场,又使得诗人们的一腔热血屡经挫折。大多数诗人的仕途生活都屡多坎坷。他们采用比兴的方法,将失宠或不得宠的妇女的怨情,隐喻自己郁郁不得志的遭遇,以求爱的诗篇渴望君王的临幸。因此,四行诗与唐绝句都有一种功能相同的隐喻。前者以情诗隐喻对真主的热爱,后者以情诗隐喻自己在仕途上的失意。惟其对真主的热爱,所以四行诗的主旋律是热烈大胆;惟其仕途上的失意,所以唐绝句情诗总倾向于凄婉含蓄。

(二) 人生的苦与乐

在表现人生的哲理方面,绝句与四行诗表现了其独特的长处。它可以把人生的感受浓缩成几句,以不全去启示全,非常凝练深刻。

1. 超然物外与及时行乐。

在哲学思想上中伊两国诗人表现出极大的差异。积极入世的儒家哲学思想与超然物外的道家思想组成了中国士大夫的人生哲学中不可分割的两个部分。唐代佛教盛行,禅宗兴起,在道家思想的紧密结合下,退隐适意、无拘无束、悠然自得的生活情趣,正是士大夫们梦寐以求的,无论是在得意和失意,盛世和衰世都是如此。这种适意人生哲学在唐绝句中得到大量表现。伊朗的文人阶层较多地受到古希腊哲学思想的影响。苏格拉底的弟子阿利斯提布和伊壁鸠鲁的以快乐享受为道德准则和人生目的的哲学在伊朗诗歌中的反映十分普遍。海亚姆就深受伊壁鸠鲁哲学思想的影响。伊朗苏非思想盛行,苏非诗人表现及时行乐的诗歌常有另一种含义:珍惜这与真主接近的时刻吧。

李白《独坐敬亭山》:

众鸟高飞尽,孤云独去闲;
相看两不厌,唯有敬亭山。

厌恶世间的纷繁,追求一种静坐独处、清净淡泊的境界。

王维《竹里馆》:

独坐幽篁里,弹琴复长啸;
深林人不知,明月来相照。

王维的诗写出了诗人的一种了悟,写出了大自然的神秘召唤和诗人自己的皈依之情,"句中有禅理,句外有神韵。"

阿塔尔·尼沙普里：

> 玉人流水绿草旁,斟酒抚琴不言悔;
> 纵情欢乐听水啸,一旦离去难再回。

表现的是人生匆匆,去则不回,须尽情享乐的思想。

卡马诺尔丁·伊斯玛仪尔：

> 世界短暂休伤悲,纵情欢乐度此生;
> 如若世界讲信义,幸运也难降尔等。

现实世界变幻莫测,不足为信,为之忧伤是徒劳无益的,不如纵情享乐。

2. 酒诗。这一内容在四行诗和绝句中占的比例也很大。绝句中有一部分酒诗是写以酒送客,给朋友饯行,此乃中国的文化传统,是四行诗所没有的内容,无法进行比较。绝句与四行诗的酒诗有着较大的差别。绝句的酒诗表现出的是中国文人儒士的超然物外,忘掉世俗,恬然自安的人生哲学;而四行诗的酒诗绝大多数表现的是及时行乐的思想,但二者也有某些相似之处。

韩偓《醉著》：

万里清江万里天,一村桑柘一村烟;
　　渔翁醉著无人唤,过午醒来雪满船。

完全是一种逍遥自在、无拘无束、忘掉世间一切的情致。
欧玛尔·海亚姆:

　　清晨时光玉人起,徐徐饮酒缓抚弦;
　　眼前一切皆难久,作古人物不曾还。

此诗具有一点中国诗的情调。轻抚琴弦,慢啜醇酒,人生短暂,去不复返,一股抹不去的似淡似浓的惆怅。
王翰《凉州词》:

　　葡萄美酒夜光杯,欲饮琵琶马上催;
　　醉卧沙场君莫笑,古来征战几人回?

欧玛尔·海亚姆:

　　新春时节花作杯,良机莫失共玉人;
　　畅饮美酒休迟疑,尔等转瞬即入坟。

新春时节花作杯，良机莫失共玉人

人世的沧桑，人生的短暂，使诗人认识到只有此时此刻才是现实的，而其他的一切都不足为信，应当抓住今朝，及时行乐。

汪遵《咏酒》：

> 万事销沉向一杯，竹门哑轧为风开；
> 秋宵睡足芭蕉雨，又是江湖入梦来。

扎赫尔·法里亚比：

> 风起花落醉翁头，玉人过来缓斟酒；
> 香气袭人黯众香，醉眼一掠魂悠悠。

万事销沉，唯有酒能自慰。前者写酒后的闲适之态，写出了诗人归隐江湖之思;后者写醉卧花丛,仍以美女醇酒为伴。恬然自安的景象中一股抹不掉的享乐情趣。

王绩《题酒店壁》:

> 昨夜罐始尽,今朝瓮即开;
> 梦中占梦罢,还向酒家来。

卡马诺尔丁·伊斯玛仪尔:

> 清晨酒伴始睡起,昨夜残酒复又浇;
> 酒醉飘然出尘网,无知无觉度逍遥。

从昨日饮到今朝,写出了酒徒的贪杯之态。人生如梦,不如一醉方休。

3. 人生的短暂,人世的变幻莫测。人的生命是有限的,谁也无法留住生命的脚步。对人生短暂的叹息,成了四行诗与绝句息息相通的一个主题。

崔思《宴城东庄》:

> 一月人生笑几回,相逢相识且衔杯;
> 眼看春色如流水,今日残花昨日开。

阿塔尔·尼沙普里：

> 罡风抚过花怒绽,感花窈窕莺啼啭；
> 闲坐花荫长叹息,鲜花转瞬即委尘。

浮生如流水落花,转瞬即逝。

在表现人生短暂、人世变幻莫测上,四行诗与绝句也存在较大的不同。绝句多以史事来兴感叹：人世的荣华富贵如过眼云烟。因此,绝句多在怀古中兴叹人世的沧桑。

陈羽《姑苏台怀古》：

> 忆昔吴王争霸日,歌钟满地上高台；
> 三千宫女看花处,人尽台崩花自开。

繁华之极,荒凉之极,盛衰无常。

而四行诗多是就人生的短暂来感叹人世的变幻莫测。人生短暂,须及时行乐；而及时行乐,更觉人生短暂。因此,在四行诗中人生短暂与及时行乐是密切相关的。

巴巴阿夫扎尔：

> 众生在世受煎熬,沉湎欢乐与筹觥；
> 醇酒一杯销魂魄,黄泉之下相簇拥。

及时行乐中一股抹不去的人生短暂的苍凉。

同样是盛衰无常的人世沧桑,中国士大夫从中得到的是一种皈依自然、退隐适意的了悟;而伊朗的文人从中得到的是纵情欢乐的觉悟。这表现出中伊两国文化根基和哲学思想的差异。

4. 人生的愁苦。

中国的文化传统不太热衷于抽象的本体论的探讨,而比较注重人生修养、生活情趣和人生哲学的研究。因此,在中国诗歌中,几乎看不到对宇宙和人生奥秘的思索。绝句中的愁与苦,多是游子客乡之愁,人生仕途失意之苦。这与唐代诗人喜功名、好远游的风气紧密相关。

韦承庆《南行别弟》:

> 淡淡长江水,悠悠远客情;
> 落花相与恨,到地一无声。

游子他乡之愁。

李商隐《夕阳楼》:

> 花明柳暗绕天愁,上尽重城更上楼;
> 欲问孤鸿向何处?不知身世自悠悠。

人生失意之苦。

刘长卿《重送裴郎中贬吉州》:

> 猿啼客散暮江头,人自伤心水自流;
> 同作逐臣君更远,青山万里一孤舟。

仕途失意之痛。

伊朗的文人则比较注重本体论的探讨,他们常常思索宇宙是如何形成的,人又是如何产生的。苦苦思索,却百思不得其解,能不忧愁苦闷吗?描写由这种宇宙、世界和人生的奥秘引起的痛苦,四行诗比波斯其他形式的诗歌更能胜任。

欧玛尔·海亚姆:

> 你我来去之宇宙,上无渊源下无头;
> 从未有人言清楚,来自何处何方走。

又一首:

> 经纬成世界一个,你我乃棋子一颗;
> 天人运筹驰骋术,局终收入虚无盒。

人生人死、生命的历程、宇宙的浩瀚无垠,这千古大秘密的确让诗人苦苦思索了一生。

欧玛尔·海亚姆又一首:

> 离离溪边草,玉人之秀发;
> 漫步须留意,玉人息草下。

又一首:

> 斯罐曾苦恋似我,秀发绿云中绸缪;
> 仔细凝眸罐把手,也曾缠绕情人脖。

人来自泥土,回归于泥土。这生命的轮回仿佛是对人生奥秘的一种回答。

昂瓦里:

> 天之玩物有何法,我随世转无奈何;
> 每做一事皆后悔,如何知晓我所做。

一样地对人生命运无可奈何的叹息。

总之,关于人生的苦与乐,我们从上可以看出波斯文人比中国文人更多地体验到人世莫测、人生短暂的痛苦。盖惟其及时行乐,愈加显示人生的短暂;而在超然脱俗、物我皆忘中却能获得相对的永恒。

(三) 春之曲

春天是生机勃勃、万紫千红的季节。四行诗与绝句这种短小精悍的诗体在吟咏春天方面独胜一筹。

贺知章《咏柳》：

> 碧玉妆成一树高，万条垂下绿丝绦；
> 不知细叶谁裁出，二月春风似剪刀。

阿塔尔·尼沙普里：

> 春风抚花兴致高，掠过草坪涨心潮；
> 昨日逝去休提及，纵情享乐在今朝。

同样是写春色诱人，但不同的文化根基使绝句显示出空灵洒脱的境界，四行诗则摆脱不了及时行乐的宗旨。

春天又是恋爱的季节。由于不同的文化背景，同是以春写情，绝句多写妇女的愁怨，四行诗多写秾丽的爱情。

刘方平《春怨》：

> 纱窗日落渐黄昏，金屋无人见泪痕；
> 寂寞空庭春欲晚，梨花满地不开门。

金屋梨花,境愈富丽,人愈寂寞,情愈难堪。
白居易《思妇眉》：

> 春风摇荡自东来,折尽樱桃绽尽梅;
> 唯余思妇愁眉结,无限春风吹不开。

多么浓的春愁！
阿塔尔·尼沙普里：

> 原野鲜花显娉婷,情人一旁展风姿;
> 清晨娇花皆带笑,因尔风姿因我诗。

借春花的绽开,既写出了情人的窈窕之态,又道出了自己的自负之情。
沙印诺丁·设拉子：

> 原野伫立一鲜花,衣裳罗裙舞潇洒;
> 问谁吹开妾罗衣,晨风站起把己夸。

在原野上风姿绰约的,人也？花也？且待见仁见智。
总言之,唐绝句以寻常语言,平实意思,寄其深远幽渺之情;波斯四行诗则以朴实生动的语言,状其秾丽热烈的感情。

伊朗信奉伊斯兰教，因此在诗歌中便自然产生了信宗教(颂主)与反教条的诗歌；而中国唐代主要受佛教的影响，绝句中也有一些是写参禅拜佛的。由于二者分属不同的宗教，不宜进行比较。另外，唐人喜好边功，尤多远游，因此在绝句中有大量的边塞诗和送别诗，这是四行诗没有的，也无法进行比较。

四、波斯四行诗与唐绝句的可能联系

公元前138年和前119年，张骞两次出使西域，始通丝绸之路。之后，中伊两国在政治、经济、文化上的交往几乎从未中断过。在唐代，中伊两国的交往尤其密切。据史料记载，两国之间，使节、商人、传教士的往来不计其数，他们本身就是中伊两国文化的传播者，两国文化通过他们得以交流。另外，中亚西域的少数民族也是中伊两国文化交流的重要传播媒介。目前，尚无确凿的证据证明波斯四行诗是在唐绝句的影响下产生的，但因为它们二者之间惊人的相似，以及波斯四行诗的兴起是在强盛的唐王朝(中国绝句的繁荣鼎盛时期)之后，因此国内外不少学者都在做这方面的研究。本人在这方面亦有一些粗浅的看法。

关于中伊两国使节、商人、传教士等的往来，史书记载较多，本文不再赘述。本人拟从以下几个方面来推测：

1. 中亚西域少数民族的媒介作用。

中亚西域地区是中国与波斯的中间地带，他们受中国文化和波斯文化的影响都很深，更是两国文化交流的桥梁与纽带。特别是其中的回鹘、突厥民族的传播媒介作用更为重要。

回鹘是受唐文化影响很深的一个民族。唐与回鹘的互市十分密切。回鹘是一个善于经商的民族，他们的足迹，西到波斯、印度，东到我国山东、汴京等地。回鹘人留居长安的，数以千计。唐还先后把崇徽、咸安、太和公主嫁给回鹘可汗。安史之乱期间，元帅广平王借回鹘、大食之兵十五万众，收复两京。代宗以后，回鹘聚集长安者常至千人。德宗即位，遂将留寓长安之回鹘人全部遣回。唐朝绝句繁荣，上至皇室，下至青楼歌伎皆会作绝句，这些留居长安的回鹘人怎么可能不受影响？840年，回鹘西北的黠戛斯人攻占回鹘都城，迫使回鹘人大部分向西迁移。回鹘的西迁对把唐文化传入中亚地区起了重要作用。

突厥也是唐文化的重要传播者。唐于630年大败突厥之后，突厥一部分西迁。在中亚西域一带的西突厥势力十分强大，他们北并铁勒，西南侵吐火罗。当时，突厥集居的撒马尔罕、怛罗斯诸城市，有兴盛的工商业，和中国、印度的贸易往来非常之多。659年，西突厥也被唐所灭，残剩的突厥部落仍在中亚各地区游牧。后来建立的波斯萨曼王朝的国家军队"主要是由突厥人——雇佣者和奴隶混合编成的，而这些奴隶都是从在中亚细亚北部和东部各地区游牧的突厥各部落来的"(《中亚突厥史十二讲》)。伊朗后来建立的塞尔柱王朝(1037—1194，海亚姆即是生活在这一朝代)正是由这些游牧于中亚的突厥部落中的一支建立的。

伊朗萨珊王朝在阿拉伯的铁蹄下灭亡之后,强大的唐王朝控制了几乎整个西域地区和中亚部分地区。唐朝在灭西突厥之后,在其旧境设置了很多州府,很多都在天山以北、阿尔泰山西南地带。唐王朝还在西域设立了安西都护府,以龟兹、于阗、碎叶、疏勒为四重镇,修建戍守城堡,并大兴屯田。据考古证明,唐在西域的屯垦活动,带去了中原的先进农业技术,对当地的农业生产有很大影响。在吐鲁番等地还发现了唐代抄写的《论语》、《史记》等,这说明中原文化和唐文化在这里得到传播。而中亚西域各民族的文化,对内地也有不小的影响,尤其是歌舞、绘画、雕刻等。西域乐的传入对中国词的产生有重要的促进作用,也对绝句的配乐传唱起了一定的作用。

九、十世纪唐衰亡,而在波斯却是地方王朝纷纷兴起,逐渐脱离了阿拉伯人的统治,他们又重新恢复了对中亚、西域的影响,特别是有些曾深受唐文化影响的中亚地区又直接在伊朗地方王朝的控制之下。如:

塔黑里王朝(861—900),领土包括霍拉桑东北,中亚细亚的西南。

萨曼王朝(875—999),领土包括中亚细亚大部和整个霍拉桑地区。

伽色尼王朝(962—1055),领土包括阿富汗、伊朗东部、中亚细亚南部、北印度、花剌子模。

其中最重要的是萨曼王朝。前面已讲过,萨曼王朝是波斯文学史上的重要朝代,刚产生的达里波斯语文学在这个王朝得到大力提倡。当时,撒马尔罕、布哈拉、尼沙普尔等中亚城市都是萨曼王朝的重要城市,是政治、经济、文化的中心,而这些地方又都曾深受唐文化的影响。我们是否可以作这样的推想:唐绝句如此繁荣普及,这些深受唐文化影响的中亚西域少数民族,尤其是回鹘和突厥,是否有可能把唐绝句带入中亚地区?

2. 唐朝边疆战争中的被俘将士。

强盛的唐王朝边塞战争不断,这是唐绝句中边塞诗尤多的历史背景。唐朝在平定了突厥、吐蕃之后,把边塞的军事活动转向中亚,与大食(阿拉伯)展开了争夺昭武诸国(粟特)控制权的斗争。天宝九年(750),唐将高仙芝率兵攻入石国,大肆杀掠,引起了中亚各国的愤怒,他们潜引大食,欲攻唐安西四镇。751年,高仙芝将蕃汉兵三万越过碎叶水,在怛罗斯城下与大食遭遇,相持五日。葛逻禄部临阵背叛,与大食夹攻唐军。唐军大败,被俘者达二万之多。怛罗斯战役后,唐丧失了对昭武诸国的控制,但大食也未继续东进。

这些被俘的将士,一些被带到阿拉伯和波斯(当时的波斯是阿拉伯的一个行省),一些滞留于中亚。据考证,中国的造纸术就是这些战俘传入撒马尔罕的(九、十世纪,撒马尔罕成为伊朗地方王朝的重要经济文化城市),再由中亚传入阿拉伯,又由阿拉伯传入欧洲。中国的绫锦纺织技术也是这时传入阿拉伯和波斯的。这些被俘的二万唐将士能把造纸术传入中亚,那么是否有可能把唐文学传入诸如撒马尔罕之类的中亚地区?

3. 唐在边塞的军事设施。

葱岭、帕米尔高原一带是唐朝安西都护府所在地,其中心是龟兹。"龟兹国都城周十六七里,于高昌以西至葱岭间为大国,亦为唐置四镇之中心,故安西都护府经常设治于此,统四镇兵二万四千至三万人,西尽波斯皆属焉。"(《唐代交通图考》第二卷四七五页)

阳关—楼兰(鄯善)—乌垒城—龟兹是唐时的一条重要商道,若某少数民族闭此道,唐必兴问罪之师。"不破楼兰终不还"便是一个例证。在这条重要的贸易交通要道上,行旅往来者甚多,商业贸易甚盛。张籍《凉州词》"无数铃声遥过碛,应驮白练到安西"即是写当时商业贸易之盛况的。所以盛唐时代西北边防军大部屯驻此道沿线的州县戍守。统率这些边防军的节度使都是著名的将帅,他们需要带一批文人去掌管文书事务。而文人进入节度使幕府,也是想凭借节度使的举荐谋得一官半职,以达到谋取功名成就的目的。在玄宗开元天宝年间,许多著名的诗人都被收罗在边防节度使的幕下。这些诗人常用诗歌来表现边塞的生活和风土人情。由此,边塞诗成为唐诗一个重要题材,而边塞诗在绝句中尤甚,军中歌伎的传唱使绝句流传更广。因此,盛唐时期,绝句不仅在中原十分兴盛,在西域也是十分流行的。王士禛曰:"自唐开元天宝以来,宫掖所传,梨园子弟所歌,旗亭所唱,边将所进,率皆当时名士所为绝句。由是言之,唐三百年绝句擅场,即唐三百年之乐也。"(转引自黄盛雄著《唐人绝句研究》,第三十七页)

安西都护府是唐重兵镇守之地,兵将以数万计,绝句的流行是可以推而想之的。而隶属安西都护府的葱岭、帕米尔一带是塔吉克民族的集居之地,达里波斯语与塔吉克语同源。波斯文学之父鲁达基,也被塔吉克民族视为自己民族文学的奠基人。由此,波斯四行诗的产生是否是唐绝句的影响所致,鄙人不敢妄断,但从以上诸方面是可以推而想之的。

(本文刊载于台湾《中国国学》年刊第二十一期)

再谈波斯四行诗的产生

四行诗,诗如其名,每首只有四句,是波斯诗歌体裁中最短小的一种,其押韵方式有三种:二、四句押韵;一、二、四句押韵;四句全押韵。其波斯语名称有三个:塔朗内(tarāna)、两联诗(du-baytī)和柔巴依(rubāʻī,也音译为"鲁拜")。"塔朗内"一词广义为民歌,狭义指一种民歌的曲调,也就是说"两联诗"或"柔巴依"一旦采用这种曲调,伴着乐器的弹奏,由人演唱出来就是"塔朗内"。那么,"两联诗"和"柔巴依"所指是否相同呢?伊朗当代学者塞鲁斯·沙米萨博士认为两联诗与柔巴依二者为一,前者为波斯语称谓,后者为阿拉伯语称谓。入乐歌唱的两联诗叫做塔兰内。①这样的认识源自都拉特沙赫的《诗人传记》。据此书记载,波斯地方王朝萨法尔王朝(861—900)的君主叶尔孤白的小儿子与小朋友们一起玩扔胡桃的游戏,兴奋之际脱口一句:

---

① 塞鲁斯·沙米萨:《波斯诗歌伽扎尔源流》,伊朗菲尔多斯出版社2001年版,第28页。

滚呀滚呀一直滚进局子。叶尔孤白很欣赏这句话,召来正学习阿拉伯诗歌格律的幕僚,找出了这句诗属于"哈扎吉"格律,又增加了一句与该句音步相符的句子,然后又增加一联音步相符的诗,并将之命名为"两联诗"。"两联诗"由此流传开来,直到才子们看见"两联诗"这个名字不雅,说这种四行诗体应当叫做"柔巴依"。①也就是说,"两联诗"和"柔巴依"所指相同,只因为当时人们崇尚阿拉伯语,认为阿拉伯词"柔巴依"(本义为"四个一组的")更文雅一些,所以用"柔巴依"称呼"两联诗"。

不过,包括塞鲁斯·沙米萨博士在内的一些学者同时也认为"两联诗"和"柔巴依"在格律上存在差异,两联诗的格律一般为:— — U | U — — U | — — — U | — — —U,柔巴依的格律为标准格:— U | U — — U | U — — U | U — —,此种格律也可划分为:— | U U — — | U U — — | U U — —(从右至左)及其各种变格。②就笔者的感性经验来说,两联诗多为二、四句押韵,首句不入韵;柔巴依多为一、二、四句押韵,甚至有不少第三句也入韵的情况,即四句皆押韵。

关于波斯四行诗的起源,国际学术界与伊朗学术界历来存在较大分歧。由于波斯四行诗与我国的绝句存在很多相似之

---

① 都拉特沙赫:《诗人传记》,伊朗阿萨提尔出版社 2003 年版,第 30–31 页。
② 穆罕默德·阿赫玛德·帕纳赫依:《伊朗塔朗内及其吟作》,伊朗国家广播电台出版社 1997 年版,第 51 页。

处,而波斯四行诗的兴起是在强盛的中国唐王朝控制西域中亚地区之后,不少学者对二者之间的关系进行探讨。我国学者杨宪益先生在其论文《试论欧洲十四行诗及波斯诗人哦默凯延的鲁拜体与我国唐代诗歌的可能联系》(《文艺研究》1983年第4期)中指出,波斯四行诗的产生有可能受到唐绝句的影响。杨宪益先生的论文中还谈及,意大利学者包沙尼(Alesandro Bausani)也持这种观点,认为波斯四行诗可能来自中亚的西突厥,与唐绝句同出一源,认为波斯四行诗可能受唐绝句的影响而产生。笔者也在拙文《唐绝句与波斯四行诗之比较及其可能联系》(台湾《中国国学》年刊第二十一期)对二者之间的外在形式、起承转合的内在结构、表现内容的内在精神等方面的异同作了较为详细的对比,然后对二者之间的可能联系运用历史材料作了进一步的考察。

然而,伊朗国内学术界坚决反对这一说法。笔者曾在伊朗参加学术研讨会时表达过这一观点,但遭到伊朗学者们的一致否定。笔者在伊朗出版的《欧玛尔·海亚姆四行诗百首》中译本的译者序言后本附有波斯文的相关论文,但出版时被伊朗坦迪斯出版社擅自删去。波斯语诗歌几种主要体裁,除四行诗之外,明确源自阿拉伯诗歌体裁,这是谁也无法否认的。波斯语诗歌多受阿拉伯语诗歌的影响,而短小的波斯塔朗内(四行诗)却对

---

① 米·杜德普塔:《阿拉伯诗歌对波斯语诗歌走向完善的影响》,伊朗现代之声出版社2003年版,第165页。

阿拉伯诗歌产生了较大影响,十一世纪波斯的阿拉伯语诗人十分热衷于将波斯语四行诗翻译成阿拉伯语。[1]因而,四行诗被视为波斯民族土生土长的一种诗歌体裁,这已成为伊朗学术界坚决捍卫的信条。

伊朗学术界普遍认为波斯四行诗源自波斯民族自身的民歌"塔朗内",认为民歌是一个民族的诗歌的最早生发源头,在萨珊王朝灭亡之后的两百年波斯诗歌历史空白期中,正式的波斯诗歌虽然没有资料记载,但在波斯各地方的方言中都有民歌存在,尤其是东北部呼罗珊地区的法赫拉维方言的民歌就比较流行。夏姆士·盖斯在其《波斯诗歌规则宝典》中抨击一些诗人作诗不懂得格律规则时说:"就如同很多法赫拉维语的诗歌,很多具有才情者作诗,一句依照:— — U | — — — U | — — — U,属于'哈扎吉'格律,另一句依照:— — U | — — — U | — — — U —,属于'莫沙克尔'格律,一种新发明的格律。还时不时地给— — U —(فاعی لاتن)增加字母,变成— — — —(فاعلاتن),并且还用(مفعولاتن)替换它,按照法赫拉维语的— — U | — — — U | — — — —律动来作诗,并将之与— — U | — — — U | — — — U交混在一起,还颇

---

[1] 夏姆士·盖斯:《波斯诗歌规则宝典》,扎瓦尔书店1981年版,第28–29页。

受赞赏，因为他们不具备这门学问，不懂得 U — — U (افاعیل) 的规则。"①虽然夏姆士·盖斯的这段话有贬低法赫拉维语民歌的意思，但从中我们也可看到，民歌之所以为民歌，就在于其格律是随意变动的，没有格律规范，这是与正式文人诗歌的根本区别。"法赫拉维"(fahlavī)一词即是波斯民族原有的国语"巴列维语"(pahlavī)一词，波斯古时 f 和 p 两个音混用。虽然"法赫拉维"与波斯民族的原有国语"巴列维语"不能完全等同，但这种方言保留了较多的"巴列维语"特征和用词，因此才有了相同的名称。伊朗学术界对"法赫拉维"这一方言名称产生的时间尚无定论，不能确定它是波斯伊斯兰化前就已有的名称，还是伊斯兰化后波斯人出于对原有国语"巴列维语"的怀念而新命名的。①由于达里波斯语诗歌没有早于九世纪的可信史料，伊朗学术界普遍将目光转向同是伊朗东北部方言的"法赫拉维语"，认为达里波斯语四行诗正是起源于法赫拉维方言民歌"塔朗内"。帕纳赫依教授在其专著《伊朗塔朗内及其吟作》中对"塔朗内"的源流作了十分详尽的考证，说"塔朗内"这种民歌体裁早在波斯萨珊王朝(224—651)时就已存在，并进一步上溯至琐罗亚斯德教的经书《阿维斯塔》。也就是说，达里波斯语四行诗源自法赫拉维方言民歌"塔朗内"，而法赫拉维方言民歌"塔朗内"在萨珊王朝时期就存在，乃至在《阿维斯塔》中也存在。如此

---

① 穆罕默德·阿赫玛德·帕纳赫依：《伊朗塔朗内及其吟作》，伊朗国家广播电台出版社1997年版，第54页。

一来,波斯语诗歌经由四行诗的起源问题一下就与波斯远古的诗歌源头联结在了一起,无怪乎伊朗学者如此坚决捍卫四行诗起源的民族性。

然而,帕纳赫依教授的论述并不能否定波斯四行诗与中国绝句之间的可能关联。首先,法赫拉维方言的"塔朗内"作为民歌,并没有特定的体裁规定,在帕纳赫依教授的《伊朗塔朗内及其吟作》中所列举的"塔朗内"中很多并非四句一段的形式,而是各种段落形式都有。因此,"塔朗内"作为一种民歌,其概念内涵远远大于四行诗,也就是说入乐歌唱的四行诗是"塔朗内",但不是所有的"塔朗内"都是四行诗,帕纳赫依教授所例举的《阿维斯塔》中的"塔朗内"根本就不是四句一段的形式。另外,法赫拉维语和达里语虽然同为波斯东北部方言,但后来发展成为波斯民族新国语的是达里语,而不是法赫拉维语。因此,依靠法赫拉维语民歌"塔朗内"来追溯达里波斯语四行诗的源头,在逻辑上是有一定问题的,当然我们也不否认达里波斯语四行诗受到法赫拉维语民歌"塔朗内"影响的可能性,因为它们毕竟是在同一地区流行的两种方言。其次,民歌的特点正是在于其善于吸收新鲜事物,曾在西域中亚地区广为流传的唐绝句难道就一定不会被吸纳进法赫拉维方言民歌或达里方言民歌中?第三,上文提到的都拉特沙赫的《诗人传记》记载,"两联诗"和"柔巴依"这两个术语在萨法尔王朝(861—900)时期才产生。因此,我们不否认波斯法赫拉维方言民歌"塔朗内"源远流长,但这抵消不了达里波斯语"两联诗"和"柔巴依"的晚成事实。

达里波斯语最早的诗歌形式即是塔朗内,这是一种在波斯东北部民间十分流行的民歌,每首歌词为四句,曲调朗朗上口。"波斯文学之父"鲁达基正是以善于弹唱塔朗内(包括两联诗和柔巴依)声名远播,其时四行诗已经相当成熟。在波斯地方王朝时期,在达官贵人的家庭聚会上,歌手们也十分喜爱演唱塔朗内。翁苏尔·玛阿里在《卡布斯教诲录》第三十五章《论作诗的规范》中说:"如果你作伽扎尔诗和塔朗内,要平易、轻盈、鲜活,要用众所周知的韵脚,不要用冷僻生涩的阿拉伯词汇,要具有爱情元素,语言轻盈,用好的典故,一旦让贵胄平民都喜欢,你的诗歌就会出名。"又说:"伽扎尔和塔朗内要作得鲜活水灵,而赞颂诗要雄壮抓人。"[1]这里的"伽扎尔"指抒情的诗歌,不是指特定的诗歌体裁。从中可以看出,塔朗内是一种贵胄平民都喜欢的"平易、轻盈、鲜活"的民歌体抒情诗歌。《卡布斯教诲录》在第三十六章《论吟唱的规范》中,谈到了"十二木卡姆"(maqām,调式)各种调式的不同特质:霍斯陆旺尼·达斯坦调乃是黄钟大吕似的庄严调式,专为国王们的聚会而作;用拉赫调作的歌被称为"苏鲁德"(surūd),一般贴近老年人和严肃者的性情;采用"哈非夫"格律的拉赫调则比较轻快,一般适合于年轻人;优美的拉赫调和纳瓦调适合精通弹唱的饱学之士,等等。又说塔朗内适

---

[1] 翁苏尔·玛阿里:《卡布斯教诲录》,伊朗科学文化出版社 2004 年版,第 190 页。

合"性情更加温柔的儿童和妇女","因为在所有的律动中,任何一种律动都不比塔朗内更轻盈。"[1]这里,我们可以看出,作为诗歌的塔朗内与作为歌曲的塔朗内还是有所差异的,作为诗歌的塔朗内(即四行诗)贵胄平民都喜欢,作为歌曲的塔朗内更适合妇女儿童。也就是说,四行诗作为诗歌具有一种严肃性和正式色彩,而一旦入乐歌唱则显示出轻盈欢快的特征。反过来说,即不是每一首四行诗都适合入乐歌唱,只有那些内容轻盈欢快的四行诗才适合入乐歌唱,尽管从理论上来讲,每首四行诗都可入乐歌唱。另外,从音乐的角度来讲,塔朗内这种民歌调式也不属于正式的民族音乐调式。"十二木卡姆"是西域中亚地区流行的民族音乐,同样也为波斯民族音乐所用。《卡布斯教诲录》将这12种调式记录为:达斯坦调、拉赫调、拉斯特调、巴德调、埃拉格调、欧沙格调、热尔阿夫坎德调、布斯里克调、塞帕罕调、纳瓦调、过佐西特调、拉赫维调。其中个别调式与别的资料的记载有出入。也就是说,塔朗内调式只能算是一种民间俚曲,故而格外轻盈欢快,广受民众喜爱。这里,我们来看两首鲁达基的具有情爱意味的四行诗:

> 清晨美人不顾路滑来到我面前,两颊羞如红玉两眼似魔法俏皮。

---

[1] 翁苏尔·玛阿里:《卡布斯教诲录》,第194页。

我抓住她衣袖说我邀请你做客，她用谜语答我桃、无花果和泥。

　　听到你的名字心就生机盎然，心情因你的光临而幸福无边。

　　任何地方如若谈论的不是你，情思化作千般愁绪四处飘散。

尽管四行诗始终可以入乐歌唱，但使四行诗脱离民间俚曲的娱乐性质，成为诗人们致力的目标，与苏非神秘主义在波斯的盛行密切相关。在苏非们的"萨玛"(samaʿ，狂热的舞乐活动，类似于跳神)聚会中，苏非们十分热衷于吟唱和弹奏四行诗。① 这大约因四行诗体制短小，适合反复不停地弹唱，犹如反复不停地赞念真主的伟名一样，易于让人进入一种狂热状态；另外，四行诗采用的塔朗内调式轻盈欢快，也易于让人兴奋起来。苏非神秘主义在波斯盛行的早期，抒发苏非神爱情感的伽扎尔抒情体诗歌和阐述苏非玄理的玛斯纳维叙事体诗歌尚未崛起，苏非诗人们大都采用四行诗来抒发情感和阐发哲理，因为四行诗体制短小，适合抒发刹那间的修行感悟与体验，苏非诗人们尤喜用来抒发神爱之情。阿布哈桑·哈尔冈尼(959—1033)、阿布·赛义德·赫尔(967—1048)、巴巴塔赫尔·欧里扬(1000—1055)是

---

① 穆罕默德·阿赫玛德·帕纳赫依:《伊朗塔朗内及其吟作》，伊朗国家广播电台出版社1997年版，第52页。

波斯早期苏非诗人三大家,他们三位皆是著名的苏非长老,他们最早用四行诗的形式来宣扬苏非思想,尤其是巴巴塔赫尔·欧里扬专门致力于四行诗创作,对后世苏非诗人产生了极大的影响。后来的苏非诗人们尽管在伽扎尔抒情体诗和玛斯纳维叙事体诗上卓有建树,成绩斐然,然而他们同样也都是创作四行诗的高手,比如萨纳依、阿塔尔、莫拉维、贾米等。这里,让我们来看一首巴巴塔赫尔·欧里扬抒发苏非神爱之情的四行诗:

你秀发的馨香让我意乱情迷,你脸庞的颜色让我心脏血涌。
我是因爱你而坐立不安的恋人,你是蕾莉啊我就是那马杰农。

学术界普遍以欧玛尔·海亚姆(1048—1122)为波斯四行诗最高成就,认为海亚姆拓宽了四行诗的思想境界。在海亚姆之前,四行诗多是情诗(或表达世俗男女之情,或抒发苏非神爱之情),或者抒发人生际遇的喟叹,而海亚姆的四行诗则使人上天入地,探讨生命的真谛,宇宙的奥秘,感叹生命苦短,抨击世间不公和宗教伪善等,具有博大精深的内涵。

海亚姆在生前并不以诗著名,而是以数学家、天文学家、医学家的身份受到人们的敬仰,但他的四行诗还是有一定程度的流传。编著于公元1340年的诗集《至交好友》在其第二十八章收录了欧玛尔·海亚姆的14首四行诗。另一部比《至交好友》早20年写成的手抄本著作《聚会消遣》,其中收录了31首欧玛尔·

海亚姆的四行诗。另外,还有数部创作年代和被发现的年代都早于《至交好友》的著作,收录有欧玛尔·海亚姆的一两首四行诗。①这说明,海亚姆的四行诗曾经有一段时间为人所熟知。后来海亚姆的四行诗在波斯不闻其名,直至1859年英国学者菲兹杰拉德将其翻译介绍、并在欧洲获得声誉之后,才"出口转内销"重新为伊朗人所熟悉,个中原由恐怕与海亚姆四行诗的思想内容与波斯正统的宗教文化思想格格不入大有关联。

海亚姆生活的十一世纪正是伊朗社会的转型期。著名伊斯兰教教义学家安萨里(1058—1111)把苏非神秘主义纳入正统伊斯兰教,二者相结合,逐渐成为伊朗社会的主导思想。苏非神秘主义的主要学说之一"存在单一论"认为:宇宙万物是真主属性的幻化和显现,除真主外无物存在。这时,以法拉比(870—950)和伊本·西那(980—1037,即阿维森纳)为代表的伊斯兰理性主义学说被视为异端。海亚姆科学家的身份,决定了他以理性主义的眼光去看待宇宙万物、人生人死等诸多问题,因此他信奉的正是伊斯兰理性主义哲学,这种理性主义的源头正是伊壁鸠鲁的原子论学说和新柏拉图主义的学说。海亚姆的哲学思想在其诗歌中的表现是十分充分的。

海亚姆的四行诗在西方具有很高的声誉,是在伊朗之外拥有最多译本的波斯诗集。郭沫若首先将之翻译介绍进中国之

---

① 巴德尔焦贾尔米:《至交好友》下卷前言,伊朗民族著作协会出版社1971年版,第2页。

后,又受到中国读者的青睐,大约有十余种中译本问世。然而在伊朗,海亚姆其著名诗人的地位首先是由欧洲人确立后,才转入伊朗国内的,民众喜爱的程度、尤其是官方赞赏的程度都远不及其他大诗人。在笔者看来,这正是由于海亚姆四行诗的思想内容更多地秉承了具有古希腊哲学特征的伊斯兰理性主义哲学,而游离于伊朗本民族的文化传统和宗教精神之外。然而,没有皈依只有质疑、追问与享受短暂人生的海亚姆四行诗契合了西方的理性主义思潮,也契合了没有宗教皈依色彩的中国文化传统。

(本文摘录自《波斯古典诗学研究》第七章第一节,
昆仑出版社 2011 年 1 月版)

中波古典情诗中的喻托

中国有一类古典情诗具有一种特殊的喻托功能,就是诗人以怨女思妇自比,用男女之情隐喻君臣关系,寄寓诗人在仕与隐方面的幽怨情怀。譬如李白《玉阶怨》:"玉阶生白露,夜久侵罗袜。却下水精帘,玲珑望秋月。"诗中宫女深夜痴痴久伫玉阶,乃至露水侵湿罗袜而不觉,其内心盼望君王临幸的情感是多么强烈,然而殷殷企盼全是空劳牵挂。这何尝不是李白自己的写照。波斯中世纪诗歌中的情诗也同样具有喻托功能,即以恋人间的情爱来隐喻诗人对真主的爱,寄寓诗人热烈的宗教情感。譬如萨迪(1208—1292)的四行诗:"长夜漫漫眠难成,黎明时分渐入梦。难眠只因思佳人,入梦只为睹芳容。"这首诗比普通情诗多了一层含义,可看作是诗人抒发在夜间自觉的对真主的向往之情。

首先,应当说明的是,喻托是诗歌的一种常见的艺术表现方式。很多诗歌我们"通过文字得到的是一种意义,而通过文字所表示的事物本身所得到的则是另一种意义。头一种意义可以叫做字面的意义,而第二种意义则称为譬喻的,或者神秘的意义"[1]。这种喻托一般来说是以个案化的方式存在于诗歌中的。而本文所论述的喻托功能是指一个民族文学中一种普遍化的方式。

其次,本文所论述的喻托功能与诗歌的多义性是不同的。多义性是诗歌的一种常见特征。词汇的多义性是引发诗歌多义性的一个重要因素,因为语言符号与它所指的对象之间的关系很多是一对多的关系。亚里士多德早在《诗学》中就提出过诗歌词汇的双重、三重乃至四重义。[2]到了二十世纪,西方符号理论学家们对诗歌的多义性进行了更为全面和深入的研究。一般来说,诗歌的多义性是指一首诗可以作出多种阐释,这首诗与那首诗之间的多义性阐释可能完全不同。

本文所谈的喻托功能是指众多诗歌都含有一个相同的喻托。简言之,诗歌的多义性是指 A 诗可以作 a、b、c、d 等多种阐释,B 诗可以作 e、f、g、h 等多种阐释,当然 A 诗与 B 诗的多义性也可以出现交叉。而本文所论述的喻托是指 A、B、C、D……等若干诗歌都有一个相同的隐喻义项 a。对这种喻托功能,本文拟从以下三方面进行阐述。

---

[1] 伍蠡甫编:《西方文论选》(上卷),上海译文出版社 1979 年版,第 159 页。
[2] 亚里斯多德:《诗学》,人民文学出版社 1984 年版,第 72 页。

一、这种喻托功能产生的历史文化原因

情诗原本无所谓喻托,描写的是生活中具体的某段爱情,比如中国《诗经》中的情诗基本上都是无喻托的。这种喻托功能的形成是有其特定的历史环境和条件的。国内很多论著都谈到了中国古典情诗的这种喻托功能,并指出这种喻托功能的形成与儒家思想和楚辞传统密切相关。①但这种喻托功能是怎样与儒家思想和楚辞传统结合在一起的呢?这个问题值得深究。

人生须臾,生命短暂。古往今来,永恒一直是人类共同追求的一个目标,是人的一种精神活动。中国文化宗教色彩淡薄,人们的心里没有永恒的天堂的支撑。那么,如何能在这短暂的生命中实现永恒?名垂青史、流芳百世便是一种永恒,是中国文人们孜孜以求的目标,成为他们安身立命的行为规范和心理模式,即所谓"留取丹心照汗青"(文天祥《过零丁洋》)。那么如何才能名垂青史、流芳百世呢?简言之,就是"报国"二字,"忘身辞凤阙,报国取龙庭"(王维《送赵都督赴代州得青字》)。"报国"是中华文化的精髓之一。西方文化以人为本,而中国文化以国为本,

---

① 请参阅叶嘉莹:《汉魏六朝诗讲录》、《古典诗词讲演集》,河北教育出版社 1997 年版;《游国恩学术论文集》,中华书局 1999 年版;袁行霈:《中国诗歌艺术研究》,北京大学出版社 1998 年版;刘学锴:《李商隐诗歌研究》,安徽大学出版社 1998 年版。国内谈到中国古典情诗的喻托功能的论著非常多,无法一一罗列,这里仅列出几本笔者比较欣赏的论著,难免挂一漏万,望行家海涵。

以国家的存在作为个人存在之根本，推崇一切从国家利益出发，遏制个人欲望，舍己为众，忧国忧民的人生价值观。大禹治水三过家门而不入正是这种思想的体现。屈原一心报国却壮志难酬，满腔的苦闷都倾泄在了《离骚》中。

夏启把"禅让制度"变成"家天下"后，"普天之下，莫非王土；率土之滨，莫非王臣。"（《诗经·小雅·北山》）天子国君逐渐成为国家的代表和象征。在秦始皇建立起统一的封建集权制国家之后，"朕即国家"的概念更加巩固。西汉时期，汉武帝采纳董仲舒的建议，"罢黜百家，独尊儒术，"用儒家思想建立起完整的社会统治思想，并在政治制度上把儒学和文人求官谋禄密切地结合起来，使读书人全都成为儒生。董仲舒抛弃了孟子"君为轻，民为贵"的民主思想，建立起一种以维护皇权的绝对权威为特征的新儒学，把"忠君"与"报国"密切地结合在一起，成为一个不可分割的概念。从此，"忠君报国"成为儒家思想的核心之一，成为中国人个人价值实现的坐标，人的价值实现的程度如何取决于个人的才能被国家即被君主采用的程度如何。于是，中国的读书人一个个争相踏上"忠君报国"之路，以天下为己任，他们希望在政治舞台上有所作为，大用天下，大济苍生，成就千秋英名，在仕宦中实现自己治国安邦的理想，念念不忘"致君尧舜上，再使风俗淳"（杜甫《奉赠韦左丞丈二十二韵》）。

但是整部中国封建帝王史，昏昧的君主占多数，即使是明主，因受个人爱好和眼光的局限，不可能赏爱每个人。但人各有其才,作为臣子,如果得不到君王的任用就没有机会实现自己的价值。再加之官场腐败,文人们"忠君报国"的满腔激情总是遭受挫折,仕途总是坎坷不平,他们把这种挫折感倾吐在他们的诗歌中。"不才明主弃,多病故人疏。"(孟浩然《岁暮归南山》)这是中国古典情诗喻托功能形成的历史文化基础。

一般来说,诗人内心的幽怨情怀不能也不便直接公开地表现,借助一个喻体婉转隐晦地表现是较为妥当的方式。在我国古代,臣的地位与妻妾相同,《周易·坤·文言》说:"坤,地道也,妻道也,臣道也。"臣子依附君王和女子依附男子的性质是相似的。女子的价值在容貌,男子的价值在德才。一个花容月貌的女子倘若得不到男人的欣赏,就徒然衰老,是件很可悲的事,所谓"恐美人之迟暮"。而一个德才兼备的男子,得不到君主的垂青,没有施展的机会,就白白度过一生,这是更可悲的事。这种可比性是屈原在《离骚》中以美人自比的理论依据。《离骚》中恐迟暮之美人实际上就是怨女思妇的形象。屈原先事楚怀王,却"忠而见谤",被放逐不用,与女人空有花容不被赏爱相同。应该说,后世情诗中的内容在《诗经》中已基本齐备。《诗经》中的情诗,或写男女相悦,或写幽会,或写女子追求男子,或写男子追求女子,或写女子春心萌动的微妙心理,或写怨女思妇,但用男女之情隐喻君臣关系,寓托自己的幽怨情怀这种方式却是屈原首先使用于《离骚》等楚辞篇章。中国文学历来讲究引经据典,屈原一心报国的忠贞形象成为后代士大夫们的精神楷模之后,屈原

《离骚》中的以美人或香草(香草实际上是美人的另一代称)自喻的喻托方式也就成为文士们竞相仿效的方式,由此形成中国古典情诗中多以遭弃的美丽女子隐喻自视德才兼备却遭弃用的诗人自己的传统。这是中国古典情诗喻托功能形成的直接原因。因此,中国古典文学从屈原以降,诗人们大都采用这种香草美人式的喻托,以表现仕宦上的不得志。

中国古代文人最怕的就是一腔热血付诸东流,担心生命落空。孔子在《论语·子罕》中也说:"沽之哉!沽之哉!我待贾者也。"因此,"士为知己者死,女为悦己者容。"一旦得赏识,赴汤蹈火在所不辞。反之,则幽怨哀伤,借男女相思之情,抒君门九重之感,缠绵悱恻,凄楚动人,充分表现了中国士大夫们的政治悲剧。曹植遭其兄曹丕多年的压制,看不到出头的希望,在其诗《南国有佳人》中正是用"恐美人之迟暮"来喻托自己内心的悲哀:"南国有佳人,容华若桃李。朝游江北岸,夕宿潇湘沚。时俗薄朱颜,谁为发皓齿?俛仰岁将暮,荣耀难久持。"这首诗伤心功名无望,英雄无用武之地,叹息生命落空,喻托十分明显。李商隐的《无题》:"八岁偷照镜,长眉已能画。十岁去踏青,芙蓉作裙衩。十二学弹筝,银甲不曾卸。十四藏六亲,悬知犹未嫁。十五泣春风,背面秋千下。"这首诗以美丽的女子到了出嫁年龄却得不到如意郎君的眷爱之忧伤,隐喻诗人在仕途上满腔才智得不到君主赏爱的幽怨情怀。这类具有喻托的情诗在中国古典诗歌中不胜枚举。这种喻托方式也形成一种文化积淀,成为中国文学和文学批评的一种普遍的审美方式。

伊朗文化从古至今一直具有浓厚的宗教色彩,其古典情诗中喻托功能的形成与伊斯兰教中苏非神秘主义的产生有着密切的关系。可以说,苏非神秘主义是伊斯兰教中的修正主义。本来,宗教文化的一个显著特点就是关注后世,永恒的天堂是人们精神生活的支撑点。苏非神秘主义虽然也讲后世,也讲天堂地狱,但它的着眼点却是"现世"。苏非神秘主义在实践方面主张苦行和修道。但这种苦行和修道与基督教中的苦行和修道并不相同。基督教中的苦行和修道是人的"赎罪"方式,以期在后世灵魂能进入天堂。而苏非神秘主义的苦行和修道是通向"人主合一"这一"至境"的桥梁。苏非神秘主义认为通过苦行和修道,能使人滤净心性,祛除后天的"人"性,恢复先天的神性,修炼成"完人",实现与真主合一,在合一中获得永存。

"人主合一"有三个层次:1.功修者的合一。这种合一可以在刻苦修行中实现,一般表现为在沉思冥想中"心见"真主,或通过舞乐的配合在癫狂中进入"人主合一"的至境。这种合一具有短暂性、多次性的特点。2.圣徒的合一。虽然这一层次的合一状态时间长于前者,但也是非永久性的。在合一状态下,圣徒可自称真主。3.先知的合一。这是永久的合一,这时人性完全转化为神性。[1]由此可见,"人主合一"的实现并非在来世,而是在现世。即

---

① 金宜久:《伊斯兰教的苏非神秘主义》,中国社会科学出版社1995年版,第65—66页。

使是最高层次的先知的合一,也是在现世就可以达到的。苏非派认为穆圣就是达到"先知的合一"的完人。因此,在苏非神秘主义中"永恒"的实现不是在来世上天堂,而是在现世就可以获得。并且,天堂不等同于真主,天堂是个广泛的概念,而真主是个至高无上的概念,因此"人主合一"的永恒高于"进入天堂"。当"真主"的概念在人们的头脑中成为一种绝对精神时,追求"人主合一"的苏非神秘主义就从一种宗教变为一种哲学。把着眼点从后世转变为现世,这是苏非神秘主义对伊斯兰教的第一个补充,也是苏非情诗的喻托功能形成的第一个基础,它使现世的"男女结合"与"人主合一"之间产生了可比的关联。"我把情人镶嵌进了我的眼睛,只有这样才能有愉悦的心情。眼睛和情人已完全融为一体,眼里只有情人,情人扎根眼中。"[1]阿布·赛义德·阿布赫尔(967—1048)的这首诗正是苏非修行者在修行中"心见"真主,进入"人主合一"状态的写照。

"人主合一"的至境是苏非修行的终极目标。但是,在传统宗教观念中真主是至高无上的主宰,人在真主面前是十分卑微渺小的奴仆。在这巨大的心理距离的落差面前,要实现"人主合一"几乎是不可能的。因此,对人主关系的认知方式进行改变的"神爱"思想在苏非派中便应运而生。这是具有重大意义的改变。它把真主与人的关系,由主奴关系改变为恋人关系,使人从

---

[1]《痴醉的恋歌——波斯柔巴依集》,张晖译,漓江出版社1991年版,第7页。

自认为奴的、战战兢兢、诚惶诚恐的畏主的单一情感中解放出来,赋予人恋人角色的激情,把真主作为尽情喜爱的对象来膜拜,使"人主合一"在心理距离上成为可能。这是苏非神秘主义对伊斯兰教的第二个补充。

这种认知方式的改变对文学的影响是巨大的,它使追求"男女结合"与追求"人主合一"之间产生了直接的可比性,是苏非情诗中喻托功能形成的直接原因。波斯诗人们把真主比作情人佳丽,把自己比作追求者,以世俗的男女之情喻托心中对真主的狂热爱恋。写男女相爱,可以看作诗人在修行中"心见"真主,进入了与主合一的状态,如前面所举的阿布赫尔的诗。写女子冷酷无情,可以看作是诗人难以找到近主之路,没得到真主的眷顾,如哈菲兹(1327—1390)的诗:"勾魂秋波似飞镖,中者无不心旌摇;知心佳偶怎见弃,铁石心肠如冰窖。"莫拉维(1207—1273)的诗:"如你绚丽之园没见过,勾魂水仙难敌你秋波,你却将贞洁深深包裹,很久很久也不来看我。"写相思之情,则反映了诗人对"人主合一"境界的执着追求,如贾米(1414—1492)的诗:"我可怜的心在爱火中熔消,为追求你,我把这存在本身弃抛;终于认识到自己配不上这结合,只好在离别的伤痛中忍熬。""合一"状态岂能常有,因此波斯情诗中描写女子冷酷无情和抒发相思之苦、离别之痛的诗远远多于第一类描写男女相爱的诗。

综上所述,可以说中国情诗多以失意女子喻仕途失意,波斯情诗则多以女子之难以接近喻近主之道的艰辛。从十一世纪开始,苏菲思想逐渐成为伊朗社会的主导思想,长达五百年之久。苏菲文学成为这时期的主流文学,苏菲情诗中以男女之爱喻托对真主的炽热恋情成为一种普遍的方式,以致形成为一种普遍的审美定势。笔者认为正是这种喻托功能使苏菲情诗的内涵摆脱了普通情诗的单纯而变得十分深广,使伊朗中世纪的诗歌在世界古典诗坛上占据重要地位。

苏菲思想虽然产生于阿拉伯,但在伊朗的土地上得到发扬光大。苏菲思想不仅在阿拉伯世界流行,还波及到巴基斯坦、印度和中亚地区,在这些国家中都出现过苏菲文学,其中也有一些具有这种喻托功能的苏菲情诗。而由于苏菲思想在这些国家和地区始终未能成为社会的主导思想,苏菲文学也未在其本国文学中成为主流文学,因此这种喻托功能远没有像在波斯那样成为一种普遍的存在。

在西方文学中,《圣经·雅歌》中以夫妇男女之情喻神人之爱的方式并没有形成传统,在欧洲中世纪的文学中也没有得到充分的表现。欧洲中世纪文学中虽也有不少用情诗来抒发对上帝的神圣之爱的作品,但这时期文学的主流是"原罪",更多的作品表现的是:在上帝面前,人不是狂热的恋人,而是赎罪的罪人。文艺复兴之后,虽然也出现过玄言诗,如以约翰·多恩(John Donne)为代表的英国十七世纪的玄言诗派写了很多热烈的情诗来寓托其宗教感情,但声势浩大的人文主义浪潮冲毁了情诗对神人之爱的喻托基础。没有了基础,这种喻托宗教情感的情诗便成为零砖碎瓦,因而这种喻托功能始终未能成为欧美文学中一种普遍的审美方式。

二、对诗歌表现特征的影响

首先,这种喻托功能对诗歌的叙写角度产生了影响。虽然中波古典情诗都以"男女之情"作喻,但这种喻托的喻体和本体在中波情诗中正好相反。中国古典情诗中,喻体"男"对应的本体是"君王",喻体"女"对应的本体是"诗人"[1]自身;而波斯古典情诗中,喻体"男"对应的本体是"诗人"自身,喻体"女"对应的本体是"真主"。因此中国古代诗人有一个性别转换的问题,即从生活中的男性转换为诗歌中的女性。一般来说,要男人在心理上接受这种转换是很难的,因此很难让自己站在女性主观的角度,以第一人称"我"(女性)来进行抒写。加之,中国士大夫们内心的幽怨情结本来就不能用第一称"我"(不论男性还是女性)来直接宣泄。因此,中国古代诗人只能让自己站在女性客观的角度,以第三人称"她"来进行抒写。因此,中国具有喻托的古典情诗其叙写角度大多是客观的。请看李端的《鸣筝》:"鸣筝金粟柱,素手玉房前;欲得周郎顾,时时误拂弦。"诗人站在客观的角

---

[1] 由于中波两国古代的诗人绝大多数是男性,因此这里"诗人"一词不包含女性。

度描写了一个女子欲得如意郎君眷顾的微妙心理,寄寓了诗人渴望君主垂青的心情。前面所举的李白的《玉阶怨》和李商隐的《无题》都是站在客观的角度"写他人之情,抒自己之怀"。

而波斯古代诗人则没有这种性别转换的问题,诗人总是以自身男性的性别来直抒胸臆。在波斯,女人是男人的财产,男人地位的高低常常体现为拥有女人的多寡。波斯诗人没有厚重的儒家伦理道德的约束,他们认为男人对女人的追求是理所当然的事,是一件体现男人能力的事,值得炫耀和大书特书。"挥金如土,袋内有散不尽的金银,城中陪伴的都是玉乳酥胸的美人"[1](鲁达基,850—941)正是这种思想的写照。当苏非思想盛行后,以男女之情喻托对真主之爱这种方式使得波斯诗人们更加毫无顾忌地抒发自己内心炽热的情感,激情洋溢地描绘他们眼中的美女:"你的花容是世人的祈祷方向,你的月貌俘获了世间的帝王。不论虔诚信徒还是禁欲贫僧,无不因你的流盼而激奋迷惘。"[2](萨纳依,1080—1140)因为抒写内心对真主的热爱是件正大光明且应极力宣扬的事,与中国士大夫们的幽怨情结迥异,因此诗人完全可以以第一人称"我"(男性)和从男性主观视角出发的第二人称"你"(女性)来公开地直接描写自己内心的情感,"你的影子是我的家园,你的卷发把我癫狂的心系缠。"(莫拉

---

[1] 张鸿年编选:《波斯古代诗选》,人民文学出版社 1995 年版,第 34 页。
[2] 《痴醉的恋歌——波斯柔巴依集》,张晖译,漓江出版社 1991 年版,第 33 页。

维),完全是直抒胸臆的方式。即使是前面所引的哈菲兹的短诗,诗人也是站在自己主观的视角来描写女子的无情。因此,这种喻托功能对波斯情诗主观角度的描写方式起了极大的促进作用。

其次,这种喻托功能对诗中女性所具备的特征产生影响。中国古代诗人以女性自比,婉转地抒写自己内心的幽怨情结时,着眼点在己。用符号来表示就是:a、b、c、d等若干诗人即诗中的女性,与同一个喻托对象君王(男性)。诗人各不相同,因此诗中的女性也各不相同,都是个案,是个性化的女性。前面所举的李白的《玉阶怨》和李商隐的《无题》以及李端的《鸣筝》就是写的三个完全不同的女性。而波斯诗人以男女之情喻神人之爱时,着眼点在彼(即真主)。用符号来表示就是:a、b、c、d等若干诗人即诗中的男性,与同一个喻托的对象真主即诗中的女性。因此,波斯诗人看似对很多女人抒发爱情,具有泛爱色彩,但却千人一面,雷同化,因为他们面对的都是同一个"美人"——独一的真主,女人其实只是诗人们抒发对真主的热爱的一个道具而已。因此,诗中的女性具有强烈的共性特征。而主观角度的叙写方式使波斯情诗中女性共性化的特征更加突出,因为波斯诗人们往往并不打算记述具体的人物事件,只是主观地抒发内心涌动的激情,因而诗中的女性概念化,具有非常强的象征内蕴。

三、对后世文学批评的影响

　　用西方现代的符号学理论来说,一个符号在传统文化中长久使用,就形成了一个语码(code),使你一看到它就会产生某些固定的联想。本文论述的喻托功能正是由于诗人们长期普遍地主观刻意为之,形成特定的审美义项和联想义项,积淀于传统文化中,作用于读者的审美功能和联想功能,对后世的文学批评产生了深远的影响。如前所述,中国具有喻托的情诗一般采用的是客观角度的描写方式,诗中女性个案化。这两个特点结合在一起,其结果是读者在阅读时,一般也是站在客观的角度带着审视和考证的眼光去理解和欣赏,很难融进读者的主观情感。当我们在评阅中国古典诗歌时,一旦遇到描写怨女思妇或描写女子渴求男子垂爱的诗歌,自然而然地会作喻托方面的联想,往往进而对诗人的仕途生涯进行深入的考察。反过来,当我们试图论及某个诗人在仕途上的坎坷时,也常常用该诗人的这类诗作进行论证。由于中国历史有非常丰富的史料记载,文人诗歌创作的背景大多可考。因此,有的情诗有喻托是显而易见的,有的情诗没有喻托也是共识,如汉代李延年的《北方有佳人》没有喻托,而后来的曹植的《南国有佳人》却是有喻托之作。还有一种情诗对作者本人来说可能没有喻托,但读者却从中看出了喻托。正是因为这种喻托方式成为一种普遍的审美方式之后,才会出现这种情况。比如温庭筠的词从作者的身世看,应当是没有喻托的,但后世说词人张惠言却从中看到了"美人迟暮"之喻托。关于这种喻托对后世文学批评的影响,著名的加拿大华裔词学家叶嘉莹教授在很多论著中都有详细的论述,她指出温词之所以能使读者产生这种有关喻托的联想,正是由于其文本中所使用的一些语码,可以唤起读者对文化传统中的一些语码的联想。[①]温庭筠《菩萨蛮》:"小山重叠金明灭,鬓云欲度香腮雪。懒起画蛾眉,弄妆梳洗迟。""画蛾眉"、"梳洗弄妆"正是女子为企盼得到男人垂爱而做的事,所谓"女为悦己者容"。若该女子容华渐消,心灰意冷,便会懒于画蛾眉,迟迟不愿梳洗弄妆。再如李商隐的很多隐晦的情诗,有些完全可能是诗人所遭遇的忧伤而难言的爱情的写照,但论者也往往把它们与诗人的坎坷仕途联系在一起。

在波斯,这种喻托功能使后世读者和论者对波斯情诗的阅评形成特有的方式。十一世纪之前的波斯情诗,有些肯定是表达对真主之爱的,因为苏非思想早在十一世纪之前就在伊斯兰世界流行了,但我们一般不对这之前的诗歌作这种喻托分析,因为在这之前苏非思想还未成为伊朗社会的主导思想,这种喻托方式也未成为整个民族文学的普遍的审美方式。论者可以认

---

① 请参阅叶嘉莹:《叶嘉莹说词》,上海古籍出版社 1999 年版;《唐宋词十七讲》、《唐宋词名家论稿》、《古典诗词讲演集》、《迦陵论词丛稿》,河北教育出版社 1997 年版。

为内扎米 (1141—1209) 的两部长篇爱情叙事诗《蕾莉与马杰农》与《霍斯陆和希琳》有喻托,却无人会认为菲尔多西 (940—1020) 的《列王纪》中的爱情故事有喻托。人们可把哈菲兹的情诗当作苏非情诗来欣赏,但却不会把鲁达基的情诗当作苏非情诗来读。十一世纪之后,苏非思想成为伊朗社会的主导思想,这种喻托方式成为情诗中普遍的方式,这之后肯定也有些情诗并非描写神爱,而是描写世俗之爱,诗人有可能完全是为自己所钟爱之女人而创作,未必有宗教情感的寓托,但诗中使用的语言符号使读者产生了喻托之联想。波斯情诗主观角度的抒写方式和诗中女性特征的共性化,加上有关诗歌创作的可供考证的背景资料不详,使这些情诗的性质究竟是苏非情诗还是世俗情诗难以明确界定,其结果是这些情诗能为任何人所用,读者在阅读时很容易融进自己的情感。任何人都可用苏非情诗来抒发自己心中对真主的热爱之情,当然也可把这些苏非情诗向生活中某个具体的佳丽吟诵。苏非信徒们也常常把世俗情诗借来为己所用。因此从接受美学的角度来说,读者对这些情诗完全可以根据自身的感受而定,既可以把一些苏非情诗当作世俗情诗来欣赏;反之,也可以把一些可能是世俗情诗的诗歌当作苏非情诗来理解。只要不超越十一世纪这个界线,笔者认为都是可以的。

中国古典诗歌的这种喻托功能,随着清王朝的覆灭而结束。虽然儒家思想仍浸润着中国文人的精神生活,但君臣义项中,君的一方已不存在,因此整个喻托功能便失去了存在的基础。波斯苏菲情诗的喻托功能,随着萨法维王朝(1499—1775)的建立,什叶派成为国教,苏非派受到遏制而开始衰弱和消退。但是,苏非思想已积淀成伊朗文化的一部分,苏非思想从哲学的角度成为伊朗文人深层文化结构的一部分,常常在他们的作品中表现出来,如:赫达亚特(1903—1951)的小说《瞎猫头鹰》和夏姆鲁(1925—2000)的诗歌。

(本文刊载于《国外文学》2002年第2期)

波斯古典诗歌中的诗酒风流
——以海亚姆、莫拉维、哈菲兹为例

读波斯古典诗歌,给人印象最深的莫过于美酒与情人这两个意象:波斯情人手执一壶美酒,在诗歌中往来穿梭,任情挥洒,使整个波斯古典诗歌弥漫着一股浓浓的酒香。掩上诗集,读者口中仍久久留香,回味无穷。携情人共饮似乎是波斯诗人最感惬意的一种生活方式,诗人们在美酒醇香的刺激下、在情人琴声的撩拨中,激情勃发,才思泉涌,吟诵出一首首奇妙诗篇。从波斯文学之父鲁达基(850—940),到波斯中世纪最后一位大诗人贾米(1414—1492),美酒加情人的意象几乎渗透了每个诗人的诗作。可以这么说,美酒情人与诗人本身的才华密切融合,形成一种诗酒风流,在中世纪的伊朗蔚然成一个时代之风气。

一

波斯中世纪的这种诗酒风流首先与其传统文化密切相关。伊朗在前伊斯兰时期信奉琐罗亚斯德教(袄教),该教崇尚饮胡摩汁,把胡摩汁视为人的生命力的源泉,能延年益寿。琐罗亚斯德教的经书《阿维斯塔》中就谈到琐罗亚斯德家族和伊朗人的祖先贾姆希德及其后代子孙都因饮用胡摩汁而青春常在,力大无穷。[1]这种胡摩汁被后人解释为酒,称为胡摩酒。琐罗亚斯德教的祭司们大概常饮酒,以致后来波斯诗人们常把酒称为"祆教之酒"、"摩冈(即祆教祭司)之酒"。伊朗是个文明古国,成熟的文明往往也代表着富足奢华的社会生活,而宗教又往往对社会风气起着导向作用,以琐罗亚斯德教为国教的伊朗尚酒风气十分浓厚。希罗多德早在二千多年前就谈到过伊朗人崇尚饮酒的社会风气:伊朗人自古以来就好酒贪杯,耽于声色之乐。他们非常喜欢酒,并且有很大的酒量,甚至他们专在喝得醉醺醺的时候才讨论重大事件。[2]尽管伊朗伊斯兰前的历史文献散佚殆尽,但这种奢华的社会风气在现有的文学作品中还能窥见一斑。在描写伊朗古代帝王的诗歌里,常常见到丰盛的筵席、飘香的美酒、陪侍的佳人,极尽豪奢。

亚历山大征服伊朗后,希腊人曾统治伊朗 80 余年(前331—前250)。晚期希腊的各个哲学派别都对伊朗有过影响,但对伊朗社会风气影响最深的莫过于伊壁鸠鲁学派,因为这种影响一直延续到伊斯兰时期。伊壁鸠鲁(前 341—前 270)认为:

---

[1] 参阅《波斯古代诗选》第 6—11 页中《阿维斯塔》的有关章节,元文琪译,人民文学出版社 1995 年版。
[2] 希罗多德:《历史》上册,王以铸译,商务印书馆 1985 年版,第 69 页。

"幸福生活是我们天生的最高的善,我们的一切取舍都从快乐出发。"[1]这种快乐的实质是指理性的、正直的、有节制的快乐,违背了这一精神,就不可能尝到什么真正的和心安理得的快乐。因此,伊壁鸠鲁反对放荡者的快乐或肉体享受的快乐,反对酗酒和迷恋女性和娈童。[2]然而这种以快乐与享受为道德准则和人生目的的哲学在伊朗发生了变异,伊朗人更多的是接受了这种快乐原则表面上的东西,而对其内在实质视而不见。因此,在伊朗,伊壁鸠鲁的快乐享受原则蜕变为美酒情人相伴的强调感官享受的享乐主义,这实在是有点背道而驰。

伊朗在萨珊王朝灭亡(651)后,成为一个伊斯兰国家。伊斯兰教本是禁酒的,但历代哈里发政权或各个地方政权似乎对酒总是禁而不严的(即使在当今伊斯兰世界,也只有推行原教旨主义的国家或派别组织才严厉禁酒),酒馆酒摊大量存在。著名的埃及历史学家艾哈迈德·爱敏认为是波斯人把纵情酒色的风气带给了久居沙漠、生活朴素的阿拉伯人:"没有波斯人,阿拉伯人怎么会知道精心设计的歌会、穷奢极侈的酒会以及舒适享乐的生活呢?"[3]这从侧面反映出伊朗人纵情酒色的风气是多么根深蒂固。

---

[1] 范明生:《晚期希腊哲学和基督教神学》,上海人民出版社1998年版,第134页。
[2] 同上注,第135页。
[3] 艾哈迈德·爱敏:《阿拉伯-伊斯兰文化史》第二册,纳忠译,商务印书馆1990年版,第170–171页。

然而,亡国后的伊朗人的纵情酒色与波斯帝国如日中天时的享乐主义已大不相同。在太平盛世,人们饮酒作乐、豪气干云,酒杯里盛的是富足与奢华;在衰亡之世,人们也纵情酒色,酒杯里盛的却是沧桑变幻的感慨和人生的痛苦。伊朗在萨珊王朝灭亡后,整个中世纪几乎都处于异族的统治之下。阿拉伯人、突厥人、花剌子模人、蒙古人、鞑靼人似走马灯一般,这个走了那个又来。连年的战火、异族的统治,使伊朗人深切感受到人世的无常、生命的短暂、现实的痛苦,充满幻灭感,"今朝有酒今朝醉"式的及时行乐的思想更加大行其道。这种痛苦与幻灭的感觉对于情感敏锐的诗人们来说就更加深沉,能够麻醉人痛感神经的酒因此为诗人们所格外青睐,巷中酒肆、郊外酒摊成了诗人们经常留恋盘桓的地方。酒肆酒摊里陪侍酒者大都是年轻美貌的姑娘或俊俏的少年(波斯语称为"萨基",意为"斟酒人"),诗人在酒酣微醉之时,便对萨基抒情,吟诗作歌,形成一种诗酒风流。

这种与深沉的人生痛苦紧密相伴的诗酒风流的代表当推海亚姆(1048—1122)。《海亚姆四行诗集》现比较通行的可靠版本是伊朗纳希德出版社编纂的,共收录178首,其中具有酒意象的诗占半数以上。海亚姆用"酒"这个意象把自己内心的各种痛苦在诗歌中宣泄得淋漓尽致。

岁月乖戾、人生短暂、世事变幻对锐感的诗人与对钝感的普通人造成的心理冲击的程度是无法相比的。"昔日帝王饮酒

古典细密画：斟酒的萨基　　　现代细密画：海亚姆

宫,鹿生幼崽狐筑窝。帝王一生在狩猎,请看坟墓将他捉。"昔日的奢华与今日的荒凉形成强烈的反差对比,让人生出人世沧桑变幻的极度感慨。这里,"酒"炫耀着昔日的奢华,印证着人世的沧桑巨变。"佳人光临晨饮时,捧来美酒又弹曲。千万人杯皆入土,夏生冬死太须臾。"这里,"酒"凝聚着现实的快乐,然而杯底里沉淀的却是人生苦短的惨痛。

海亚姆生前并不以诗著名,而是以数学家、天文学家、医学家的身份受到人们的敬仰。科学家的身份,决定了他必然以理性主义的眼光去看待宇宙万物、人生人死等诸多问题,因此他信奉的是以法拉比(870—950)和伊本·西那(980—1037)为代表的伊斯兰教中的理性主义哲学,其核心是承认真主创造宇宙万物,而宇宙万物一经创造出来,便是独立于真主的客观存在。这种理性主义的源头正是伊壁鸠鲁的原子论学说和新柏拉图主义的学说。海亚姆的哲学思想在其诗歌中的表现是十分充分的,以致后人把他称为诗人哲学家。"陶工手中买陶罐,陶罐开口秘密言:曾是国王握金樽,现成醉者手上罐。"人死入土,尸体分解成原子与泥土融为一体,而这前人的尸土又被做成今日醉者手中的杯盏。朴素唯物主义的哲学与海亚姆诗人的锐感相结合,生出来的却是强烈的沧桑变幻的感慨。这里,"酒杯"成为人生无常的一个见证。"佳人快起慰我心,以你美丽解难困。你我泥土成罐前,美酒一罐共酣饮。"这里,"酒"是与乖戾岁月争夺人生的争夺者。可以说,诗人以酒为媒体,在宇宙与人生、永恒与短暂之间努力寻找着自己的精神归属。

海亚姆生活的十一世纪正是伊朗社会的转型期。著名伊斯兰教教义学家安萨里(1058—1111)把苏非神秘主义纳入正统伊斯兰教,二者相结合,逐渐成为伊朗社会的主导思想。苏非神秘主义的主要学说之一"存在单一论"认为:宇宙万物是真主属性的幻化和显现,除真主外无物存在。这时,伊本·西那的理性主义学说被视为异端,伊本·西那的著作遭到焚毁。自称是伊本·西那弟子的海亚姆,其内心的痛苦是可想而知的。然而,这种痛苦却是无法公开表达的,只好宣泄在诗中。而这些充满异端思想的诗歌也是不能公之于众的,这是海亚姆生前不以诗名著称的一个重要原因。作为科学家的海亚姆视正统教派为钳制人思想独立和心灵自由的桎梏。"红砖胜过帝王国,酒碗味赛贞女食。清晨酒徒叹息声,胜却贤哲之妙语。""滴酒胜过帝王权,胜过御榻和国土。清晨酒徒呻吟声,胜过伪僧假顺服。"这二首诗如出一辙,对所谓的正统者进行了毫不留情的抨击。这里,"酒"成了诗人与正统宗教抗争、争取思想自由、追求心灵自由的武器。"人说醉者下地狱,内心抵触又反抗。恋人醉者入地狱,明朝天堂空似掌。"伊斯兰教视饮酒为一种罪孽,要下地狱。但诗人却偏我行我素,纵酒为乐。海亚姆在认识论上与占正统地位的宗教思想所产生的冲突,一般只产生在少数精英身上,若公开对抗,必招祸患。饮酒的"逆徒"却是众多,俗话说法不责众,因此诗人把饮酒作乐作为追求心灵自由、反对正统教派的一种外在形式。"饮酒作乐是信条,摆脱是非乃宗教。何是岁月之聘金?快乐舒畅心情好。"在政治严酷的年代,海亚姆追求着属于自己精神自由的空间。这里,"酒"成了庇护心灵自由的港湾。

人生须臾,却装满了无数的痛苦。"何以解忧,唯有杜康。"于是在海亚姆那里,曹孟德成了知音,酒成了消解人生痛苦的灵丹妙药。"冬去春来又一年,生命之书快翻完。忧愁是毒解药酒,畅饮休悲乃箴言。""酒"能消解人生短暂的痛苦。"溪边田间花开时,两三佳丽相为侣,递过酒杯饮一盏,忘却庙堂清真寺。"同样,"酒"也能消解正统教派压制心灵自由的痛苦。借酒浇愁的外在表现形式便是及时行乐。"生命永恒在畅饮,青春收获也在此,正当酒花醉友时,生活乃是尽欢娱。"面对人生的种种痛苦,海亚姆选择了伊壁鸠鲁的快乐享受原则。这里,"酒"成了人生的真谛。"红花碧草尽欢笑,一周光阴又入土。摘花畅饮须及时,转眼花黄草也枯。"这里,及时行乐的"酒杯"里深藏的是人生苦短的凄凉。人生短暂,须及时行乐,而及时行乐更觉人生短暂。纵情愈深,痛苦也就愈深。因此,李太白的话才是真理:"举杯销愁愁更愁。"海亚姆把人生的种种痛苦融于酒,又把酒融于生命,然后从生命的深处倾洒于诗篇。读海亚姆的酒诗,如同聆听痛苦心灵的泣诉。

二

波斯中世纪的这种诗酒风流还与其宗教文化密切相关。从十一世纪起,苏非神秘主义逐渐成为伊朗社会的主导思想。苏非神秘主义在修行方面追求的正是一种迷狂状态,在迷狂中"心见"真主。获得这种迷狂状态的方式是多种多样的,可以是沉思冥想的内省方式,也可以是长时间的赞念、跳旋转舞等外在方式,甚至针刺肉体、蹈火等极端方式。不论什么方式,其特征皆是欲使人的精神游离于自我意识之外,让人的精神去体会自我意识之外的无限广阔的时空。酒的生理和心理作用也是可以使人达到这种迷狂状态的,正如尼采在《悲剧的诞生》中所说:"在酒神狄奥尼索斯的激奋的情感中,个人往往达到忘我的境界,""这醉狂的世界突破个体的范限,以整体的神秘感,使自己从个体的范限中解放出来。"[1]因此,酒所带来的醉狂在生理和心理机制上与苏非神秘主义所追求的迷狂是相通的。

另一方面,苏非神秘论者对《古兰经》中的有些经文往往作神秘主义的阐释。《古兰经》有多处提到"酒":"他们将饮封存的天醇,封瓶口的,是麝香"(83:25-26)、"天醇的混合物,是由太斯尼姆来的,那是一洞泉水,真主所亲近的人将饮它"(83:27-28)、"他们的主,将以纯洁的饮料赏赐他们"(76:21) 等。"天醇"、"纯洁的饮料"这两个词在阿拉伯语原文中即是"酒"一词,波斯语的《古兰经》也把这两个词直接译成"酒"。《圣训》曰:"至上的主为他的朋友们准备了酒,任何时候饮它都会沉醉,会因沉醉而精神振奋。"苏非神秘论者把经文中的"天醇"、"纯洁的饮料",以及《圣训》中的"酒"解释为真主的神智之酒。神智是一种认主的神秘智慧,这种智慧本身是真主直接赐予的,直接来源于真主,不同于来自实践经验或他人传授的知识。因此,神智是苏非神秘主义认为在认识真主的过程中不可或缺的智慧。诗人们还以《古兰经》和《圣训》中的这些章节为依据,称呼真主为"萨基",比如:"选活力持久者的爱情,即为你斟劲酒的萨基。"

---

[1] 陈鼓应:《悲剧哲学家尼采》,《悲剧的诞生》摘译,生活·读书·新知三联书店1996年版,第309、310页。

(《玛斯纳维》1:219)[1]

当诗人们通过酒能获得一种精神的觉悟,在他们眼中,这酒已不是现实中一种能够麻醉人或使人精神兴奋的液体物质,而是人在探求生命真谛的过程中的引航船,是使人精神获拯救的挪亚方舟,是使人认识真主、觉悟真主的神智。由此,现实中物质的酒得到升华,与宗教上的神智之酒结合在一起。这种结合使波斯诗人不仅把酒融于生命,倾洒于诗章,更将酒融于自己的宗教情感。因此,波斯诗人们的诗酒风流与苏非神秘主义在伊朗的迅速流行出乎意料地结合在一起,成为伊朗中世纪一种特殊的文化现象。

诗酒风流与宗教情感的结合又可分为二类:一类是非宗教人士的,以哈菲兹为代表,对于这类诗人,宗教只作为其信仰的根本而存在;另一类是宗教人士的,以莫拉维为代表,对于这类诗人,宗教是其生活的全部。我们这里先讨论莫拉维。

莫拉维(鲁米,1207—1273)的叙事诗集《玛斯纳维》和抒情诗集《夏姆士集》是苏非神秘主义诗歌的经典之作,其中《玛斯纳维》被誉为"波斯语的《古兰经》"。在这两部诗集中,有相当多的篇章涉及"酒"。作为苏非派长老和思想家的莫拉维,其"酒杯"中盛的完全是苏非神秘主义的学说。

莫拉维把酒分为"真主之酒"和"魔鬼之酒":"真主之酒喝

---

[1] 莫拉维:《玛斯纳维全集》,穆宏燕等译,湖南文艺出版社2002年版,括号中数字为卷、联数,以下同。

莫拉维（鲁米）

完如纯麝香,魔鬼之酒喝完又臭又脏"(1:323)。"真主之酒把人们带向那乐师(指真主),肉体之酒获益于这乐师(指尘世的感官享受)"(6:646)。"饮了真主之酒,会使人精神振奋,成为红玉中的红玉之红玉"(6:944);"饮了魔鬼之酒,在清算日,酒鬼的口中会散发出恶臭"(2:1414),会受到惩罚。"只要你是位单纯普通人,魔鬼会追着让你饮迷醇"(1:1875)。因此,"在此沉醉你就远离彼沉醉,有此沉醉你就不见彼酒杯"(1:576)。

"魔鬼之酒"无疑是指刺激人感官享受的现实中物质的酒。而"真主之酒"又可分为两类:一类是非现实非物质的神智之酒,比如:"饮了真主之酒,话语之水会沸腾在哑巴口,初生婴儿也会成雄辩之士,山峰饮了那酒也变得歌喉婉转"(6:2655-

2657)。又如:"我们的口粮是盛在金樽里的美酒,对于狗们来说瓦盆和肉汤就足够"(6:1902)。另一类是使人进入迷狂状态的现实中物质的酒,比如:"请把火焰般的美酒放在我手中,那时你再看我醉意朦胧的驰骋"(6:2017)。又如:"萨基啊,我们又醉酒生事吵闹不休,请给玫瑰红的美酒,让我们成为同一色。"第一句无疑是写饮物质之酒后的酒醉状态,第二句中"酒"的含义已发生转变。《玛斯纳维》第二卷2387—2399联讲了一督察与酒鬼的故事:半夜三更,督察看见一男子醉倒在墙根,欲把之送进监狱(这说明当时虽然对酒禁而不严,但仍视酗酒为罪孽)。督察想通过气味来断定他酗酒,便让酒鬼哈气,酒鬼开口却"呼啊呼啊"作语。这里,"呼啊呼啊"是双关语,既是象声词,又是苏非在迷狂中对真主的呼唤。酒鬼在沉醉中不停地将真主呼唤,因此,他喝的酒便是真主之酒。

同为现实中物质的酒,如何区分其为真主之酒还是魔鬼之酒?笔者的理解是:倘若饮者在酒醉时其灵魂处于懵懂昏昧的状态,这酒便是魔鬼之酒;倘若饮者在酒醉中灵魂却清醒,直逼宇宙人生的本真,这酒便是真主之酒。

然而,如前所述,在大多数情况下,真主的物质之酒和神智之酒是合二为一,不可区分的。只要这酒能使人认识真主、觉悟真主,那么,这物质之酒便是神智之酒,或者说,这物质之酒是神智之酒的载体,因为这物质之酒的本质已被改变。《玛斯纳维》第二卷3398—3423联讲了个故事:有人告诉一门徒说,其谢赫(即苏非长老)经常沉湎在娱乐场所滥饮,十分放荡,根本没有一点信仰。晚上,门徒前往酒肆去查看真情。从窗户外,果然看见其谢赫在饮酒。门徒很气愤,冲进酒肆质问谢赫为什么要饮这魔鬼之酒? 谢赫不慌不忙地把酒杯举给门徒,让他尝一尝。门徒一尝却是蜜。门徒再一看,整个酒肆里的酒都成了蜜,"真主之光将它充塞满盈,肉体之杯已碎,变成绝对光明"(2:3410)。这时,其他的饮酒者都匍匐在谢赫面前,说:"伟大的谢赫啊,你来到酒肆,你的光临使所有酒都变成了蜂蜜。你改变了酒的污秽本质,也请改变我们灵魂中的卑鄙"(2:3421—3422)。酒变蜂蜜只是个寓言,阐述的是此物质之酒非彼物质之酒的道理。

那么,是什么改变了物质之酒的污秽本质? 苏非神秘主义认为是对真主的神爱。神爱学说是苏非神秘主义的重要组成部分,它认为人只有淹没于对真主的神秘之爱中,焚毁私欲,灵魂才能得以净化,才能达到爱者(指人)—爱—被爱者(指真主)三者和谐完美的统一。《玛斯纳维》开篇就写到:"倾注芦笛的是爱的火焰,注入美酒的是爱的沸腾"(1:10)。把对真主的狂热的爱倾注在物质之酒中,在物质之酒带来的迷狂中觉悟真主,这便是神爱对物质之酒的改变,物质之酒因神爱而得到升华,成为启迪人认识真主的神智之酒。因此,苏非神秘主义认为神爱是人获得神智的根本途径。由此,笔者领悟到波斯古典诗歌中美酒情人紧密相伴之妙谛。

物质之酒与神爱的结合,使酒肆里的美貌姑娘"萨基"成为诗人们向真主"萨基"倾诉爱情的替身。"在酒店里只有那萨基是我们的主人,主人就是她啊,真主也是她,我们只知道她。"这里,倘若把"酒店"理解为非现实中的真主之酒店,那么第一句中的"萨基"即指真主本身,那么,第二句中"真主也是她"便不成立。因此,这里诗人是面对现实酒店中的萨基抒情,但此时诗人头脑中的"萨基"已不是现实中的萨基,而是至高无上的真主。这句诗颇具代表性,它代表了波斯情诗的一种普遍的表现方式,即诗人常常面对现实中的美人抒情,而诗人在抒情时心中的美人已不再是眼前的佳丽,已经转为真主,即所谓"眼中之竹非胸中之竹"的道理。这是波斯情诗中所爱对象的抽象性形成的关键原因。

我们在莫拉维的酒诗里读到的是浓厚的宗教之情。把自己完全交给真主的人,是感受不到人世沧桑、人生无常、生命苦短的痛苦的,其痛苦只有一个来源,即与真主分离。

三

在波斯中世纪的诗坛上最当诗酒风流本色的是哈菲兹(1327—1390)。《哈菲兹诗集》现存抒情诗和别的诗体的诗歌共500余首,其中具有酒意象的诗歌近八成,可以说酒的意象贯穿整个哈菲兹诗歌,成为哈菲兹诗歌的有机组成部分。哈菲兹的"酒杯"里,盛的是狂放不羁,是对精神自由的追求,是真正的风流。后来,哈菲兹的这种风流传到欧洲,倾倒了无数的诗人和哲学家。①

哈菲兹对精神自由的追求,首先表现为对苏非外在修行的公然蔑视、抨击和嘲讽。这里,酒是精神自由的代名词,是对抗以外在修行为代表的僵固教条的武器。在展开论述以前,先必须辨明几个概念:

"苏非神秘主义"一词的阿拉伯原文是"塔萨沃夫"(tasavvof)。"塔萨沃夫"包括两部分:一是"艾尔方"('erfān)。"艾尔方"在词根上与"麻勒法特"(ma'refat,即神智)一词关联,指的是苏非神秘主义中的理论体系,包括以沉思冥想为主要特征的内省式的精神修炼,意译为"神秘论"。另一部分是"塔萨沃夫"。"塔萨沃夫"在词根上与"苏非"(sufi,修行者)一词关联,指的是苏非神秘主义中外在的具体修行实践,意译为"外在修行"。因此,"塔萨沃夫"既指苏非神秘主义本身,又专指外在的修行实践。作为一种思潮,其核心当然是其理论体系,因此,人们在谈论"塔萨沃夫"(苏非神秘主义)时,往往指的是"艾尔

---

① 哈菲兹诗歌传到欧洲后,产生很大影响。歌德读了哈菲兹的诗集后,激情勃发,创作了《东西诗集》,还专门作诗献给哈菲兹,见《歌德诗集(下)》,钱春绮译,上海译文出版社1982年版,第337页。黑格尔在其《美学》中多处论及哈菲兹,说哈菲兹的许多诗歌"显出精神的自由和最优美的风趣"。见《美学》第三卷下册,商务印书馆1981年版,第226页。恩格斯也在著作中多次谈到哈菲兹,说:"读放荡不羁的老哈菲兹的音调十分优美的原作是令人十分快意的。"见《马克思恩格斯论艺术》第二卷,中国社会科学出版社1982年版,第102页。其他诸如普希金、莱蒙托夫、叶赛宁等许多大诗人和尼采、丹纳等哲学家都在自己的著作中对哈菲兹有过赞誉,不一一例举。

现代细密画：哈菲兹

方"。因此，有时这两个词是同义词，是可以互相替换的。但当"塔萨沃夫"指外在修行实践时，又是和"艾尔方"相对的，不能互相替代。这是极容易混淆的两个概念。

具备"艾尔方"智慧的人被称为"沃勒夫"('Āref)，意译为"神秘论者"，一般指道行高超的长老，而在教团跟随长老修行（这种修行往往是外在修行）的信徒被称为"苏非"（还有"法基尔"等其他一些称呼）。在苏非神秘主义的兴盛时期，沃勒夫往往同时也是苏非（不排除个别例外），而大多数的苏非是不能称为"沃勒夫"的。因此，在莫拉维的诗里，有些地方"沃勒夫"与"苏非"这两个词可以互相替换，也有些地方"苏非"一词是不能替换为"沃勒夫"的。然而，目前国内学术界没有将"艾尔方"与"塔萨沃夫"、"沃勒夫"与"苏非"这两组概念区分开，在很多时候混为一谈。

对于修行者来说,"塔萨沃夫"(外在修行)与"艾尔方"是统一的,是构成苏非神秘主义不可分割的两个方面。然而,对于不在苏非教团的广大教众来说,过的是柴米油盐的常规生活,他们不是修行者,因此"塔萨沃夫"所推行的种种外在的具体修行实践,他们一般是做不到的,对他们思想产生影响的主要是"艾尔方"神秘理论。因此,在广大教众中,"塔萨沃夫"(外在修行)与"艾尔方"呈现出分离的趋势。随着时间的推移,这种分离趋势愈加明显。外在修行因不合常规生活越来越成为少数信徒的实践方式。这少数的修行者也越来越不被人们理解,逐渐成为人们嘲讽的对象。

伊朗萨法维王朝(1499—1775)建立后,扼制苏非神秘主义,使"塔萨沃夫"(外在修行)逐渐退出伊朗的历史舞台。现在,只在偏远地区的道堂里,才见得到苏非修行者,而"艾尔方"学说却积淀成为伊朗传统文化的一部分。在现在的伊朗,沃勒夫与苏非完全是两个不同的概念,很多卓有成就的人文学者都自称是"沃勒夫",而否认自己是"苏非"。这种情况颇似中国的道家与道教。道家与道教本是两个不同的东西,后来结合在一起,再后来二者又分离,以炼丹术为主要特征的道教成为道观里极少数道士坚守的信仰,而道家则成为中国传统文化的组成部分。

进行外在修行的苏非从受人尊敬到被人嘲讽,是一个渐变的过程,其起始时间是不可考的。但是,我们在哈菲兹的诗集里读到大量嘲讽苏非的诗歌。哈菲兹博闻强识,自幼就能背诵《古兰经》("哈菲兹"一词的原意即为"能背诵《古兰经》者"),在青年时期就诗名远播,他的诗作被人们争相传诵。这说明对苏非的嘲讽在哈菲兹时代不仅不是个别现象,而且还为人们所津津乐道。让我们来看两首例诗:

> 苏非啊,快把花儿摘,快把僧袍弃,
> 快把这枯燥的修行交给可口的酒汁,
> 快用琴瑟的旋律取代你那妄语狂言,
> 快把念珠和僧衣交付给美酒和酒肆,
> 那繁琐的修行并不受萨基美人青睐,
> 快到旷野中,把它交付给春风香息。

> 快来,苏非,让我们脱掉伪善的僧袍,
> 把这虚伪的标志一笔勾销!
> 让我们把给寺院的捐赠捐给美酒,
> 把那虚伪的僧衣脱下往酒里抛。
> 真主的秘密啊就在幽玄的帷幕中,
> 让我们趁着酒意揭启她脸上的面罩。

诚然,某些恪守教条的苏非视饮酒为罪恶,然而,如前所述,苏非饮酒者大有人在。把僧袍当酒,并非真的是劝苏非进入酒肆纵酒为乐,而是劝苏非抛弃繁琐修行,去追求精神自由,在精神自由中觉悟真主。因此，在哈菲兹的诗歌里，酒成了精神自由的代名词。在他看来，那些束身修行、足履绳墨的道貌岸然的苏非是多么滑稽可笑，繁琐的修行完全就是对精神自由的扼杀。"既然我心里的血已被修道院污染，那么用酒给我施洗也是理所当然。"哈菲兹把纵情于酒作为通向自己人生目的的一种生活方式，并将之融于自己的生命形态。"若苏非从美酒的光中悟得幽玄的奥秘，就会明白每个人的本质都由这红酒构成。"前面已论述物质之酒与神智之酒的内在联系。哈菲兹寄情的无疑是物质之酒，然而，在哈菲兹心中，这物质之酒即是觉悟真主的神智之酒，在精神自由中获得的觉悟胜过种种的教条和修行。"做真主的勇士吧，在挪亚方舟里，有狂风巨浪吞不没的陆地。"在哈菲兹的诗里"挪亚方舟"常常指代"酒杯"，而挪亚方舟本身又是人在大洪水中唯一能获拯救的工具。这双关语义的叠加使"酒"成为人在纷扰尘世，挣脱束缚，获得精神拯救的唯一工具，这"酒"既是物质之酒，又是神智之酒。因此，在哈菲兹的生命意识里作为追求精神自由之媒体的物质之酒，隶属于莫拉维所说的真主之酒的范畴。

哈菲兹对精神自由的追求还表现为对爱情的追求。爱是一种能促使人激情迸发的情感。爱情使无数人成为诗人，也使无数诗人吟出不朽的篇章。哈菲兹的情诗由于大量使用苏非神秘主义惯常使用的一些术语（比如：光、倒影、显现、面纱，等等），以及其所爱对象的抽象性，使他的诗歌呈现出模棱两可的情趣旨意。追求世俗之爱的人认为哈菲兹是情歌圣手,哈菲兹诗中"生命诚可贵,爱情价更高"的情怀,使无数人倾倒。追求神爱的人,却品味出哈菲兹神爱至上的境界,更是对他推崇备至,把他的情诗奉若经典。他生前好友古兰丹姆在他编纂的《哈菲兹诗集》序言中就说道:"苏非派歌颂真主时,听不到哈菲兹激动人心的诗,就唤不起狂热的感情;酒徒欢聚时,不吟咏他的情意缠绵的诗句,就感到意犹未尽。"[1]"萨基哟,快把香浓的醇酒斟满,爱情之路啊,总是先易后难。酒家老人吩咐:快快膜拜那美酒。行路者深知路在何方该如何走。"这时,酒是爱之路上的必备口粮。若这爱是世俗之爱,这酒便是爱的激情的发酵剂;若这爱是神爱,这酒便是神爱之路上启迪人觉悟真主的神智之酒。让我们再看一首例诗:

> 萨基哟,快用美酒的光辉照亮我们的酒杯,
> 歌手啊,快唱吧,世事已如我们心意,
> 我们在酒杯里看见了情人芳容的倒影,
> 懵懂者啊,怎知我们嗜酒成癖的欢愉。

若以世俗之爱论之,"酒杯里看见了情人芳容"则把恋人对情人的思念写得刻骨铭心、出神入化。若以苏非神秘主义的观

---

[1] 转引自张鸿年:《波斯文学史》,北京大学出版社1993年版,第178页。

点论之,诗人既是在物质之酒中沉醉,在沉醉中"心见"真主,又是因真主的神智之光(美酒的光辉)照耀人的存在(酒杯)而获得觉悟,在觉悟中目睹真主的显现,这其中的愉悦真的是普通人无法参透的。

爱本身能使人的精神生出翅膀,自由翱翔。然而,世俗之爱与情欲密不可分,还常常掺杂着许多私心杂念,这些无疑是精神之翅的拖累。而神爱却荡涤了情欲,荡涤了一切杂质,只剩爱本身——纯净的爱。这时,爱成了生活的目的,成了生命价值的体现。在这样纯净的神爱中,人的精神之翅是彻底地舒张,自由自在地飞翔。"艾尔方"学说发展到后期,神爱成为其精髓,为广大教众所接受。考虑到哈菲兹所处时代的宗教文化环境,以及哈菲兹本人对精神自由的追求,笔者更倾向于认为哈菲兹的情诗在很大程度上抒情的对象是"眼中之竹非胸中之竹"。"在爱之路上,寺院与酒店并无两样,哪里有情人的芳容哪里就有光。"这里,"寺院"与"酒店"并列在"爱之路"上,正说明这"爱之路"是神爱之路,不论是在"寺院"还是在"酒店",只要专注于对真主的爱,就可以觉悟到真主。

哈菲兹把纵情于酒与爱情至上、蔑视教条完美地结合在一起,形成一种落拓不羁的任情性格。这种落拓不羁的任情性格在诗歌中所形成的一种特定的潜质,使哈菲兹在对人世沧桑、人生短暂的感慨上,虽然继承了海亚姆思想的衣钵,却给人不一样的体会和感受。"百花绽放时光好,只有酒杯应握牢,园中畅饮须及时,一周之后花已凋。""天已破晓快斟酒,苍穹旋转不停留,短暂世界毁灭前,沉湎红酒醉方休。"这两首诗都极像海亚姆的诗。然而,海亚姆的诗让我们体会到诗人在及时行乐中内心深藏的痛苦,而哈菲兹的诗却让我们感受到诗人在人生短暂的感慨中饮酒的豪情。"抑或郁金香深知世事变幻无常,一降生就从未让酒杯离开手掌。"在海亚姆的诗中世事无常是痛苦的缘起,而在哈菲兹那里世事无常成为纵酒为乐的借口。"尘世的痛苦已让我疲惫不堪,除了美酒还有什么能把我羁绊,酒家老人啊,快来救救我,用一口美酒使衰老的我青春再现。"这里,诗人渴望的是美酒带来的沉醉消解尘世的痛苦,体会沉醉中精神自由翩跹的愉悦。

哈菲兹在落拓不羁、任情自得、逍遥浮世中,执着于自己的人生目的:摆脱约束,在醉态迷狂中体验生命的欢欣,在精神自由中走向生命的圆满,回归真主。在哈菲兹那里,追求生命的价值,追求精神的自由,与追求宗教情感上的皈依并不是矛盾的二者,而是统一的一元。哈菲兹诗歌中浓厚的神爱色彩也证明了这一点。追求精神自由,并非是要摆脱真主绝对意志的支配,而是要挣脱僵固的教条对人思想的束缚,超脱纷扰的尘世对人精神的玷污。因此,追求精神自由与投身于真主的怀抱非但不矛盾抵触,而且,投身于真主的怀抱正是追求精神自由的目的之所在。正如哈菲兹自己所说:"在这苍穹下我将做那意志的奴仆,不论以什么形式皈依即是自由。"

酒让海亚姆更加体会到生命的痛苦,酒却让哈菲兹在摆脱痛苦中体验到生命的欢欣;在酒的沉醉中,哈菲兹获得的是精神的自在自由,是一种随意与畅达,而莫拉维在沉醉中是对绝对意志的倾情关注,是一种刻意与执着。正是这种随意与畅达,使得哈菲兹的诗歌在经典化的基础上民众化世界化了,这一点正是莫拉维所不及的。

海亚姆与哈菲兹二者诗酒齐名,其地位和影响在伊朗之外可谓并驾齐驱,难分伯仲。然而,在伊朗国内,海亚姆其著名诗人的地位首先是由欧洲人确立后,才转入伊朗国内的,民众喜爱的程度、尤其是官方赞赏的程度都远不及哈菲兹。酒香浓郁的哈菲兹诗歌,几个世纪以来,成为伊朗这个伊斯兰社会中各个阶层的人士共同喜爱和推崇的经典。据统计,《哈菲兹诗集》在伊朗的发行量仅次于《古兰经》。至今,伊朗人遇事问吉凶时,总是用《哈菲兹诗集》来占卜。由此可见,哈菲兹诗歌已融入伊朗民众的精神生活与日常生活之中。在笔者看来,这正是由于海亚姆对精神自由、思想独立的追求更多的是秉承了具有古希腊哲学特征的伊斯兰理性哲学传统,而游离于伊朗本民族的文化传统和宗教精神之外;而哈菲兹对精神自由的追求,是与本民族的文化传统和宗教精神紧密融合为一体的。

国内绝大部分学者是唯物主义的无神论者,因此有些学者在分析海亚姆和哈菲兹的诗歌时常常把自己的意识形态加诸于诗人身上,认为他们都是反宗教的。笔者认为这种观点是错

古典细密画：园中畅饮须及时，转眼花黄草也枯

误的。这种观点本身就不是以历史唯物主义的眼光去看待问题。在神权占统治地位的中世纪,宗教意识形态贯穿其一生的人,在根本信仰上是不可能反对这个宗教本身的,其反抗在很大程度上是同一宗教内的教派或观点之争,然后是反对该宗教中某些人为的束缚人的僵固的教条,而不是从信仰上反宗教。

最后必须谈到的一点是,酒本身与诗的关系历来十分密切。在很多时候,酒是诗人灵感的催化剂。尼采在《悲剧的诞生》中认为日神阿波罗和酒神狄奥尼索斯所代表的梦幻与醉狂是艺术的两个动力。[1]一般说来,在酒带来的激奋情绪中,情感丰沛、才思敏锐的诗人总是诗情勃发,美妙诗句似泉喷涌。在世界文学中不乏这样的例子。伊朗中世纪诗人辈出,是一个空前的诗歌繁荣的鼎盛时期,形成这种局面的原因是多方面的,酒的生理和心理作用不能不说是其原因之一。波斯诗人把酒色与诗、酒色与宗教、宗教与诗完美地结合在一起,使得充满美酒美色的波斯古典诗歌毫无香艳奢靡的浮滑气,只有痛苦与激情。

(本文刊载于《东方文学集刊》[1],
湖南文艺出版社 2003 年 8 月出版)

---

[1] 陈鼓应:《悲剧哲学家尼采》,《悲剧的诞生》摘译,生活·读书·新知三联书店 1996 年版,第 309、310 页。

福露格:改变伊朗离婚法的女诗人

福露格·法罗赫扎德(Forugh Farrokhzad,1934—1967)是伊朗现代诗坛上最无畏不屈的杰出诗人,她的一生是与社会传统习惯势力不屈抗争的一生,她的生命在抗争中戛然而止,留给活的人巨大的心灵震撼。

1934年,福露格出生于德黑兰。其父亲是一位军人,平时很少在家,即使在家,也非常严肃,不苟言笑,一般不与孩子们玩耍,孩子们都怕他。所幸的是父亲除了读书之外没别的嗜好,酷爱读诗歌,购置了大量的图书,把整个家变成了一个图书馆,让孩子们受益匪浅。酷爱读书的福露格很小就表现出了惊人的才华,从十四岁起就开始写诗,并且写得一手好文章,她的作文老师都不太敢相信那些成熟的文字是出自她之手。福露格的母亲是位演员,在孩子们面前比较专制,总是强行要求孩子们按她自己的意愿行事,对孩子们的内心需求和教育却比较忽视。在兄弟姐妹中,福露格从小性格就非常倔强,每每对父亲的严

福露格·法罗赫扎德

厉和母亲的专制不服软,有一次竟把母亲强行要她穿的一件衣服剪成碎片。

父母对福露格倔强逆反的性格也颇感头痛,早早为她安排了亲事,在1950年把她许配给了一位远房亲戚帕尔维日·沙普尔。在那个婚姻由父母做主的年代,十六岁的福露格没有其他的选择。应当说,福露格是包办婚姻中比较幸运的一个。沙普尔比福露格大十五岁,是一位小有名气的讽刺漫画家,有良好的艺术情趣和修养,人品也不错,对福露格有着父兄般的疼爱,福露格也就喜欢上了他,同意了这门亲事,没有出现父母担心的抗婚场面。于是,两人很快结婚,婚后福露格随丈夫去了伊朗南方大城市阿瓦士。

新婚的福露格无疑是幸福的。福露格后来在《追忆往事》一诗中写道:

> ……
> 明月看见,我融化了
> 他的铁石心肠,以自己柔情之魔术;
> 明月看见,激动的泪花在颤动,
> 在他那野性而色彩怪异的双目。
>
> 月色柔媚的深夜,我们去
> 驾一叶扁舟在无边波浪的胸,
> 划破半夜无序的静寂,
> 星星的亮光在我们筵席上波动。
>
> 他睡在我裙上似孩子,我温柔地
> 亲吻他进入梦中的双眼。
> 我的裙子落入波涛之口,他
> 拽起那落入水中的裙边。
> ……

多么温馨浪漫的画面,多么柔情似水的一对夫妻。的确,在人们看来,他们的婚姻家庭生活是幸福美满的。

一年后,他们的儿子出生了。一个新生命的诞生既会给一个小家庭带来无边的幸福,但同时也会给小家庭带来诸多辛劳,倘若处理不当,势必会影响夫妻间的关系和谐。遗憾的是,沙普尔与福露格这对恩爱夫妻正是在这个问题上出现了分歧和矛盾。

福露格是一位早慧的女孩,虽然没有受过高等教育,但有很高的天赋,酷爱诗歌,很早就开始创作诗歌。结婚后,尤其是生孩子后,热爱诗歌的福露格忽然之间诗歌创作的激情喷涌,几近于疯狂的状态。她几乎每天都处在一种诗歌创作的亢奋状态:在厨房里写诗,在缝纫机上写诗,上街买东西时也在写诗。结果是饭在炉子上烧糊了,衣服被熨斗烫出了洞,该买的东西没有买回来,家里没有洗的脏衣服成堆,孩子在摇篮里饿得哇哇大哭,而年轻的女诗人却沉浸在诗歌创作中。福露格沉迷于读书和诗歌创作,无暇顾及家务和孩子,由此与丈夫沙普尔产生矛盾。

沙普尔尽管是一位受过现代教育的艺术家,但在思想意识中对女人的看法与社会传统习惯没有任何差别,并没有把妻子认作是与自己并肩同行的伙伴,仅仅是当作男人幸福生活的一个辅助性角色。在他们的思想意识中,妻子懂点文学艺术未尝不可,可以增加他们向人炫耀的资本,但妻子的首要职责是相

福露格与丈夫沙普尔

夫教子,料理好家务,照顾好孩子,不能把本职工作和业余爱好搞倒置。

但是,福露格是一位有着强烈自我意识的女性,不甘愿将自己局限在男权社会对女人规定的社会角色中,做这样的辅助性角色,做男人眼中的贤妻良母,为丈夫和孩子牺牲自己的人生价值。福露格后来在给友人的信中写道:"……那样的话,世界就是一间小屋子。我将满足于参加舞会,穿漂亮时髦的衣服,同邻居女人瞎聊天,同婆母吵嘴,总之成千种毫无意义的肮脏琐事。我将不会认识到更广阔更美丽的世界,就如同一只蚕在一个狭窄黑暗的天地,在自己的茧中蠕动、生长、结束自己的生活。然而,我不能也不曾能这样生活。当我认清楚自己,我就开始了针对这种愚蠢生活的反抗和叛逆。我始终希望能成为一名伟人,我不能像千百万其他人那样生活——在某天来到世上,又在某天离开世上,而在他们的来往之间没有留下任何痕迹。"于是,一心希望实现自我价值的福露格与一心希望她做贤妻良母的沙普尔矛盾日益尖锐,夫妻间的争吵越来越频繁,让福露格感到身心俱累,她在《囚徒》一诗中痛苦地写道:

> 我要你,而我明知不可能,
> 我无法如愿地将你拥抱。
> 那澄净明亮的天空即是你,
> 我是鸟儿,囚禁在这牢笼一角。
>
> 在冰冷而漆黑的栏栅中,
> 我痛楚的眼光迷茫地望向你,
> 我向往有只手伸过来,
> 我能忽然张开翅膀飞向你。
> ……

福露格感到自己被囚禁在一个由传统习俗构成的牢笼中,看不到自由飞翔的希望:

……
我也是一个女人,一个
心在你的天空中展翅翱翔的女人
我喜欢你,精妙的幻想啊
我喜欢你,不可能的希望啊!(《坦白》)

福露格之所以觉得自己想在空中翱翔的希望是不可能实现的,是因为当时伊朗的婚姻法规定只能丈夫休弃妻子,妻子不能主动离开丈夫。福露格希望沙普尔主动提出离婚,但沙普尔在内心深处依然爱着福露格,不同意离婚。福露格在无奈中向亲朋好友求助,希望他们出面劝说沙普尔主动提出离婚。但是,亲朋好友中没有一个人向着福露格,都认为她在无理取闹,在大家眼中,沙普尔是个百里挑一的好丈夫。福露格未尝不知道沙普尔是个传统意义上的好丈夫,但她更知道自己在沙普尔爱的牢笼里将会永远没有自己飞翔的空间,她渴望在蓝天中飞翔,而不是在笼子中扑腾挣扎。

由于沙普尔执意不肯主动离婚,福露格父母曾经担心的"抗婚"终于发生了,倔强的福露格在1954年主动上诉法院,提出要同丈夫离婚。五十年代初的伊朗虽然正在各个领域进行着现代化的改革,但在婚姻方面仍是一个保守的伊斯兰社会,福露格的叛逆行为在世俗眼光中被看作是极不守妇道,在伊朗引起了轩然大波,媒体连篇累牍地报道和渲染,几乎是众口一词的谴责,卫道士们的抨击更是猛烈。一时间,福露格成了全伊朗的负面新闻人物。福露格的家人也为此受到连累,名誉受到伤害,因为福露格的父母在德黑兰也算是有头脸的人物。父母把自己受到的伤害倾泄到福露格身上,对她进行严厉责骂。

对于媒体的谴责,福露格以沉默对之,将自己心中的话都倾注到了诗歌中。对于家人的责难,福露格在给父亲的信中说:"我不是一个坏女孩,我从不愿意我的生活引起家人抬不起头来。我走上这条路,正是为了我的家人能因我的存在而引以为自豪。我就是如此想的,我相信我有一天会达到自己的目标。"福露格还说:"诗歌改变了我的灵魂,……我不能忍受千百万人所过的普通生活,我不再考虑结婚,我想过一种与众不同的生活,在我们的社会中成为一名出色的女性。"由此可见,福露格心中的自我意识是多么强烈。

当时的伊朗,巴列维国王倡导的现代化改革正在各个领域如火如荼地进行,改革派一直想对旧的婚姻法下手,因传统势力强大而一直不敢贸然行动。福露格诉讼离婚案成了当时的一个典型案例,改革派想借此案推动婚姻法的改革。于是,报纸上出现了一些支持福露格的文章,结果形成支持派和反对派的公开辩论。就这样,福露格自己个人的离婚请求成了全伊朗的一个公众事件。1955年,受改革派影响的法院判决福露格与其丈夫沙普尔离婚。福露格以自己无畏不屈的倔强,在法律尚不允许的情况下,终结了伊朗女人不能主动离婚的历史,为自己赢得了飞翔的权利。福露格离婚案成为伊朗婚姻法改革的导火索,这之后,妇女的离婚权利越来越受到关注。但是,男权制几千年来所形成的伦理道德体系,根系发达,盘根错节,成为人们(男人和女人)心中难以打开的死结,不是一下就能解开的。伊朗解开婚姻法这个死结的时间从1955年福露格离婚案算起,用了整整十二年的漫长岁月。1967年,伊朗终于正式在法律上赋予妇女主动提出离婚的权利,福露格毫无疑问是昂首挺立在这十二年漫长岁月起点上的坚强女性。

二

男权制几千年来所形成的伦理道德体系是一张密实而无形的网,无处不在,走出家庭的福露格,并没有感受到轻松自由生活的惬意,而是充满了深深的自责,在社会传统为女人规定的角色和自己想要成为的角色之间的冲突中痛苦挣扎。这在她的诗歌中有清楚的反映,《逃避和痛苦》描述了福露格离开丈夫时的痛苦和自责,这说明二人并非感情完全恶化破裂:

……
啊,胸膛在灼热的高温中燃烧,
别再向我询问烈焰的情况。
我曾希望是烈焰,昂起叛逆的头,

> 却成为鸟儿关在笼一角,囚徒。

> 我是不安分的灵魂,夜晚对自己一无所知,
> 我在沉默中痛苦地哭泣,
> 对所做不安,对所说后悔,
> 我知道我配不上你和你的爱情。

依据传统法,福露格年幼的儿子卡米亚尔被判给了父亲,并且福露格被剥夺了对儿子的探视权,这对做母亲的福露格是一个非常沉重的打击,更加重了她内心的自责。《被抛弃的家》一诗将福露格内心的痛苦和自责表露得非常深刻:失去了母亲的孩子在哭泣,失去了妻子的丈夫守着空床,那遥远的家因失去了女主人而凌乱不堪,读来真是让人无比心酸。在诗的最后,福露格坦言自己是为了诗而舍弃了家庭和幸福:

> 然而,我已精神疲惫而惶然,
> 我正在夙愿之路上旅行,
> 我的朋友是诗,我的情人是诗,
> 我要去把他抓到手中。

福露格强烈的诗歌创作愿望和强烈的事业心和求知欲,使她感到家庭生活局限了她的发展,限制了她的发展空间。福露

格是一只渴望在浩瀚的天空中自由翱翔的鹰,狭小而精致的笼子怎能囚禁得住她?虽然也曾彷徨,虽然也曾迷惘,但最终还是冲破笼子,展翅高飞了。

离婚后的福露格相继出版了诗集《囚徒》(1955)、《墙》(1956)和《叛逆》(1958)。这些诗集为福露格既赢得了诗名,也招来了骂名。甚至有人恶意曲解她的诗歌,对她进行人身攻击。《囚徒》表现的是福露格对传统社会和家庭的叛逆,以及由此而生的面对亲人的自责,但诗人对自己所选择的道路坚定不移。福露格是与娜拉、子君完全不同的叛逆女性,其反抗更多的是基于对做一名成功女性的执着追求,并没有局限在对妇女既定命运的单纯反抗上。而娜拉与子君对命运的反抗是一种自发的行为,是为了反抗男权制的压迫而反抗,没有一个明确的目的,因而才会出现"娜拉出走以后怎么办"的问题,才会出现逃离了封建包办婚姻的子君却在自由婚姻中夭折。福露格对命运的反抗是一种自觉的行为,有着明确的目的,要实现一名女性的自我人生价值,要做一名出色的女人和伟大的诗人。

然而,一心为做一位名诗人而走出家庭的福露格却在离婚之后忽然感到诗歌创作的灵感消退,这使福露格感到十分的痛苦,乃至惶恐,似乎在自己所选择的路上看不到成功的希望。诗集《墙》表现的正是福露格的这种惶恐,是一种内心挣扎:

今夜在你崇高的门前

> 我因灵感的诱惑而迷惘
> 我的生命因这奋斗陷入困境
> 诗啊……吸血的女神啊
>
> 已很长时间了那支神灵的歌
> 你已不在我耳边慈祥地唱起
> 我知道你依然嗜血
> 然而,够了啊这所有的牺牲(《牺牲》)

的确,为了诗歌福露格舍弃了家庭,舍弃了名声,作出了常人难以作出的牺牲,忍受了常人难以忍受的痛苦。诗歌创作灵感的一度消退,使福露格感到失去了精神支柱,失去了向导,不知道路在何方:

> ……
> 我走着……然而我不问自己
> 路在何方？驿站在何处？终点是什么？
> 我给予吻,然而我自己也不知道
> 这颗疯狂的心将谁置为偶像(《迷失》)

命运似乎总是与诗人作对, 本想冲出牢笼后是海阔天空,却不承想一头扎进了黑暗之中。其实,之所以出现这种情况,并非真的是因为诗人的诗歌创作灵感消退(倘若果真如此,我们就不会读到《墙》这部诗集),而是冲破家庭牢笼后的诗人要独自一人去面对纷繁复杂的人生世界时所产生的无所适从和不知所措,是一种挫败感。这种挫败感经过心理因素的整理以诗歌创作灵感消退的幻象表现出来。诗人在黑暗中冲撞,却似乎四周都有一道无形的墙,人在其中找不到出路:

> ……
> 我要逃离你,以便我在
> 远离你的地方开辟
> 一条通往希望之城的大道
> 在城内
> 将梦幻之殿的金色的沉重的锁打开
>
> 然而你的眼睛以无声的呐喊
> 使大道在我的视线中昏暗
> 依然在它的奥秘之黑暗中
> 在我周围砌上墙(《墙》)

伊朗著名诗评家米·阿扎德评论说:"《墙》显示出想把整个传统的束缚都打破的人却发现自己处在一个找不到自我的世界中,其周围都砌着围墙。"这无疑是福露格在反抗命运的过程中遭受到的严重挫折和打击。诗人努力想要去实现自己的理想，从而反抗命运的安排，但结果却是诗人反而迷失了自我。

诗集《叛逆》由长诗《叛逆》和若干短诗组成，以《古兰经》"月亮章"中的片段作为序，显示出该诗集的哲学寓意。长诗《叛逆》探讨了"人性"和"魔性"，探讨了个人意志与宿命的哲学命题，表现出福露格对人的宿命的质疑。在该诗中，诗人引经据典地指出，撒旦本身也是真主的创造物，是真主将诱惑亚当夏娃的手段赋予了他。他所做的事情，正是在完成真主赋予他的使命。福露格在诗中指出了被造物人和撒旦各自所受到的限制，从而将"神性"拉到了前台，责难真主创造了这个充满罪恶的世界。诗人在最后希望自己能站在真主的位置片刻，以便创造一个充满真善美的世界，使整个人类获得自由。

福露格在冲出家庭牢笼后所遭受的人生挫折和心理挫败，使她转而对"神性"产生质疑，显示出福露格的思想在向一个更高的层次飞跃，它使福露格的眼光从专注于性别差异的局限中跳出来，开始对更具普遍意义的"神性"、"人性"和"魔性"进行思索，尽管这种哲理性的思考在《叛逆》中还不是很成熟。在《叛逆》中福露格从对妇女既定命运的反抗转变为近乎以卵击石的对人的宿命的反抗，是福露格身上秉具的不屈不挠的悲剧精神的必然性发展，使福露格的诗歌更彰显出一种崇高的悲剧美。

在迷惘彷徨中，福露格与一位曾经正面报道过她离婚事件的记者相恋了。但是，慢慢地福露格感觉到这位记者人品欠佳，

离婚后的福露格

便决然与他分手。没想到,这位记者为打击报复,竟把福露格写给他的私人信件在报纸上披露。由于信件涉及很多个人隐私,福露格感到自己犹如赤身裸体被暴露在公众面前一样,身心受到巨大的伤害。福露格经受不住这样的打击,精神一下崩溃了,住进了精神病院。

病情好转稳定之后,福露格为了逃避新闻媒体的追踪,只身到欧洲旅行,以期能获得某种精神上的安宁和解脱。她在意大利和德国生活了十四个月,欧洲之行对于福露格来说是富于成效的。福露格以坚韧不拔的毅力如饥似渴地学习欧洲文化,在短短的时间内学会了意大利语和德语,能用这两种语言熟练交谈,并且还翻译了不少意大利和德国的文学作品。福露格在给父亲的信中说:"我做每一件事都是为了扩展自己的智力和理解力,我从不为获取文凭而学习,而是为了拓展我的知识广度,以使我能够从事我所热爱的诗歌并取得成功。"

福露格带着心灵的挫折感开始了欧洲之行,在德国学习生活期间,深受尼采思想的影响。可以说,是尼采哲学中超越苦难与死亡的强大精神力量使福露格重新振作起来。欧洲之行打开了福露格的眼界,拓展了福露格的知识结构,深化了福露格的思想层次,促使福露格走向精神上的超越,为福露格的后期诗歌向哲理化发展奠定了坚实的基础。回国之后,福露格完全恢复了精神状态。

三

1958年,重新振作起来的福露格经人介绍,进入伊朗著名电影导演易卜拉欣·古勒斯坦的电影工作室工作,先是担任文字处理工作,后在古勒斯坦的电影中扮演过次要角色。由此,二十四岁的福露格接触到电影制作,并对之产生了强烈的兴趣。1959年,福露格去英国留学,专门学习电影制作。学成回国后,福露格开始独立制作电影。1962年,福露格带着自己的摄制组,赴伊朗大不里士麻风病人聚居区,拍摄了关于麻风病人生活的纪录片《黑暗的家》。为拍摄这部片子,福露格完全与麻风病人生活在一起,表现出了高度的人道主义精神和无畏的敬业精神,还将一位麻风病人的孩子收作养子。1963年冬,《黑暗的家》在德国国际纪录片节上获得最高奖,电影评论家们给了这部影片极高的评价。1965年,鉴于她对麻风病人作出的杰出贡献,联合国教科文组织拍摄了有关她的生活的纪录片《福露格·法罗赫扎德》,该纪录片后来在国际纪录片节上获最高奖提名,这对福露格来说无疑是一种极高的荣誉。1966年,福露格又应邀到意大利参加电影节。同年,瑞典有关人士向她发出邀请去瑞典拍片,福露格接受了邀请。由此可见,福露格在电影界的成就也得到了大家的认可。

在从事电影制作期间,福露格在诗歌上沉默了几年。这沉默的几年也是福露格砥砺思想的几年。在这几年中福露格如饥似渴地阅读了许多欧洲哲学著作和文学作品,重新研读了《古兰经》和《圣经》,以及波斯古典哲学和文学著作。另一方面,从事电影事业进一步开拓了福露格的视野,增加了福露格的人生阅历,对福露格的后期诗歌向深度发展起到了极大的促进作用。这些阅读和阅历打开了福露格的视野和思想,使福露格从只看见自己头上一片天的井蛙变成一只真正遨游天际、俯瞰人生的鹰。当一个人站得高,势必就看得远。看得远,因而也就想得深。

福露格在几年的沉默之后,又突然绽放,出版了两部诗集《再生》(1963)和《寒季虽临我们当心怀信念》(1965)。这两部诗集中的诗歌虽然也大部分是描写个人情感,但福露格对这种情感改变了审视的角度,将自己的这种情感与开阔的眼界和思想结合在一起,努力使自己从有限的小"我"去审视人的生命本身,思索生命的意义,从而使这种情感具备了形而上的普遍意义。福露格也因这两部诗集获得了一种再生,完成了精神上的超越。

对福露格后期诗歌创作起到促进作用的事件,除了欧洲之行和电影制作之外,另一重大事件就是福露格与著名导演古勒斯坦之间的爱情。爱情照亮了诗人的生活,诗人也因爱情迸发出诗歌创作的激情,她的后两部诗集可以说是这份爱情的结晶。古勒斯坦不仅是一位导演,而且也是著名的作家和诗人,与福露格志趣相投。尽管此时古勒斯坦已有妻室,但他们还是情不自禁地双双坠入爱河。毫无疑问,在传统眼光中,他们的爱情是不道德的,至今没有他们俩的合影被公诸于世:

> 他们的爱,是一种被审判的情欲
> 他们的结合,是一场令人怀疑的梦境。(《死水》)

> 幸福,是因为我们相爱
> 忧郁,是因为爱情受谴责。(《在夏日的绿水中》)

古勒斯坦的妻子是一位善良的家庭妇女,倘若古勒斯坦与之离婚,将意味着毁了她的后半生。在个人幸福与道义和责任之间,古勒斯坦和福露格共同选择了后者,这意味着同时他们也选择了流言蜚语和异样的目光。为此,福露格承受着巨大的心理压力,感到屈辱,有时也流露出悲观的思想,福露格在给古勒斯坦的一封信中说:"从恒在的大地中一股力量钻出来吸引住了我。往上走或往前走对于我来说已不重要,我的心只愿往下走,带着我所热爱的一切往下走,带着我所热爱的一切在一个不会转化的整体中消融。在我看来,逃离毁灭,逃离异化,逃离失去,逃离虚无的唯一之路就是此。"

尽管如此,但这份热烈真挚的爱情更多地是使福露格的生命焕发出瑰丽的光彩,使她去思索爱的真谛和生命的意义,也使她再一次表现出无畏不屈的叛逆精神,勇敢面对流言蜚语,坦然迎接世人异样的目光,大胆去拥抱爱情。《征服花园》一诗表现了诗人对传统道德的反叛,诗人与自己的恋人不畏流言蜚语,主动摘取禁果,勇敢相爱,享受自己的幸福。于是,被逐出伊甸园的恋人又重返伊甸园,完成了对伊甸园的征服:

……
我和你从那愁眉苦脸的冰冷的窗口
看到了花园
并从那遥远的嬉戏的树枝上
摘得苹果

> 大家都害怕
>
> 大家都害怕,然而我和你
>
> 已与灯、水和镜子结为一体
>
> 我们并没有害怕
>
> ……
>
> 我们找到了路通向凤凰寒冷而默默无语的梦
>
> 我们在小花园中找到了真理
>
> 在一朵无名的花儿的羞涩的目光中
>
> 找到了永存,在一无限的瞬间
>
> ——两轮太阳相互注视

在此,诗人否定了所谓的原罪,指出相爱的恋人建立起的私人空间即是人在其中能找到永存的伊甸园。这首诗以对人间爱情——不是抽象的爱,而是具体的活生生的饱含生命欲望的爱——的着力歌颂,以优美的语言和旋律征服了无数青年人的心,时常被人们朗诵。

在《结合》一诗中,福露格用饱含激情的笔墨描写了性爱的快感和疯狂,使生命原欲呈现为一股强烈的生命力,这种饱满的生命力超越一切,超越神对人定下的原罪,使诗歌在展现个人情欲中迸发出一种奋发昂扬坚强不屈的精神:

……
我看见我的全身都涌起波浪
似红色火焰的炎热
似水的反射
似出自雨水收缩的云
似出自炎热季节的呼吸的天空
直到没有尽头
直到生命的那一边
它铺张开去

我看见在他双手的摩挲下
我存在的肉体
分崩离析
……
我看见我身体的皮肤因爱情的快感膨胀而绽裂
我看见灼烫的体积
慢慢地化成水
倾洒,倾洒,倾洒
在月亮,
月亮停在水洼,昏暗的倒影月亮

我们相拥而泣

>　　在相拥中疯狂地享受
>　　合一之不可靠的所有瞬间

对性爱的描写在伊朗诗歌中可以说是一个禁区,但福露格勇敢踏进禁区,用饱满的生命力去诠释这种性爱,从而使这种性爱得以升华,没有流于肤浅的色情。这首诗也成为福露格的优秀诗作之一,得到人们的肯定。

人的生命是有限的,但人的生命力可以是无限的。与古勒斯坦之间的爱情,使福露格感受到生命力的升华,感受到精神在飞扬中对个体生命有限性的超越。在《变成太阳》一诗中,诗人将有限的个体生命与无垠的宇宙时空融合在一起:

>　　……
>　　你把我引上星光灿烂之路
>　　你把我引到比星星更高处
>　　……
>　　请看我已到了何处
>　　到了银河,到了无垠,到了永恒
>
>　　此刻,我来了,直到顶峰
>　　请用浪涛之酒为我施洗
>　　请用你的亲吻之丝绸将我包裹

在持久的夜里将我要求

别再放开我

不要把我与这些星星分开

……

请看

我的诗歌之摇篮

你一吹气它就变成太阳

这首诗真是充满了生命力的豪迈。促使福露格从个体生命的有限走向生命力的无限的不仅仅是爱情,更为重要的因素是诗歌,是诗人对诗歌执着的爱,是诗歌改变了诗人的一生,诗人将诗歌比作照亮自己人生黑暗的明灯:

我因你而死去

然而你即是我的生活

你曾与我同行

你曾在我体内歌唱

当我在街上

毫无目的地游逛

你曾与我同行

你曾在我体内歌唱

你在榆树中央将热恋的麻雀

> 邀请到窗边的清晨
> 当夜晚不断地重复
> 当夜晚没有尽头
> 你在榆树中央将热恋的麻雀
> 邀请到窗边的清晨
>
> 你带着你的灯来到我们小巷
> 你带着你的灯到来
> 当孩子们都走了
> 槐花串都睡着了
> 你带着你的灯到来(《我因你而死去》)

诗歌照亮了诗人的灵魂,照亮了诗人的生活,旺盛的诗情使诗人感到生命力的膨胀,使诗人的生命呈现出绚丽的光辉,对人生的苦难和生命的意义有了通彻的认识:

> 我谈论着夜的尽头
> 黑暗的尽头
> 我谈论着夜的尽头
>
> 如果你来我家,亲爱的,请为我带一盏灯来
> 和一扇小窗

让我通过它观看幸福小巷中的人群(《礼物》)

该诗最能反映福露格的思想:人处在黑暗中,但不畏惧黑暗,坚信黑暗的尽头是光明,但同时也不消极地坐等光明,而是希望在眼前的黑暗中就能拥有一盏灯和小窗,能够照亮处在黑暗中的人生。福露格的这首小诗在相当程度上代表了所有对人生苦难与生命意义有着正确的哲理性认识的人的思想。《礼物》作为福露格思想的代表,常常被印在与之相关的贺年卡或书的扉页上。

《再生》和《寒季虽临我们当心怀信念》两部诗集赢得了极高的赞誉,福露格被认作是开创了伊朗女性主义诗歌传统、改变了伊朗情诗的传统表现方式的杰出诗人,其后期诗歌在思想内涵上达到了相当的哲理深度,在诗坛上树起了一座孑然独立的高峰,难以企及,因为男诗人缺少她的女性特质,而女诗人则缺少她的视野和深度。至此,福露格以她坚强不屈的抗争和坚忍不拔的努力,终成伊朗现代诗坛一大家。1966年,德国、瑞典、英国、法国相继出版了她的诗集。这时,福露格达到了事业的巅峰状态,在诗歌和电影制作方面都取得了非凡的成就。

四

然而,福露格的生命在巅峰状态戛然而止。1967年2月14

日,福露格在三十三岁这风华正茂的年龄和诗歌事业的顶峰时期,遭遇车祸,不幸身亡。福露格的遇难在伊朗引起强烈的震动,全国各地举行了广泛的悼念活动,报刊杂志上出现了大量的悼文和悼诗,以及回忆福露格的纪念性文章。人们对福露格的隆重哀悼,一方面是因为女诗人不屈的性格,但更主要的原因是因为在新诗发展的鼎盛时期,出乎意料地损失了一位非常重要的新诗诗人。伊朗著名诗评家米·阿扎德撰文说:"福露格的死震动了我们的社会,不仅是知识分子,而且是民众——大街小巷里的民众。似乎人们刚刚才意识到失去了怎样的一颗珍贵的珍珠。"

为了纪念福露格对伊朗诗歌作出的卓越贡献,1971年在福露格的兄弟费里东·法罗赫扎德的操办下,成立了以福露格名字命名的诗歌奖"福露格奖"基金会,成立了颁奖委员会,定于每年2月14日福露格去世祭日那天,将一枚铸有福露格像的银质奖章颁发给当年或近年来公认的最佳诗人,并且还拨专款奖励当年诗坛最佳新秀,还提供五份奖学金资助学文学的五名大学生。"福露格奖"曾一度是伊朗诗坛的最高奖,该奖共颁发了七届。后因伊朗爆发伊斯兰革命,诗坛注意力转向政治,艺术诗歌衰微,"福露格奖"无奈停止颁发。

福露格虽然英年早逝,但她在有限的生命中遨游苍穹,谱写了一曲惊天动地的生命赞歌。她首先在生活中做了一名无畏不屈的叛逆女性,为了实现自我价值,为了自己挚爱的诗歌,在法律不准许妇女主动离婚的年代,以自己的勇气改变了法律,

送别福露格

又以自己的勤奋努力和执着,取得了事业的成功,又以自己的善良和人格魅力征服了大家,赢得了大家的尊重。可以说,福露格以自己的人生经历为伊朗妇女树立了一个自强不息的坚强独立的女性形象。

(本文刊载于《传记文学》2008年第2期)

飘过帕米尔的云

——怀念萨罗希

2006年9月16日上午,当应邀来参加"2006帕米尔诗歌之旅"的埃姆朗·萨罗希(Emrān Salāhi)走下飞机踏上中国的土地之时,也许他自己并没有意识到,作为现当代中伊(朗)诗歌交流的第一人,他已经载入史册。21日上午,当萨罗希在题为《从设拉子到中国》的发言中以云游四方越过帕米尔到达喀什葛尔的伊朗古代著名诗人萨迪(1208—1292)为开篇时,也许他自己并没有意识到,他自己也是一朵飘过帕米尔的云,已经成为中伊诗歌交流史上的"萨迪"。

我不知道谶语这种东西是否真的存在,只清楚记得,9月16日上午在我们把萨罗希从机场送到宾馆的路上,我说:"咱们要去帕米尔高原,那里的海拔高度比较高,你的心脏没什么问题吧?"他爽朗地说:"没任何问题,我还经常爬山呢。"我当时只是聊天中的随口而语,谁承想,两个星期之后他却正是因心脏问题而永远告别了"2006帕米尔诗歌之旅"的朋友们。

萨罗希在长城上

相信么，一种信念能支撑着人创造出某种奇迹。事后回想，萨罗希的心脏问题在到北京之后的第二天就已有端倪。9月17日那天，我陪他去登八达岭长城，在一处陡峭台阶的地方，他气喘吁吁地说："休息一下，我有些提不上气来。"当时的我心里连一丝最轻的疑问都没有闪过，登长城喘不上气来的年轻人比比皆是，何况一位年近花甲的老人。他站在台阶上调整气息，并没有坐下来休息，哪知，这正是心肌梗塞的征兆。片刻之后，他说："好了，走吧。"萨罗希曾对我说，能来看看中国这个伟大的国家是他一生梦寐以求的心愿。就这样，"看看中国"这个信念使萨罗希克服了重大的心脏危机，登上了他梦寐以求的中国长城的最高点。正是凭着这个信念,萨罗希在帕米尔高原上的冰川公园再次克服了当时被误认为高原反应其实是心肌梗塞征兆的呼吸困难状况。也正是靠着这个信念的支撑,心脏潜伏着严重危机的萨罗希竟然完成了对于年轻人来说也是一个体力考验的帕米尔之旅。10月1日上午,当我把萨罗希送到首都国际机场时,他又一次出现呼吸困难的情况,拉不动他那只并不沉重的行李箱。我接过那只行李箱的同时,第一次在意识中闪现了一丝不安,我说:"你回到伊朗之后,一定要去看医生。"他说:"是应该去看看医生,出现这种情况大约已经有一年了,可能是肺部有什么问题。"就是在此时此刻,我们俩还谁也没有意识到问题有可能出在心脏。从机场回到家,我给我的伊朗朋友——萨罗希的推荐人阿姆罗伊发了一封电子邮件,告诉他,我已把萨罗希送上飞机,他的呼吸有些问题,回到伊朗后,一定要去看医生。阿姆罗伊回信说,他知道了,一定会敦促萨罗希去看医生。但是,萨罗希的家人和朋友,萨罗希本人,还有新闻媒体记者们,谁也没有意识到他即将抵达生命的终点。10月1日下午回到德黑兰的萨罗希以饱满的精神状态,接待了一拨又一拨新闻记者的采访,并和家人朋友们畅谈中国之行,并没有及时去看医生。10月3日下午,萨罗希陷入严重呼吸困难的状况,家人赶紧把他送到医院。但是,已经了却"看看中国"这一心愿的萨罗希在10月4日凌晨一点半,永远闭上了他那如愿以偿的眼睛,正如他的家人所说:"这是真主的安排,是真主让他在生命结束之前看到了伟大的中国。"

相信么,人真的有第六感应。机场送走萨罗希之后,我一直有一种非常不良的预感,说不清道不明。10月2日,我们一家开车到山西度十一长假,喜爱开车远游的我被那种说不清道不明的不好预感左右,始终不敢去握方向盘,一直让丈夫驾车。10月5日上午,在悬空寺山下,我感到身体非常不舒服,便让丈夫带着女儿去登悬空寺,我自己在卖旅游纪念品的摊儿前闲逛,我拿起一个石雕寿星老翁,正要买,我的手机响了。我现在想,我之所以没有去登慕名已久的悬空寺,冥冥中就是要我接听这个电话。相信人世间的因缘吗,我们"帕米尔诗歌之旅"一行人在前往喀什的途中,在机场偶然遇到一家伊朗人,正是他们在第一时间告诉我,他们从BBC网站上看到萨罗希先生去世的消息。刹那间,我的脑子一片空白。片刻之后,我失声痛哭起来。冥冥中的预感竟然成真!而我手中正拿着那个寿星老翁!人对生命永恒的渴望和生命须臾的无情现实在那一刻定格在我的手中!

相信么,一个人不用借助任何语言仅仅靠着人格魅力就可以在最短的时间里给人留下永不磨灭的亲切印象。萨罗希的英文不是太好,与"帕米尔诗歌之旅"的朋友们直接的语言交流并不多,但他朴实谦逊的人格魅力打动了"帕米尔诗歌之旅"的每一位朋友,听到他突然去世的噩耗朋友们无不震惊和沉痛。就连我丈夫——只跟我带着女儿与萨罗希一起吃过三次饭,由于语言不通,他与萨罗希几乎没有任何的语言交流——在知道噩耗多天之后,还对我说:"唉,这几天我脑子里晃来晃去都是萨罗希的影子。"而我,与萨罗希朝夕相处两周的我,与他直接用波斯语畅所欲言地交流的我,至今在脑海中时常闪现这样一个画面:萨罗希弯下高大的身躯轻吻我的面颊,与我永别。那是10月1日上午我送他到机场,在海关门口与他道别时,他似乎并不满足于一般礼节的握手道别,又弯下他那高大的身躯,轻轻触吻了一下我的面颊。这个非常的礼节让我当时有些意外,现在想来,他是在冥冥之中与我永别。当时的我怎知道这就是人生中的永别!

帕米尔,一个与中伊诗歌交流息息相关的名字。八百年前[1],云游四方的萨迪越过帕米尔,在喀什葛尔留下千古传诵的佳话,成为第一个踏上中国土地的伊朗诗人,他的《蔷薇园》成为中国穆斯林清真寺学堂里的必读文学经典。商旅来往络绎不绝的陆海空丝绸之路似乎对诗人格外吝啬,八百年来,伊朗古代和现当代的诗歌文学作品被不断翻译介绍进中国,但伊朗诗人的脚步却始终在帕米尔高原的另一侧徘徊。然而,八百年的漫长记录在萨罗希脚下终结。

我不清楚,2006年4月初,当诗人西川委托我为"2006帕

---

[1] 萨迪(1208—1292)十九岁开始云游生活,三十年间足迹遍布中亚、南亚、中东、北非、东非等广大伊斯兰地区,于1257年回归故里。萨迪到达喀什葛尔的具体年份不详,这里的"八百年"是一个约数。

米尔诗歌之旅"邀请一位伊朗诗人之时,他是否明确意识到他与唐晓渡先生负责的"中坤帕米尔文学工作室"正在致力于终结一项八百年的记录。

最让我惊为冥冥中的上苍安排的是,这次诗歌活动的一切——负责机构的名称、诗歌活动的名称、诗歌活动的具体行程——都与帕米尔密切相关。我清楚知道,这次活动不仅仅只是"中伊诗歌交流",而是更为广阔的国际间的诗歌交流,正如"中坤帕米尔文学工作室"在这次活动的致辞中说:"之所以是'帕米尔',不仅因为它喻指一种高度,更因为它喻指着一个千百年来东西方文明的交汇点。"然而,在所邀请的东西方各国诗人中,只有萨罗希,与帕米尔息息相关,不仅在地理空间上,更在历史维度上。

我常想,上苍是刻薄吝啬的,他从来不肯赐人间以完满,他总是让人在残缺中领悟美的价值。上苍在把一个纪念碑般的重要角色赐予萨罗希之后,收回了他赐予萨罗希的生命,让萨罗希的历史价值在缺憾中彰显。

毫无疑问,萨罗希的人格魅力配得上这个重要角色;毫无疑问,萨罗希的诗歌担当得起这个重要角色。我的伊朗朋友阿姆罗伊在推荐萨罗希时,曾对我说:"他不会让你们失望,更不会让伊朗诗歌在与其他国家的诗人相比之下有任何的逊色。"阿姆罗伊是负责任的,他在为伊朗诗歌负责,在我看来,更是在为一项历史使命负责。

萨罗希的诗集《一千零一面镜子》封面

2006年9月16日上午,一朵云飘过帕米尔,停靠在中国的土地上;9月22日下午,这朵云踏上喀什,接续上萨迪八百年前的脚印;10月4日凌晨一点半,完成历史使命的云升上七重霄[1]。的确,萨罗希是中伊诗歌交流史上的"萨迪"。哦,不,萨罗希不会是萨迪,我相信,在萨罗希之后,绝不会又是一个漫长的八百年!

最后,我想用萨罗希自己的一首诗来表达我们中国朋友们对他的哀悼和追思。这首诗是萨罗希1999年为一位去世的朋友作的祭诗,我在翻译时脑海中浮现的是萨罗希与我最后的永别,译时不禁潸然泪下:

---

[1] 伊朗文化中,天为七重。"七"为伊朗文化中的原型数字。

会晤

今天我与之会晤的是一张空床

204 房间

一瓣一瓣的红玫瑰

滴着输血的泪珠洒在他的枕头

他旅行去了像一道掠过故土的影

他旅行去了像一缕透出屋顶的光

在镜子的那边不再有人

将他呼唤

他的银丝不再飘动

他的眼眸不再有光芒闪过

小巷在下午五点钟

再也听不到拐棍的声音响起

(本文刊载于《当代国际诗坛》[1]，作家出版社 2008 年 1 月)

后 记

2006年夏天,我有幸结识了《北京青年报》"历史纵横版"编辑尚思伽(尚晓岚)女士,她约我给她主持的版面写一些有关波斯文化的系列文章。这一邀约使我在学院式学术论文的写作之外,开拓了另一片天地。对此,我心存无边的感激。2012年夏,尚思伽女士另有高就,不再主持原来的版面,而我"波斯札记"栏目系列文章的写作也恰好可以告一个段落。因此,便计划将这些零散的文章汇集成书,方便感兴趣的读者集中阅读。十分感谢尚思伽女士积极引荐河南大学出版社,竭力促成本书的出版。

本书主要由《北京青年报》"历史纵横版"之"波斯札记"栏目的文章构成,主要讲述波斯(伊朗)的宗教、历史、文化,以及中伊文化交流方面的内容。在此之外,还挑选了几篇关涉中伊文化交流的学术论文和纪念性文章,以使本书的内容更加充实。因大多数文章是为报纸而写作,考虑到报纸的简约风格,这些文章采用的都是随文简注。笔者为写这些文章,参阅的书籍资料很多,无法一一列出,望读者海涵。这里,有三本参考书是我必须要提到的:一是张星烺先生编注的《中西交通史料汇编》(四卷本);二是美国学者劳费尔的学术研究专著《中国伊朗编》;三是美国学者谢弗的学术研究专著《唐代的外来文明》。这三部参考书给了我最大的学术启迪和帮助。中伊文化交流的成果他们作了大量的考证,我的文章只是在他们考证之已有成果的基础上,翻查更多的资料,重新进行梳理和描述。

本书涉及的内容较多,笔者学识有限,错误难免,还望各位读者不吝赐教。

穆宏燕

2013 年 3 月 18 日

附:半本书的怀念
——献给思伽

2019年4月26日早晨,在德黑兰大酒店的一个窗帘紧闭的黑暗房间中,我醒来。洗漱完之后,我打开手机。忽然,一条新短信闪现屏幕提示栏中:"穆老师,尚晓岚今年3月因病骤然离世,令人意难平。报社现定于5月18日上午9点在鼓楼西剧场举办追思会。您非常忙,不一定需要来,但是我觉得应该告诉您这个消息。"我心里一慌,以为眼花了,赶紧从书包里找出老花镜,戴上,再次点击短信。我以为我是在做梦,因为我经常做这样的梦:梦见自己从梦中醒来做什么事情。我赶紧把房间窗帘拉开,看窗外的阳光和行人……当我确定自己不是在做梦之后,我在写字桌前坐下来,没有流泪,静静地想跟思伽见面的时光。

我与晓岚,我更习惯叫她的笔名思伽,或许算不上真正的朋友,因为我俩见面就是那么有限的几次,日常生活中也没有什么交集,更没有过朋友之间推心置腹的交流或神聊八卦。但是，茫茫人海中，一个跟我距离遥远的人的离世让我内心深处产生如此难以平复的痛楚，唯有思伽。

思伽，茫茫人海中，一个跟我学术人生紧密关联的知性女孩，我不知道她自己是否知道，她改变了我后半生的生命轨迹。那是2006年夏天中一个炎热的周二，当时我在中国社科院外国文学研究所东方文学研究室工作，北青报记者尚思伽与三联书店《读书》杂志孟晖老师一起来到东方室，跟我谈给《北京青年报·青阅读·历史纵横版》写一些有关波斯历史文化的文章。这是我第一次见思伽，个子小巧，白净素雅，说话温婉，笑容柔美。

我心里一直在想，不知道思伽自己是否知道，就是她那么盈盈走来，把我推到了一片广阔的天地。我是1995年到中国社科院外文所工作的，到2006年已经经历了十个年头，在波斯（伊朗）文学研究领域做出了一点小小的成绩。同时，由于东方文学的边缘性和小众性，当时我的学术研究工作正处在一个瓶颈中，不知道下面的路该如何走。彷徨迷茫中，思伽盈盈地向我走来。

一次一次的约稿信，推着我不断在波斯文明的宝藏中挖掘，忽然我发现自己进入了一个广阔的新天地。波斯文明是对亚非欧三洲皆产生深刻影响的一个文明，然而，由于种种原因，其光彩被屏蔽住了。近代以降，西学东渐，国人的眼光跳过西亚直接落在欧洲；当代，西亚政局的剧烈动荡，更让国人觉得西亚恐怖。思伽，以她北大中文系才女的文学和历史素养，独具慧眼，坚持约我写稿讲述波斯曾经的荣光和中波之间的文化互动。

尚晓岚在印度，2011年。

思伽，兰心蕙质，洞悉学人心思。当我"波斯札记"栏目的文章积攒了一定数量之后，她介绍我认识了资深出版人杨全强先生，把"波斯札记"栏目的文章汇集成书《波斯札记》，于2014年6月正式出版。杨先生精心策划运作，该书在学界和社会上产生较好反响，也给我带来良好的学术声誉，在此对杨全强先生深表谢意。2014年8月下旬，思伽和净植来社科院外文所与我就《波斯札记》一书做访谈，该访谈于北青报青阅读2014年9月12日以"异乡的鲜花"等三个版面刊出。这次见到思伽，印象最深的是她刚修剪的短发烫了纹理，那一绺柔美的短发，让她在充满现代气息的同时兼具古典美。

眼界开阔之后，我开始关注波斯艺术，尤其是波斯细密画艺术，开始动笔写作《波斯细密画发展史》一书。至2015年下半年，该书已有一半规模。又是思伽，我学术生涯的雕刻师，积极帮我联系出版事宜，介绍我认识了三联书店资深编辑杨乐老师,相约一待全书完稿,交三联书店出版。这次见思伽,是在社科院旁边长安大戏院里的咖啡厅里。她早早地到了,给我短信。我从社科院大楼出来,进咖啡厅,看见她坐在一个角落,在看书,那么地恬静。

2015年底,北京外国语大学亚非学院领导开始与我洽谈工作调动事宜,2016年6月我正式调入北外工作。我曾以为高校与社科院差不多,都是做学术研究的地方,但实际上是完全不一样的工作方式和工作节奏。高校太忙碌、太琐碎。然而,社科院在时间上的优渥也会让人心生苦闷,高校生活在忙碌琐碎中也让人心情黯然。

2018年年初的一天,我接到思伽电话,说让我给她发一张我的照片,神神秘秘的,没说做什么。2018年1月29日,我收到思伽的邮件,是青阅读颁奖典礼请柬。我这时才明白是北青报青阅读因我的译著《瞎猫头鹰》(同样由杨全强先生策划运作于2017年6月出版)而把我评为"2017年青阅读年度译者"。2018年2月4日下午在社科书店举行的颁奖典礼上,我再次见到思伽。她忙前忙后,招呼来宾,我也没跟她多闲聊。印象中,她白衬衣外面套一件深咖啡色呢绒马甲,忙碌中散发出一种特有的娴静。追思会的视频上,看见她倚在社科书店的楼梯栏杆扶手上,抿嘴笑得那么温暖,笑得我心碎,顿时泪崩……

开始写作《波斯细密画发展史》的时候,我还在社科院工作,写作时间十分充裕优厚。我想,以我做事的执着风格,我应该可以在2016年完成。然而,到了北外工作之后,一切从新开始,从新打拼。忙碌琐碎中,《波斯细密画发展史》的写作一再耽搁,至2017年底,后半部始终没有进展。然而,另一方面,由于我已经进入到波斯细密画研究领域,发表了一些相关论文,得到国内"美术史学界"的关注,受邀参加全国美术史年会和做有关波斯艺术的讲座,我忽然感受到国内学界对波斯艺术的需求。

2017年底,思伽,一如既往地来电话告诉我给我订阅了下一年度的《北京青年报》,也关切地询问我《波斯细密画发展史》一书的写作情况。我真的不知道,在我的生命中,为什么会出现思伽;在德黑兰大酒店房间的书桌前,我静静地想……唯一的解释就是:思伽,是上天给我的恩赐和奖赏。电话中,我与思伽说了我的忙碌与迷茫,不知该把这半本书如何办,也说到已经完成的半本实际上具有一定的完整性,描述了波斯细密画从初始到成熟的发展进程,后半部计划是写波斯细密画的繁荣鼎盛和衰落转型。

思伽,又是思伽,我学术生涯的雕刻师,给我建议说,既然现有的半本具有一定的完整性,字数也够出一本书,何不先出前半本。我顿时豁然。与三联书店杨乐老师的先前之约,因种种原因,未能实现。这时,资深出版人杨全强先生再次出现,他是我学术生涯中的另一位贵人,让我内心深处无限感恩。我至今不知道思伽是否与杨全强先生谈及过出版该书之事,只知道当我去信与杨全强先生谈及出版该半本书之事,一谈即合。

现在,《波斯细密画发展史:初始至 14 世纪末》即将出版之际,思伽却如此突然地告别了人世。我是一个生活比较闭塞的人,对外界信息、微信朋友圈之类的新传媒基本上不关注。思伽从生病、住院、离世,我都不知道。倘若不是净植给我短信,我不知道我会要在何时才会知道思伽已经永远离开了我。为此,我深深感激净植告知我,使我赶上了思伽的追思会,否则我会抱憾终生。

追思会结束了,我的心情却久久难以平复,拿出我书架上思伽的历史小说集《太平鬼记》,再次翻阅。这本书,之前思伽送给我的时候,我就看过。当时看完之后的一个深刻感受就是,思伽,不是属于这个尘世的人,这个尘世委屈了她的才华。现在,重温这部小说集,我想,思伽,在另一个世界,生命一定会绽放得更加光彩。

思伽,茫茫人海中,一个与我日常生活距离遥远的女孩;思伽,茫茫人海中,一个与我学术人生紧密关联的女孩;思伽,一个没有记录在中国波斯(伊朗)文化研究界花名册里的名字,却以她那知性的光芒照亮了中国波斯(伊朗)文化研究领域的天空。

语言的苍白无力,无法表达我对思伽的追思之情,谨以《波斯细密画发展史:初始至 14 世纪末》献给思伽。

穆宏燕

2019 年 5 月 19 日凌晨

写于北京天通苑寓所